KB239850

경영 조직론

경영 조직론

서상원 지음

이담 Books

과거 저자의 학창 시절을 돌이켜 보면, 젊은이들 중 대학생 수는 불과 7% 정도로 기억하고 있다. 그러나 지금은 엄청난 비율로 대학생이 급증하였다. 그 이유는 과거에는 많은 젊은이들이 경제적 여건으로 대학에의 진학을 포기하고 직업전선에 나가야만 했던 절박한 시절이었다. 지금은 대학의 수나 다양한 기능대학 등의 증가, 학자금 대부제도의 확대 등으로 많은 학생들이 그 혜택을 보고 있다. 반면에 아직도 대학 진학의 꿈을 펴지 못하는 젊은이들이 적잖이 있을 것으로 생각한다. 이에 독학사 제도는 평생교육이라는 이념과 복지 측면의 이념이 함께한 매우 의미 있는 제도라 할 수 있다.

공부란 반드시 대학만이 가능한 것은 아니며, 독학이나 정부의 제도를 통해 학문과 진학의 꿈을 실현시킬 수 있다. 따라서 공부하려는 자세가 매우 중요하며, 나이는 의미가 없다. 그리고 대학만이 모든 인생의 키는 아니라고 생각한다. 교양과 학문, 그리고 사회가 요구하는 일정한 대학 자격의 능력을 갖추는 것이 중요하다.

본 경영조직론의 내용은 공공조직과는 다른 목적, 즉 이윤을 추구하는 기업의 경영을 위한 이론에 대한 것으로 기업이란 조직이 조직과 인간에 대해 어떻게 관리해 왔으며, 또 어떤 과정을 거쳐 발전해 왔을까를 살펴보는 것으로 시작된다.

미국의 최초의 조직에 관한 이론으로 Taylor의 과학적 관리법을 꼽을 수 있다. 이 경영이론은 미국의 행정에 많은 영향을 주었고 지금까지도 중요한 이론으로 대학과 모든 경영이론에 처음으로 등장하고 있다. 그리고 조직환경, 조직변화 및 발전, 동기 부여, 갈등, 리더십 등 다양한 이론들이 펼쳐져 있는데, 특히 이 교재의 장점은 가능한 한 이해하기 쉽게 집필이 되었으며, 노무관리사의 시험에서 다루는 내용의 일부도 추가하여 다양하게 구성되었다고 자부한다.

또한 공부하는 효율적인 방법을 소개한다면, 이론 중에서 의의, 특징, 접근방법 등은 주관식 문제로 준비하고, 객관식과 주관식 모두 출제대상은 특징, 원칙, 유형 등을 철저히 정리해 두기를 바란다. 그리고 이해가 안 되는 부분은 반복해서 학습하면 이해될 것으로 생각한다.

아무쪼록 오늘도 공부에 진념하는 젊은이들의 미래를 열어 주는 독학사 강의를 맡게 되어 저자는 매우 기쁘게 생각하며 남다른 의미를 갖게 되었다. 끝으로 그동안 대학에서 강의해 온 저자로서는 학문과 강의 경험을 통해 독학사를 준비하는 여러분들께 조금이나마 보탬이 되어 미래를 계획하는 데 도움이 되고자 이 교재를 집필하였고, 또 동영상 강의의 메카인 <학점넷>에서 열강으로 학생들에게 희망이 되고자 한다. 학생들의 건투를 기원한다.

2009년 저자

목차

독학사 Guide

1. 독학학위제도란?

독학학위제도는 <독학에 의한 학위취득에 관한 법률(법률 제4227호)>에 따라, 국가가 주관하는 시험을 통해 4년제 대학 졸업에 해당하는 학사학위를 부여하는 제도이다.

독학학위취득시험은 고등학교 졸업 이상의 학력이면 누구나 응시할 수 있으며, 평생교육진흥원 독학학위검정센터(www.bdes.nile.or.kr)에서 주관하는 총 4단계 시험에 합격하면 교육과학기술부 장관 명의의 학사학위를 받을 수 있다.

2. 전공 분야(총 9개 전공)

- 국어국문학
- 영어영문학
- 경영학
- 법학
- 행정학
- 유아교육학
- 가정학
- 컴퓨터과학
- 간호학

* 유아교육학(3단계, 전공심화과정인정시험부터 설치) – 대학 및 전문대학 유아교육(학)과 2년 이상 수료(졸업) 또는 70학점 이상을 취득한 자

* 간호학(4단계, 학위종합시험만 설치) – 3년제 전문대학 간호학과를 졸업한 자나, 대학(간호학과)에서 3년 이상 수료 또는 105학점 이상을 취득한 자

3. 단계별 시험 안내

과정별 시험	접수	시험일	평가수준	시험과목수		
				필수	선택	합계
1단계 (교양과정)	매년 2월경	매년 3월경	대학의 교양 과정을 이수한 사람이 일반적으로 갖춰야 할 학력수준	국어, 국사, 외국어	전공에 관계 없이 15과목 중 택2	5
2단계 (전공기초)	매년 4월경	매년 6월경	각 전공 영역의 학문 연구를 위해 각 학문계열에서 공통적으로 필요한 지식과 기술	없음	각 전공별로 지정된 8과목 중 택6	6
3단계 (전공심화)	매년 7월경	매년 8월경	각 전공 영역에 관해 보다 심화된 전문적 지식과 기술	없음	각 전공별로 지정된 8과목 중 택6	6
4단계(학위 취득종합)	매년 10월경	매년 11월경	시험의 최종단계로, 학위를 취득한 사람이 일반적으로 갖추어야 할 소양과 전문지식 및 기술을 종합적으로 평가	각 전공별로 지정된 4과목	국어, 국사, 외국어 중 2과목	6

4. 단계별 응시자격

(1) 1단계 – 교양과정인정시험

1) 고등학교 졸업자
2) 초·중등교육법시행령 제98조 제1항의 규정에 따라 상급학교의 입학에 있어서 고등학교를 졸업한 자와 동등 이상의 학력이 있다고 인정되는 자
3) 기타 고등학교 졸업학력 및 자격인정 자

(2) 2단계 – 전공기초과정인정시험

1) 교양과정인정시험 과목 중 3할(2과목) 이상의 과목에 합격한 자
2) 교양과정인정시험 과목 중 시험 면제를 받은 과목이 6할(3과목) 이상에 해당하는 자 또는 교양과정인정시험 합격과목과 시험면제를 받은 과목을 합하여 6할(3과목) 이상에 해당하는 자

3) 대학(「고등교육법」에 따라 설립된 산업대학, 교육대학, 방송·통신대학, 사이버대학 및 다른 법령에 따라 설립된 대학을 포함한다. 이하 전공심화과정인정시험, 학위취 득종합시험에서도 같다) **및 이에 준하는 각종 학교**(학력인정학교로 지정된 학교에 한한다. 이하 전공심화과정인정시험, 학위취득종합시험에서도 같다)에서 1년 이상의 교육과정을 수료하였거나 35학점 이상을 취득한 자와 이와 동등한 학력이 있다고 인정되는 자

4) 전문대학 및 이에 준하는 각종 학교에서 1년 이상의 교육과정을 수료하였거나 35학점 이상을 취득한 자

5) 「학점인정 등에 관한 법률」 제7조에 따라 35학점 이상을 인정받은 자

6) 외국 또는 군사분계선 이북 지역에서 13년 이상의 학교교육의 과정을 수료한 자

(3) 3단계 - 전공심화과정인정시험

1) 전공기초과정인정시험 과목 중 3할(2과목) 이상의 과목에 합격한 자

2) 전공기초과정인정시험 과목 중 시험면제를 받은 과목이 6할(4과목) 이상에 해당하는 자 또는 전공기초과정인정시험 합격과목과 시험면제를 받은 과목을 합하여 6할(4과목) 이상에 해당하는 자

3) 대학 및 이에 준하는 각종 학교에서 2년 이상의 교육과정을 수료하였거나 70학점 이상을 취득한 자와 이와 동등 이상의 학력이 있다고 인정되는 자

4) 전문대학 및 이에 준하는 각종 학교에서 2년 이상의 교육과정을 수료하였거나 70학점 이상을 취득한 자 또는 전문대학을 졸업한 자 및 이와 동등 이상의 학력이 있다고 인정되는 자

5) 「학점인정 등에 관한 법률」 제7조에 따라 70학점 이상을 인정받은 자

6) 외국 또는 군사분계선 이북 지역에서 14년 이상의 학교교육의 과정을 수료한 자

☞ 유아교육학: 대학 및 전문대학 유아교육(학)과 또는 동일전공 인정(학)

과에서 2년 이상 수료 또는 70학점 이상을 취득한 자

(4) 4단계 - 학위취득종합시험

1) 교양과정인정시험, 전공기초과정인정시험 및 전공심화과정인정시험에
   합격(면제)한 자
2) 대학 및 이에 준하는 각종 학교에서 3년 이상의 교육과정을 수료하였
   거나 105학점 이상을 취득한 자
3) 수업연한이 3년인 전문대학을 졸업한 자 또는 이와 동등한 자격이 있
   다고 인정되는 자(졸업예정자는 응시자격 없음)
4) 「학점인정 등에 관한 법률」 제7조에 따라 105학점(전공 16학점 이상 포함)
   이상을 인정받은 자
5) 외국 또는 군사분계선 이북 지역에서 15년 이상의 학교교육의 과정을
   수료한 자

5. 단계별 시험과목

(1) 1단계 교양과정인정시험 - 필수: 3과목, 선택: 15과목 중 2과목

구분	과목명
필수과목	국어, 국사, 외국어(영어, 독일어, 프랑스어, 중국어, 일본어 중 선택)
선택과목	국민윤리, 문학개론, 한문, 철학개론, 문화사, 경영학개론, 법학개론, 심리학개론, 교육학개론, 일반수학, 사회학개론, 초급통계학, 자연과학개론, 경제학개론, 전산개론

(2) 2단계 전공기초과정 인정시험 – 각 학과별 8과목 중 6과목 선택

학과	과목명
국어국문학과	국어학개론, 국문학개론, 국어문법론, 국어사, 한국현대시론, 한국현대소설론, 고전소설론, 한국현대희곡론
영어영문학과	영국문학개관, 영어학개론, 중급영어, 19세기영미소설, 19세기 영미시, 영문법, 영미희곡1, 영어음성학
경영학과	회계원리, 인적 자원관리, 마케팅원론, 경영조직론, 마케팅조사, 관리회계론, 경영정보론, 계량경영학
법학과	민법1, 헌법1, 형법1, 상법1, 행정법1, 형사소송법, 법철학, 국제법
컴퓨터과학과	C프로그래밍, 논리회로설계, 자료구조, 시스템프로그래밍, 파일처리론, 프로그래밍언어론, 웹프로그래밍, 이산수학
가정학과	복식디자인, 영양학, 인간발달, 의복재료, 주거학, 가정학원론, 가정자원관리, 식품 및 조리원리
행정학과	행정조직론, 인사행정론, 지방행정론, 정치학개론, 기획론, 비교행정론, 헌법, 재정학

(3) 3단계 전공심화과정인정시험 – 각 학과별 8과목 중 6과목 선택

학과	과목명
국어국문학과	국어음운론, 한국문학사, 문학비평론, 국어정서법, 구비문학론, 국어의미론, 고전시가론, 한국한문학
영어영문학과	고급영문법, 미국문학개관, 고급영어, 20세기영미소설, 영어발달사, 영미희곡2, 20세기 영미시, 영어통사론
경영학과	재무관리론, 생산관리론, 경영전략, 투자론, 재무회계, 노사관계론, 경영분석, 소비자행동론
법학과	민법2, 헌법2, 형법2, 상법2, 행정법2, 민사소송법, 노동법, 경제법
컴퓨터과학과	컴퓨터시스템구조, 운영체제, 컴퓨터네트워크, 소프트웨어공학, 컴파일러, 데이터베이스, 알고리즘, 시스템분석 및 설계
가정학과	가족관계, 가정관리론, 식생활과 건강, 의복구성, 육아, 복식문화, 식품저장 및 가공, 주거공간디자인
행정학과	재무행정론, 정책학원론, 조사방법론, 행정법1, 지역사회개발론, 행정계량분석, 도시행정론, 공기업론
유아교육학과	부모교육론, 유아교육기관운영관리, 유아교육연구 및 평가, 아동복지, 유아언어교육, 유아수학·과학교육, 놀이이론과 실제, 유아사회교육

(4) 4단계 학위취득종합시험 – 전공: 4과목, 교양: 국어, 국사, 외국어 중 2
    과목 선택

학과	과목명
교양과목	국어, 국사, 외국어(영어, 일본어, 독일어, 프랑스어, 중국어중 선택) 중 택2
국어국문학과	국어학개론, 국문학개론, 한국문학사, 문학비평론
영어영문학과	영미문학개관, 영어학개론, 영미소설, 고급영어
경영학과	재무관리, 마케팅원론, 회계학, 인사조직론
법학과	민법, 형법, 상법, 헌법
컴퓨터과학과	컴퓨터시스템구조, 컴퓨터네트워크, 자료구조, 운영체제
가정학과	소비자보호론, 주거관리, 의생활관리, 식이요법
행정학과	조직행태론, 인사행정론, 재무행정론, 정책분석평가론
유아교육학과	유아교육론, 유아발달, 유아교육과정, 유아교육교수법
간호학과	간호연구방법론, 간호과정론, 간호지도자론, 간호윤리와법

6. 문항 수 및 배점

단계	문항 수 및 배점			예외 과목		
	객관식	주관식	합계	객관식	주관식	합계
1·2단계	26문항×2.5점 =65점	7문항×5점 = 35점	33문항 100점	16문항×4점 =64점	6문항×6점 = 36점	22문항 100점
3·4단계	24문항×2.5점 =60점	4문항×10점 = 40점	28문항 100점	15문항×4점 =60점	5문항×8점 = 40점	20문항 100점

※ '문항 수 및 배점'은 '예외 과목'을 제외한 모든 과목에 적용됨
※ '예외과목'은 아래의 과목이 해당됨
1) 1단계 '일반수학', '초급통계학'
2) 2단계 '계량경영학(경영학 분야)', '이산수학(컴퓨터과학 분야)'
3) 2·3·4단계 수학 전공 분야의 모든 과목

7. 합격 사정

(1) 1~3단계 시험: 매 과목 100점 만점에 60점 이상 득점을 합격으로 하
고 과목합격을 인정한다(합격 여부만 결정).

(2) 4단계 시험

1) 총점합격제에 지원한 자: 6과목 총점(600점)의 6할(360점) 이상 득점을 합격
   으로 한다(과목낙제 없음).

2) 과목별 합격제에 지원한 자: 매 과목 100점 만점의 6할(60점) 이상 득점을
   합격으로 한다(과목합격 인정).

8. 시험면제

응시자가 일정한 자격을 갖추었을 때 과정면제 또는 과목 면제를 받을 수
있다.

(1) 과정면제 – 독학학위 수료 과정인 1단계, 2단계, 3단계 중 해당 단계를
    면제
(2) 과목면제 – 독학학위 수료 과정인 1단계, 2단계, 3단계 중 특정 과목을
    면제

[예시1] 전문대 또는 대학교에서 1학년 과정을 수료한 경우 – >1단계 면제

[예시2] 전문대 2년 수료(졸업)한 경우, 4년제 대학교에서 2년을 수료한 경
우 – >전공 분야와 지원하는 학위 분야가 같을 경우에 한해 1, 2단계 면제

[예시3] 3년제 전문대학을 졸업한 경우, 4년제 대학교에서 3년을 수료한
경우 – >전공 분야와 지원하는 학위 분야가 같을 경우 1, 2, 3단계 면제

이 밖에도 국가기술자격취득자, 공무원시험 합격자, 자격·면허취득자, 지
정교육과정 이수자 등에 대해서는 과정면제 또는 과목면제를 인정하는 경우
가 있다. 본 사항은 실제 시험응시와 수험 기간 등에 큰 영향을 미치는 중
요한 사항이므로 해당 사항이 있을 경우 평생교육진흥원 독학학위검정센터
(02 – 3780 – 9862 ~ 5, http://bdes.nile.or.kr)를 통해 확인하시기 바란다.

9. 평생교육진흥원 주관 경영조직론 시험 영역

단계	분야	과목명
전공기초과정	경영학	경영조직론

대 영역	중 영역	소 영역	비고
1. 관리이론의 전개과정	가. 현대사회와 관리이론의 대립 발전		
	나. 보편적 관리이론의 주요 내용		
	다. 상황이론과 전략적 선택이론		
2. 조직구성원의 이해	가. 개인행위의 설명모형과 변수		
	나. 목표지향적 행위와 동기부여		
3. 기업조직의 환경과 문화적 특성	가. 조직환경의 특성과 조직변화		
	나. 기업문화에 의한 조직변화		
4. 관리자의 기본적 임무	가. 커뮤니케이션과 관리자		
	나. 의사결정과 관리자		
	다. 집단 간 갈등과 관리자		
	라. 리더십과 관리자		

10. 시험문제 예시

1. 테일러의 과학적 관리법의 설명 중 바른 것은?
① 종업원의 사회적 욕구를 과학적으로 분석하였다.
② 조직 내 인간의 행동을 연구하기 위해 종합과학적으로 접근하였다.
③ 작업의 효율적 수행을 위한 유일 최선의 방법(one best way)을 찾고자 하였다.
④ 조직은 구성원들의 협동적 체계로서 구성원들의 공헌과 만족이 균형을 이루어야 한다.
[정답] ③

2. 상황적합 이론(contingency theory)의 설명 중 바른 것은?
① 최고경영자의 전략적 선택의 중요성을 강조한다.
② 경영자의 상황에 대한 지각에 따라 구조가 달라질 수 있다.
③ 어떤 상황에서도 적용 가능한 효율적인 조직화 방법을 찾는 것이다.
④ 조직의 환경과 기술에 적합한 조직 구조를 갖추어야 성과를 나타낼 수 있다.
[정답] ④

3. 프로이드(S. Freud)의 정신역동 이론에서 퍼스낼리티(personality)의 기초로서 에너지의 원천이라고 정의한 것은?
① 자아 ② 원초아   ③ 초자아   ④ 방어아
[정답] ②

4. 조직에서 친절한 판매 행위를 학습시키기 위해 친절한 행동을 보일 때마다 칭찬을 한다면, 이것에 해당하는 학습 방법은?
① 관찰학습   ② 통찰학습   ③ 고전적 조건화 ④ 작동적 조건화
[정답] ④

5. 엘리베이터에서 목적지 층을 누르는 것처럼 사람이 외부세계에 대해서 무엇인가를 행사하거나 작용을 가할 때 보이는 반응은?
① 관찰학습   ② 대리학습   ③ 작동적 행위   ④ 반사적 행위
[정답] ③

6. 경영자가 구성원들에게 의사결정 권한을 부여하고, 그에 필요한 능력을 높여주고, 자신감이나 의지를 불어넣어 주는 것을 지칭하는 용어는?
① counseling   ② mentoring   ③ socialization   ④ empowerment
[정답] ④

7. 공장종업원들이 한 사람의 감독자에게 보고하는 작업집단에서의 커뮤니케이션 유형은?
① 원형 ② 쇠사슬형   ③ 수레바퀴형   ④ 완전연결형
[정답] ③

8. 애덤스(Adams)의 공정성 이론에 해당되는 것은?
① 급료와 승진은 공정성 비교의 대상이 안 된다.
② 불공정한 보상은 불쾌감과 긴장을 유발한다.
③ 과대보상을 받는 사람은 불공정성을 느끼지 않는다.
④ 자신의 투입 대비 결과를 비교하는 것이며, 타인과 비교하는 것은 아니다.
[정답] ②

9. 인간관계론에서 강조하는 것은?
① 인간이 지닌 경제적 욕구
② 인간이 지닌 제한된 합리성
③ 관리 방법으로서 통제와 감독
④ 생산성 향상을 위한 종업원 만족의 중요성
[정답] ④

10. 소시오메트리(sociometry)를 설명하시오(30자 내외).
[정답] 소시오메트리란 집단구성원들 간의 호의, 비호의 관계를 기초로 한 집단 분석기법이다. 구성원들 간의 호의, 비호의는 비공식적 인간관계의 양상을 보여 주는 것이고, 비공식적 메시지는 이러한 관계를 중심으로 흐르는 것이라고 볼 때, 소시오메트리 기법은 비공식적 커뮤니케이션 체계의 분석기법으로 차용될 수 있다.

11. 폴로어십(followership)을 설명하시오(30자 내외).
[정답] 조직에서의 리더가 발휘하는 리더십의 효과적으로 수행될 수 있는가는 이에 반응하는 구성원들 간의 폴로어십에 따라 좌우된다. 이때에 폴로어십이란 리더십의 유효성을 높이는 방향으로 리더의 영향력을 따르는 부하들의 특성 및 행동방식을 말한다.

12. 변혁적 리더십(trasformational leadership)의 개념을 설명하시오.
[정답] 리더가 구성원들을 변화시켜(혹은 비전을 제시하고 설득하여), 구성원들이 자신의 이익을 넘어서 조직의 이익을 위한 행동을 하도록 이끌어가는 리더십.

제1편

경영조직이론의 개관

제1절 고전적 경영기법

1. Taylor의 과학적 관리법

(1) 대두배경 및 의의

① 과학적 관리법은 직무 및 종업원에 대한 관리를 강조한 것으로서 20세기 초 능률적으로 물적·인적 자원의 활용을 통해 생산성을 증진해 보려는 노력에서 비롯된 최초의 관리이론이다. 합리적이고 체계적인 생산과 관리방식에 대한 경험이 부족했던 산업혁명 초반의 많은 제조공장들은 표준화된 작업절차의 설정의 부재, 직무 간의 경계 모호 및 원자재의 흐름상의 문제점 등에서 비롯된 생산성의 저하를 극복하고자 대두되었다.

② 대표적인 과학적 관리법의 중심적인 인물로서 미국 경영학의 시조라고 일컬어지는 사람이 F. W. Taylor이며, 그의 경영이념을 일반적으로 테일러 시스템이라고 한다. 테일러의 경영이념은 고임금과 저노무비를 실현하는 데 있다.[1] 이 이념을 실현하기 위해 그가 제시한 것이 과업관리(task management)이다. 여기서 과업이란 작업자가 달성해야 할 하루의 생산량을 의미한다.

③ 과학적 관리법의 기본 아이디어는 관찰, 측정 및 분석을 통하여 신체

---

1) 미드베일제강회사에 입사한 테일러는 기계공장 노동자로 출발하여 공장사무원·기계공·조장·십장·정비공장장·제도실장 등을 거쳐 주임기사 자리에 올라 미드베일 공장에 시간 동작 연구를 도입했다. 테일러의 이론은 본질적으로 개별 작업자를 주의 깊게 감독함과 동시에 조업 중 발생하는 시간과 동작의 낭비를 줄임으로써, 작업장이나 공장에서 생산의 효율성을 급격히 높일 수 있다고 본 것이다. 이러한 테일러의 경영체계는 노동자들의 항의와 분노를 일으켰지만, 생산성 향상 측면에서 테일러의 과학적 관리 이론이 유용한 것으로 인정받아 그는 1906년 미국기계공학학회 회장으로 선출되었고 펜실베이니아대학교로부터 명예과학박사학위를 받았다.

적 과업들을 재설계함으로써 이들의 효율을 훨씬 더 증대시킬 수 있
다는 데서 출발하며, 인간은 생산직무의 단위로 인식한다.

④ 테일러의 과학적 관리법은 그 후 간트, 길브레스와 같은 학자들에 의
하여 계승되고, 포드 자동차 회사의 포드가 이를 계승·발전시켜 포드
의 동시관리(Fordism)를 개발시켰다.

(2) Taylor의 과업관리 내용

① **동작연구 및 시간연구**: 생산 공정과정에서 요소단위를 과학적으로 연
구·분석하여 생산성 향상에 기여하지 못하는 작업자의 불필요한 동
작을 방지하기 위함이다.

② **생산과정의 표준화**: 생산성과 능률성을 증진시키기 위해 모든 공정과정
및 작업여건을 표준화시킨다.

③ **적정한 일일 과업량 부여**: 표준화된 생산 공정에 따라 개개인에게 적정
한 일일 작업량을 부여하되 최대의 달성을 강조한다.

④ **높은 경제적 유인제도**: 성공적인 과업수행과 과업실패의 경우는 다른 대
우를 하게 된다. 성과에 따라 임금을 지불하는 차별적 성과급제와 미
완수의 경우 상응하는 손해를 감수하도록 하고 있다. 이러한 개념은
오늘날의 노사관계에서의 무노동 무임금제도에 영향을 주었다.

⑤ **최대 작업량 달성**: 과업량은 전문기술자가 해낼 수 있는 양으로 부여한다.

(3) Taylor의 4대 기본 관리원칙

① **공정한 작업량 결정**: 시간과 동작 연구를 통해 표준 작업량을 정해야 한다.

② **표준화된 기계·공구 사용**: 동일한 기계 및 공구 등을 똑같이 사용하게
함으로써 모든 사람이 똑같은 작업을 하도록 표준화된 작업 조건을
설정한다.

③ **차별적 성과급제**: 표준 작업량 이상인 사람에게는 높은 임률을 적용하
고, 표준 작업량 이하인 사람에게는 낮은 임률을 적용한다.

④ **조직 구조의 개선**: 직계식 조직, 분배식 조직에서 직능 또는 기능식 조
직으로 개편 설계(직계식 조직은 조직에서 계층이 존재하고 업무는 분담하지 않

으며, 직능 조직은 기획부와 생산부로 분리)

과학적 관리법

1. 과학적 관리의 4가지 원칙
   ① 생산과정에서 시간연구·동작연구 등 생산자의 합리적 관리를 위한 과학의 발전을 추구한다.
   ② 상세히 분류한 업무요건과 특성에 따라 과학성에 기초하여 생산자를 선발한다.
   ③ 양질의 생산자 선발과 훈련은 비례하므로 생산자의 교육과 발전에 주력한다.
   ④ 관리자와 생산자의 책임분담과 상호협동은 관리대상이며, 노사관계 정립에 영향을 주는 내용으로서 능률성을 전제로 노사가 발전할 수 있다는 능률지상주의를 낳았다고 해석할 수 있다.

2. 과학적 관리론의 관리원리
   ① 전문화의 원칙, 명령통일의 원칙, 권한과 책임의 원칙, 감독 폭의 원칙(통솔범위의 원칙), 권한위양의 원칙

(4) 과학적 관리론의 특징

① 기계적 능률관: 능률성을 제일의 가치로 조직과 인간을 기계부품 시 한다. 따라서 인간 없는 조직이라고도 비판받았다.

② 합리적 경제인관: 생산자는 물질적 유인만을 동기부여의 요인으로 열심히 일을 하며, 그렇지 않으면 게으름을 피우는 존재로 인식하고 있다.

③ 능률지상주의: 조직운영의 합리적 가치기준을 능률성에 두고 있다.

④ 조직관: 공식적 조직만을 인정하며, 비공식 조직은 능률성과 생산성 증대에 별로 도움이 되지 않은 것으로 보고 인정하지 않는다.

⑤ X론적 인간관리: 인간을 바라보는 관점은 본래 인간은 수동적(피동적)으로 인식하고 자신의 개인적 이익추구를 먼저 생각하기 때문에 민주적 관리방식과 인간적인 관리방식은 조직을 관리하는 데 효과가 없으므로 인간적인 면은 도외시한다는 관점이다(몰인간화).

⑥ 폐쇄적 관점: 조직 내부에 초점을 맞춘 이론으로서 조직은 환경과의 상호작용이나 환경의 영향 등은 무시된 관점을 말한다.

⑦ 생산자를 관리하는 측면만 연구하였으며, 관리자에 대한 관심은 전혀 없었다.

⑧ 과학적 생산향상 기법 중시: 과학적인 방법을 통한 작업과정과 업무수행 실적을 표준화할 수 있으며 전문화·분업화를 중시한다.

(5) 과학적 관리론의 공헌

① 과학적 관리론은 미국의 공공부문에 적용되어 능률성 제고의 측면에서 정부조직운영에 지대한 영향을 주었으며, 그 당시 행정조사방법의 개념도입과 행정개혁운동의 원동력이 되었다.

② 고전이론을 과학적 관리로 전환, 기획과 작업으로 조직 구조 설계에서 기능식, 직능식 조직으로 혁신적인 개편(조직관리의 이론적 틀 제시), 차별적 성과급제 실시로 임금관리 개선(임금관리 분야의 이론적 틀 제시), 전문화, 표준화의 원리를 적용해 전문가에 의해 업무가 관리(생산관리의 이론적 틀 제시)되었다.

(6) 과학적 관리론의 한계: 정교한 지식과 이론적 결여, 인간 없는 조직관리

① 능률지상주의: 공익달성과 가치배분도 해야 하는 행정조직에 있어서는 한계가 있다. 즉 공익에는 가치의 측면도 포함되기 때문에 능률성을 전제로 한다면 공익달성과 가치창출에 저해되는 개념으로 작용할 수 있기 때문이다. 그러므로 능률성은 낮아지더라도 행정은 공익을 추구해야 하며 가치의 배분도 해야 하기 때문이다.

② 기계적 능률관: 생산성과 능률성을 높이기 위해 인간을 생산 공정 과정에서 하나의 기계화·부속품화하려는 인식은 인간의 가치와 존엄성의 문제를 심각하게 하고 있다. 즉 인간은 조직의 종속변수에 불과한 것으로 인식하고 있다.

③ 합리적 경제인관: 능률성에 영향을 미치는 요인으로 인간의 사회적·심리적인 요소는 인정하지 않는 합리적 경제인관으로 인식했다. 여기서 합리적 경제인관이란 인간은 평소 일하기를 싫어하고 조직의 목표보다는 개인적 이익을 우선시하는 보수에 많은 집착을 가진 존재라고

생각했다. 따라서 월급과 보수와 같은 외재적인 요인만을 만족시켜 주면 능률성은 향상될 것으로 보았다.

④ **X론적 유형 관리**: 과학적 관리론에서는 인간은 피동적·합리적·이기적 인간으로 인식했기 때문에 사회심리적 측면을 고려하지 않고 인간을 통해 능률성을 확보하기 위하여 기계론 능률관을 바탕으로 관리해야 한다는 비민주적 관리기법을 중시하였다.

⑤ **폐쇄형 조직관**: 사회현상에서 존재하는 조직은 환경과의 상호작용을 하는 개방체제로서 완전한 폐쇄체제는 존재하지 않는다. 고전적 이론인 과학적 관리론은 조직 내부요인에만 관심을 가진 이론으로 외부환경 요소와의 상호작용은 전혀 고려하지 않은 폐쇄형 조직이론이라고 비판받고 있다.

⑥ 테일러는 생산자수준에서의 연구는 현실적으로 유효했으나, 이들을 관리하는 관리자에 대한 연구가 부족했다.

⑦ 공식조직만을 인정했으며, 비공식조직은 능률성과 생산성에는 저해요인으로 인식하여 X형 인간으로 관리하면 된다는 것이다.

2. 포드시스템(Fordism, 동시관리)

(1) 개념 및 의의

① 미국의 자동차 왕 핸리 포드가 1903년 자동차 회사를 창설하고 실행한 경영관리방식으로써 관리시스템(생산요소)의 표준화를 추구하였는데, 제품의 단순화, 부품의 표준화, 작업의 전문화(단순화)의 3S운동을 전개하고 컨베이어시스템에 의한 이동조립방법을 채택하여 작업의 동시관리를 통해 생산능률의 극대화를 추구하였다.

② 테일러 시스템의 단점을 보완한 것으로 진보된 과학적 관리법이라 할 수 있으며, 디트로이트공장에서 완성되었다고 하여 디트로이트 오토메이션(Detroit automation), 대량생산의 획기적 계기가 되었다고 하여 대량생산 시스템(mass production system)이라고도 한다.

③ 생산의 표준화와 이동조립법(moving assembly line, 컨베이어 방식인 유동조립식 생산공정체제)을 내용으로 하는 대량생산 시스템으로 제품의 표준화, 부품의 규격화(호환성), 작업의 전문화를 달성하기 위해 전용기계의 발명과 이용으로 원가절감에 성공하여 기록적인 매출의 성장률을 달성하였다. 즉 부품의 규격화 내지 호환성을 확보하기 위해서는 부품의 정도(精度)를 높여야 하는데, 특정의 작업을 가장 효율적으로 수행할 수 있도록 전문화한 기계를 뜻하는 전용기계의 개발과 이용이 양산 시스템에 있어서 대량생산이 가능해져 규모의 경제를 달성할 수 있었다.

④ 포드는 이윤을 추구하면서도 일반 대중의 생활수준의 향상 추구(사회봉사적 측면 강조)를 경영이념으로 가지고 있다는 점이 테일러리즘과는 차이가 있다(백색사회주의자로 비판받음). 이러한 포드의 경영철학과 이념은 고객뿐만 아니라 직원들의 복지를 위한 노력들을 강조하고 있다. 오늘날의 작업의 능률성을 보장하는 컨베이어시스템의 원리적용과 기업이윤의 사회환원의 경영이념은 중요한 의의가 있는 것이다.

(2) 비판

① 인간의 기계적 종속화: 컨베이어 시스템 등 생산기계가 문제가 생기면 생산이 중단되고 인간은 아무 일도 못 하게 된다.

② 동시작업 시스템의 문제: 한 라인에서 작업이 중지되면 전 라인의 작업이 중지되어 생산에 큰 차질을 초래하게 된다.

③ 제품의 단순화, 표준화는 공급의 효율성은 있었지만 곧 소비자의 다양한 욕구를 충족시킬 수 없게 된다.

④ 노동 착취의 원인 제공: 생산라인에서 인간은 쉬지도 못하고 떠날 수도 없는 생산과정으로 노동의 과부하를 가져올 수 있다.

※ 과학적 관리에 영향을 준 학자

① 칸트: 상여급제

② 길브레스 부처: 작업 시의 동작 및 시간 연구

③ 에머슨: 능률개념을 도입하고 능률의 12개 원칙 발표

(3) 테일러 시스템과 포드시스템의 비교

구분	Taylor System	Ford System
주창자	F. W. Taylor	H. Ford
명칭	과업관리(Task management)	동시관리(management by Synchronization)
경영이념	고임금, 저노무비	고임금, 저가격
원리 및 이념	[4대 원리] ① 1일 최고의 작업량 결정 ② 제 조건의 표준화 ③ 성공에 대한 우대(물질로 통제) ④ 작업량 미달성 작업자의 책임(손해)	[4대 이념] ① 이윤동기의 영리주의 거부 ② 기업의 사회적 책임 ③ 경영의 자주성 강조 ④ 경영을 공동체로 간주
수단 및 조건	[과업관리 합리화를 위한 수단] ① 기획부제도[2] ② 직능별 제도 ③ 차별적 성과급제 ④ 작업지도표제도	[동시관리 합리화를 위한 수단] ① 생산의 표준화(3S원칙) ② 이동식 조립법(컨베이어시스템) ③ 일급제 급여 ④ 대량소비시장이 존재
중점관리	개별공장의 관리기술의 합리화 작업자 중심 (작업자 개인의 능률을 중시)	연속생산의 능률 및 생산향상, 관리의 합리화 기계설비 중심 (전체 작업의 능률을 중시)

3. Fayol의 고전적 관리론

(1) 개념

① 페욜의 경영관리이론은 기업 전체 관리에 초점을 두고 있다. 즉 기업
의 조직 내부 활동을 분류하고, 각 활동에 대하여 계획, 조직화, 지휘,
통제라는 경영기법을 적용한 관리이론이다.

② 1916년 「산업 및 일반관리」라는 저서에서 관리 개념을 언급하고 경영
과 관리의 구분을 명확히 하였다. 고전관리론은 오늘날의 관리과정학
파의 시조로 알려져 있다. 관리과정학파의 관리과정이란 계획, 조직,

---

2) 기업이나 공장은 경영자, 공장장 또는 직장이라는 사람이나 직위에 의해 관리되는 것이 아니라 하나의 부서
에서 체계적으로 관리되어야 한다는 생각에서 설치된 것이 바로 기획부제도이다. 이 부서에서는 작업의 변
경과 조건을 표준화하고 시간연구에 의하여 과업을 설정함과 동시에 과업을 수단으로 하는 생산의 모든 계
획을 수립하게 된다.

지휘, 조정, 통제 등을 분석하고, 이에 대한 개념을 설정하여 그 원칙들을 구체화시키고, 그 원칙들로부터 경영이론을 수집한다.

(2) 경영활동의 분류

① 기술적 활동: 제품 생산에 관련해 생산·제조·가공에 필요한 활동
② 영(상)업적 활동: 영업활동, 즉 구매·판매·교환에 관련된 활동
③ 재무적 활동: 자원의 조달과 운영 방법에 관한 활동
④ 보존 활동: 인적·물적 자원을 보존하는 활동
⑤ 회계적 활동: 금전 거래 기록 활동이다. 재산목록·대차대조표·손익계산서를 작성하는 활동
⑥ 관리적 활동: 조직의 인적·물적 자원을 어떻게 투입통제시스템화 할 것인지를 결정하는 과정의 활동

(3) 14개 경영관리원칙(능률, 질서, 안정성과 공정성 등을 강조)

분업의 원칙, 권한과 책임, 규율, 명령통일(명령일원화), 지휘통일, 공동목표의 원칙, 합당한 보상의 원칙, 중앙집권화의 원칙(최종 책임경영자에 대한 권한위임), 계층연쇄의 원칙, 질서의 원칙, 공정성의 원칙, 고용안정성의 원칙(직원의 신분보장), 이니셔티브의 원칙, 사기의 원칙

(4) 경영활동의 과정

계획 → 조직화(산출의 능률화) → 지휘(명령) 시스템 구축 → 조정(인적·물적 자원의 갈등 조정) → 통제(계획상의 통제) → 계획으로 순환

(5) 관리원칙에 대한 평가

페욜의 관리원칙은 테일러와는 달리 보편타당한 원리 탐색에 중점을 둠으로써 현대경영이론 발전에 기여하였다. 반면에 과학적 이론을 강조한 사이먼은 페욜의 원칙 중에 이율배반적이고 실제 효과를 보기 어려운 애매모호한 것들이 있다고 지적하였다. 또 모든 것은 과학적으로 규명되어야 과학이라고 보는 사이먼의 입장에서의 비판적 견해는 경영학이 하나의 과학으로 인정받으려면 통일된 개념을 전제로 해야 하는데 이 원칙들은 과학적 개념

설정이 미흡하며, 특히 이 원칙들이 실제 효과가 있다는 검증된 사실이 없다는 것이었다.

(6) 고전적 관리론의 문제점(비판대상)

① 관리 요소 및 원칙이 중복되고 과학적인 방법으로 이론적 근거를 제시하는 데 불충분했다.

② 사람보다는 조직의 능력이나 생산성을 강조하기 때문에 인간 없는 조직이론이라는 평가를 받고 있다. 그 예가 테일러 관리론에서 볼 수 있듯이 전문화 원리에 따른 직무설계, 시간과 동작연구에 의한 과업관리, 경제인 가설에 따른 차별적 성과급제도에 의한 동기부여를 들 수 있으며, 특히 차별성과급제는 정해진 과업 이상을 달성했을 때는 높은 임금을, 미달했을 때는 낮은 임금을 주는 제도이다.

③ 개인적인 경험과 제한된 관찰에 근거를 두고 조직행위에 대한 일반적인 이해보다는 경영자가 규범적으로 해야 되는 책임에 더 큰 관심을 두었다.

제2절 인간관계론

1. 개념

(1) 메이어 교수의 정신혁명론

인간관계론은 테일러의 과학적 관리론의 한계를 지적하면서 과학적 관리론을 전면 부정하지는 않았으며, 관점을 달리하여 인간의 내면적 심리 측면을 강조한 인간에 대한 관리이론이다. 인간관계론의 대부인 하버드 Mayo 교수는 호손 공장실험을 통해 조직구성원을 사회적 동물이라고 인식하고 인간과의 관계나 심리적 요인을 중점으로 관리하면 능률성과 생산성을 향상시킬 수 있다고 주장했다.

(2) 뢰스리스버거의 사회체계론

① 호손 실험결과를 요약하여 '경영관리와 모랄(1941년)'을 출간

② 작업자는 감정을 가진 사회적 동물이므로 작업자가 처해 있는 사회적 구조 파악이 중요하다고 강조

③ 기업은 기술적 조직(작업 중심의 공식 조직)과 인간적 조직(인간관계 중심의 비공식조직)으로 통합된 사회체계로 인식하고 사회체계론을 주장

④ 공식조직은 비용의 절감, 능률이라는 논리로 조직되고 비공식조직은 인간의 감정의 논리로 조직화되었다고 주장

2. 인간관계론의 내용 및 특징

① 사회적 능률관: 과학적 관리론에서는 기계적 능률관을 강조했지만 인간 관계론에서는 인간은 합리적이고 경제적인 보상과 같은 측면을 우선 시하기보다는 인간관계의 개선이나 인간의 사회심리학적, 감정적인 측 면에 더욱 치중하여 관리해야 한다는 인식이다. 다시 말해서 능률성은 생산자의 사회심리적 요인의 충족여하에 따라 좌우된다고 본다. 인간 은 사회적 동물로서 작업환경개선과 같은 직장에 대한 만족감보다는 인간과의 원만한 관계로 인해 열심히 생산활동을 한다고 인식하는 관 리기법의 이론이다. 예를 들어 공장의 작업자는 물질적인 측면보다는 관리자의 인간적인 대우나 요구를 잘 수용해서 관리해 주었을 때 작 업자는 만족을 느끼고 더욱 열심히 일을 한다는 것이다.

② 비공식 집단의 중시: 사회적 능률관을 실현하기 위한 수단으로 비공식 조직(각종 사적 모임)을 통해 구성원들이 더욱 사회심리학적 측면의 욕구를 충족하도록 인정한다. 그러나 비공식 조직만을 강조한 것이 아 니라 공식 조직과 비공식 조직과의 조화도 필요하다.

③ 민주적 조직관리: 작업자의 능률성 향상을 위해서는 조직 내 상하 또는 횡적인 의사전달의 원활과 민주적 관리를 강조하고 있다.

⑤ 인간의 피동성과 능률성 강조: 인간관계론에서도 과학적 관리론과 마찬가

지로 인간을 수동적으로 인식하며, 능률성을 강조하지만 인간을 보는 관점과 관리기법은 과학적 관리론과는 다르다. 인간관계론에서의 궁극적 목표는 경영과 행정에서의 능률성 향상이다.

⑥ 호손 공장실험: 호손 공장에서 메이요 교수는 조명실험, 계전기조립실험, 면접실험, 뱅크선 작업실험에서 작업환경, 근무조건, 휴식, 임금 등보다 관리자의 인간적인 대우나 구성원 간의 친밀한 관계와 분위기 등과 같은 사회심리적 요인이 생산성 증진에 더욱 중요한 작용을 하였다는 것을 발견하였다.

⑦ 협동주의와 집단주의를 통해 생산성 향상을 추구하기 때문에 팀워크를 중시한다.

3. 인간관계론의 공헌

① **조직론적 측면의 발전**: 과학적 관리론(고전적 인간관리이론)에서는 기계적 능률관을 강조하며, 조직을 목표달성을 위한 수단과 도구로 인식하는 조직관에서 인간관계론(신고전적 인간관리이론)에서는 인간중심적 문화를 중시하고 조직에서의 구성원에 대한 관심과 합리적인 관리를 강조하는 조직관의 개선을 가져왔다. 따라서 공식조직 중심에서 비공식 조직을 인정하는 조직의 합리화를 추구하였다.

② **인간에 대한 인식 변화**: 과학적 관리론의 합리적 경제인관(인간의 경제적인 욕구를 강조)에서 인간관계와 같은 사회적 심리를 강조하는 사회적 능률관으로의 인간에 대한 인식의 변화를 가져와 민주적 요소가 조직과 인간에 가미되기 시작한 점은 높이 평가된다.

③ **관리방식의 변화**(X에서 Y로의 변화): 인간은 본래 피동적이고 게으름을 피우는 미성숙(아지리스의 미성숙 이론)하며, 조직의 이익보다는 개인적 이익을 먼저 추구하고, 생리적 욕구나 안정의 욕구 추구(매슬로우의 5단계 욕구이론의 1, 2단계) 수준이므로 이에 맞는 관리를 해 주면 된다는 X론적 인간관리관점에서 사회심리적 측면이 만족되면 더욱더 조직의 목

표에 기여한다는 인식에서의 관리방식인 Y로 ○○의 변화다. 즉 민주적 조직운영방식과 인간관리의 인식기초를 마련하였는데, 오늘날의 공무원의 인간적 요소를 중시하며, 사기를 높이는 제도로서 인사상담제도, 고충처리, 제안제도 등으로 발전되었다. 이는 조직에서의 원활한 의사전달의 강조와 민주적 리더십 등 인간중심적 조직관리와 맥을 같이하고 있다.

④ 행태과학에 영향: 인간관계론은 인간의 심리적 측면을 강조한다. 심리학적 측면이란 겉으로 나타나는 인간의 행태를 말하는 것으로서, 이를 객관화하고 연구하려는 후기 인간관계론(동기부여이론, 조직행태학)에 영향을 주었다. 또한 면접기법에 영향을 주었다.

4. 인간관계론의 한계

① 물질지향적 · 합리적 · 경제적 요인 경시: 인간은 물질지향적이며 경제적인 요인에 관심이 많은 것이 당연한 것임을 무시하고, 비경제적 · 인간적 요인을 너무 지나치게 강조했다. 실제 인간관계론에서는 작업조건 및 작업환경의 개선 등도 직무수행의 동기부여를 가져올 수 있다고 보았으나 보수와 같은 경제적인 면보다 더욱 우선시했다는 점이 비판대상이 된다. 이러한 점을 과학적 관리론자들은 포드즘(고임금, 저가격)과 인간관계론자들을 백색사회주의라고 비판하였다.

② 합리적 · 공식적 · 제도적 측면 무시: 인간적 요소에 너무 집착하여 합리적(객관성 강조)이고 공식적인 조직활동을 제한시켰으며, 공식조직의 지나친 무시로 공식과 비공식 간의 개념 차이를 모호하게 만들었다.

③ 폐쇄적 조직관: 과학적 관리론과 마찬가지로 조직 내부에서 발생하는 현상(개인과 공식조직 간의 관계, 비공식 조직 중심)을 중심으로 한 관리기법을 고안해 낸 것이므로 외부환경과의 상호작용을 고려하지 않았다.

④ 직무중심의 동기부여 무시: 사회심리적 욕구의 충족을 지나치게 강조한 나머지 직무 자체를 통한 만족감 등은 간과하고 있다.

⑤ 생산자 중심의 연구: 관리자보다는 생산자 중심의 연구에 국한되어 효율적 조직운영을 위한 합리적 대안을 제시하는 데는 한계가 있다. 과학적 관리론과 마찬가지로 관리자에, 대한 연구와 분석은 없었다.

⑥ 자아실현추구 욕구의 과소평가: 사회적 동물이라는 점을 강조하여 인간관계 개선 등과 같은 면에서는 공헌을 하였으나 인간은 조직을 통해 자아실현을 추구한다는 욕구를 과소평가하였다. 다시 말해서 일체감, 소속감 등의 사회심리적 욕구의 충족이 직무수행과 직접적인 상관관계가 있다고는 볼 수 없다는 점이 문제시될 수 있다. 따라서 너무 지나친 인간중심의 입장이므로 조직 없는 인간이론으로 비판받게 되었고 심리적, 감정적 측면의 지나친 강조는 오히려 도덕적 해이와 안이한 근무태도를 유발시켰다는 비판도 있다.

⑦ 조직에 대한 이분법적 시각: 인간을 합리적인 측면과 비합리적 측면으로, 조직을 공식조직과 비공식 조직으로 이분법적 시각에서 파악함으로써 이들 양자가 상호 조화된다는 현실적인 면을 인식하지 못했다.

⑧ 산업사회에서의 노동조합의 역할을 고려하지 않았다는 것도 비판의 대상이 된다.

5. 과학적 관리론과 인간관계론의 유사점

① 능률성 및 생산성 강조: 능률성과 생산성 향상을 위한 관리노력의 측면에서는 두 이론이 동일하다. 단지 인간을 바라보는 관점과 인식을 달리함으로써 인간과 조직관리방식이 다르다.

② 관리방법: 양자 모두 과학성을 바탕으로 한 관리방식을 취하고 있다.

③ 인간에 대한 공통된 인식: 두 이론 모두 인간에 대해 피동적 · 수동적인 면을 동시에 인정하고 있다.

④ 조직목표와 개인목표의 불일치성 수용: 조직목표와 개인의 목표는 일치하지 않는다고 인정하고 있다. 즉 인간은 조직의 목표보다는 개인의 목표 달성과 이익을 우선으로 한다는 것이다. 단지 조직과 개인의 목표를 균

형화하려면 과학적 관리론은 저해요인을 제거해 주면 가능하며, 인간
관계론은 관리자가 의식적 노력으로 조화시켜야 한다고 보고 있다.

⑤ 보수적 및 정태적 사고·폐쇄관점: 두 이론 모두가 환경의 영향을 고려하지 않은 보수적이고 정태적인 사고와 더불어 조직관은 폐쇄적이다.

⑥ 생산자 중심의 연구: 양자 모두 생산자를 대상으로 연구하였으며, 관리자에 대한 연구는 이루어지지 않았다.

⑦ 외재적 요인에 의한 욕구충족: 조직구성원의 욕구충족과 동기부여의 요인을 내면적·주관적 가치기준에 두지 않고 모두 획일적으로 동일한 것으로 인식하고 경제적 측면과 집단성에 의한 유인과 같은 외재적 요인에 두고 있다.

6 차이점

기준	과학적 관리론	인간관계론
대표학자	F. W. Taylor	E. Mayo 교수
실험근거	시간 및 동시동작 연구	호손 공장의 실험
인간관	합리적 경제인관	사회심리적 인간관
능률관	기계적 능률관	사회적 능률관
조직관	합리적, 기계적, 공식적	비합리적, 비공식적, 집단중심 강조
추구이념	능률성	민주성
인간유형과 인간관리방식	권위적(X론적 인간관리)	민주적(Y론적 인간관리)
의사전달체계	하향적, 강제적	상향적, 자발적
동기부여요인	경제적 요인(보수)	사회심리적 요인(안정감, 소속감)
연구방법	원리적 접근방법	경험적 접근방법
조직이론과정	고전적 조직이론	신고전적 조직이론
공통점(요약)	① 인간을 피동적이고 수동적으로 인식 ② 폐쇄적 조직관, 보수적, 정태적 관점 ③ 생산성과 능률성 강조 ④ 외재적 요인이 동기부여 발생 ⑤ 관리자 중심이 아닌 생산자(하급자) 중심 연구 ⑥ 인간을 조작 가능한 대상으로 인식 ⑦ 조직과 개인의 목표가 일치하지 않음을 지적하고 조화의 필요성 인식	

heck Point

인간관계론의 호손 공장 실험 내용

1. 호손 실험(Hawthorne Experiments)
   ① 1924 ~ 1932년까지 서부 전기 회사인 호손 공장의 근로자를 대상으로 한 실험으로 4차례
   의 실험이 5년에 걸쳐 실시되었다. L. Mayo 교수는 「산업 문명에 있어서 인간문제」(1933)
   라는 저서에서 조직에 있어서 인간의 심리적 특성에 대해 저술했다. F. Roethlisberger는
   「경영과 근로자」(1939)라는 저서에서 기업경영에서의 인간문제를 저술했다.

2. 가설
   ① 물리적 작업 조건(작업 방법)을 개선시켜 주면 생산성이 증가할 것이다.
   ② 휴식 시간을 증가시켜 주고 노동시간을 단축시켜 주면 피로가 감소하고 작업에 대한 단
   조로움이 감소할 것이다.
   ③ 개인별 인센티브 시스템을 도입하면 산출이 증가할 것이다.

3. 실험
   ① 조명실험
      ㉠ 가설: 조명이 밝으면 생산성이 높아질 것이다.
      ㉡ 대상: 여공 집단
      ㉢ 실험: 조명도와 생산성과의 상관관계를 실험하였으며, 통제집단(조명도 일정 유지)
          과 실험집단(조명 점차 밝게 해 줌) 간의 생산성 비교
      ㉣ 결론: 상관관계 없다.
   ② 계전기 조립실험
      ㉠ 가설: 작업조건이 좋아지면 생산성이 높아질 것이다.
      ㉡ 대상: 6명의 여공
      ㉢ 실험 기간: 1927 ~ 1928년까지 2년간 실시
      ㉣ 실험: 6명의 여공에게 직무수행의 중요성을 인식시켜 줌(직무에 대한 긍지감 부여
          함). 비공식 조직의 리더를 자신들이 결정함(협조관계를 이룸).
      ㉤ 결론: 상관관계 있다. 인간관계와 작업의 성과에 영향을 준다. 자신의 업무에 대한
          긍지, 성취, 안정감, 심리적 욕구를 충족시켜 준다면 생산성은 향상된다.
   ③ 면접실험
      ㉠ 기간: 1928 ~ 1930년
      ㉡ 실험: 현장에서 일하는 공장 근로자와 사무직원에게 직무 환경, 감독자의 리더십, 경
          영, 정책 등에 대한 인식을 조사했다.
      ㉢ 결론: 작업자의 태도, 감정 등의 심리적 요인들이 생산성에 영향을 준다. 물리적 환경
          보다 인간관계의 심리적·사회적 환경이 생산성 향상에 더 중요하다는 것을 말해 준다.
   ④ 배전기권선 실험
      ㉠ 기간: 1930~1932년
      ㉡ 대상: 배전기권선공 14명
      ㉢ 결론: 비공식 조직의 인간관계, 즉 직무수행의 심리적 요인은 생산성에 영향을 주며
          비공식 조직의 특성이 나타난다. 직무를 수행하면서 자신들이 비공식적으로 만든 규
          칙에 따라 작업을 수행하는 것을 알 수 있었다

제3절 근대적 관리이론

1. 근대적 관리론의 의의

(1) 배경

전통적 조직관리이론은 주로 과학적 관리법과 관리과정론, 인간관계론을 들 수 있다. 테일러와 페욜 등에 의해 시작된 관리이론을 보편적 관리이론으로 분류하는 이유는 그들의 이론이 어느 조직이나 보편적으로 적용되도록 하는 관리방법 및 구조를 찾으려는 노력에서 시작하였다. 이러한 이론들은 모두 보편론에 근거하고 있다는 공통점을 지니고 있기 때문이다. 그러나 조직을 환경과는 무관하게 취급함으로써 보편적 관리이론의 단점을 나타내게 되었고 이를 보완하기 위해 대두된 것이 근대적 관리론과 행동과학이론인데, 이들 역시 조직을 폐쇄적 시스템으로 보는 한계를 안고 있다.

(2) 의의

테일러와 페욜 등의 공식적 조직관과 메이요, 뢰스리스버거의 비공식 조직관을 통합하는 이론이다. 버나드(Bernard)에 의해 창시되고 마치(March)와 사이먼(Simon)에 의해 계승 발전되었다.

(3) 연구방향

근대관리론은 전통이론이 갖는 인간이 없는 조직, 즉 인간의 가치는 무시된 채 조직 자체에서 모든 것이 해결되고 조직만 잘 관리하면 생산성, 효율성, 유효성이 달성될 것으로 본 입장의 한계를 극복하기 위해 대두되었다. 또한 전통 관리이론은 조직 내부의 관리이론으로 환경과의 상호작용이나 환경의 변화 또는 영향에 대해서는 전혀 고려하지 않음으로써 이론의 폐쇄성을 면치 못했다. 이러한 이론적 한계로 헤겔의 변증법적 접근을 통한 인간이 없는 조직이라고 비판받는 전통이론<正>과 조직이 없는 인간이라는 비난을 받는 인간관계론<反>의 대립발전을 통해 성립되어 인간과 조직의 조화<合>를 추구하는 이론으로 등장하였다.

(4) 근대적 관리이론의 특징

① 인간이 있는 조직: 전통 경영이론에서는 조직의 목표달성을 위해 인간을 수단으로 인식하고 조직관리의 요소만을 중시하였다. 따라서 전문화의 원리에 따른 직무설계, 시간과 동작연구의 과업관리, 경제인 가설에 따른 차별적 성과급제도 등 조직의 효율적 운영과 생산성 향상을 위한 조직관리에 중점을 둔 경영방식 또는 이론이었다고 볼 수 있다. 따라서 인간은 기계부품 시 되고 인간의 존엄성, 가치는 무시되었기 때문에 인간이 없는 조직이었다면 근대적 관리이론은 인간을 중시한 경영철학이라 할 수 있다. 반면에 인간관계론은 지나치게 인간의 감정, 민주적 관리 등을 중시하는 관리이므로 조직 없는 인간으로 평가되어 양자의 조화를 근대 관리이론에서는 주장하고 있다.

② 개인과 조직목표의 조화: 전통 관리이론은 조직의 목표가 우선시되고 조직의 목표와 개인의 목표의 부조화 관리였다면 근대 관리이론은 조직도 개인의 욕구를 충족시켜 주어야 하고 개인 목표달성에 조직이 역할을 해야 한다는 측면에서 개인과 조직목표와의 조화를 추구하였다.

③ 전인적 인간관: 인간은 다양하며 변화무쌍한 존재로 인식한다.

④ 복합적 인간관을 추구: 과학적 관리론의 경제인관과 인간관계론의 사회적 인간관을 혼합한 인간형을 추구한다.

⑤ Z형 인간관: 과학적 관리론에서 본 X형 인간도 인간관계론에서 주장한 Y형도 아닌 복잡한 심리상태를 가지고 있고, 물질, 인간적 심리상태의 만족으로도 통제관리가 되지 않는 유형의 인간을 말한다.

2. 버나드의 협동체계론

(1) 개념 및 의의

수정경영이론으로 '경영자의 역할(1938년)'을 발표하면서 조직론의 아버지로 불리었다.

인간의 활동은 시스템으로 연계되었기 때문에 타인과의 공동노력으로 조직의 목표가 달성된다고 보았다. 또한 조직목표와 개인의 목표는 상호 연관되고 균형이 유지되어야 조직의 활동이 효율적으로 이루어진다고 주장하였다. 따라서 버나드 이론의 키워드는 협동체계, 공통의 목적·공헌·커뮤니케이션, 권한수용이론, 조직균형론 등이다.

(2) 내용 및 특징

① 조직의 경영적, 기술적 측면보다 사회적, 심리적 측면을 강조하였다.

② 조직 활동을 두 사람 이상이 의식적으로 조정하는 협동체계라고 정의하여 조직을 사회체계로 보았다. 즉 조직의 정의를 개인이 생물학적 한계를 극복하여 목적을 달성하기 위한 수단으로서 형성하게 되는 인간의 협동적 노력의 결합체인 협동시스템(cooperative system)이라고 하였다.

③ 버나드의 권한수용이론(acceptance theory of authority)은 권한이 상급자의 지위에 달려 있다기보다는 명령에 응하는 하급자의 수용의사에 있다고 주장하면서 베버나 전통적 이론에 있어서 합법적 지위에 의한 권한과는 본질적으로 다르다고 보았다. 수용가능의 조건으로는 전달내용의 명확성, 조직목표와 개인목표의 조화 및 일치, 전달내용에 따른 대응능력 보유를 들고 있다. 또한 무차별권이란 상급자의 명령을 하급자가 아무 이견이나 비판 없이 수용되는 경우를 말한다.

④ 조직에 있어 유효성에 의한 대외적 균형과 능률성에 의한 대내적 균형이 중요함을 지적하였다.

3. 사이먼의 조직적 의사결정론

(1) 개념 및 의의

버나드의 이론을 의사결정의 문제를 중심으로 더욱 발전시켰다. 개인은 행동을 하기 전에 어떤 행동을 할지에 대해 자신의 의사를 결정하게 되고, 그 의사결정은 관리론에서 다루어야 할 연구대상으로 삼았다.

(2) 내용 및 특징

① 사이몬은 조직을 의사결정시스템으로 보았으며, 관리의 핵심을 의사결정으로 보고 인간은 제한된 합리성을 갖는 관리인이라고 보았다.

② 개인의 목표와 조직의 목표의 조화를 강조하였으며, 조직이란 제한된 합리성(bounded rationality)을 갖는 작업자와 경영자의 의사결정시스템(decision-making system)이라고 하며 권한수용설의 입장을 취한다. 여기서 제한된 합리성이란 인간의 인지능력, 판단 및 분석 능력 등의 한계를 어느 정도 인정하는 것이다. 즉 목표달성에 관련된 대안을 분석하고 비교평가 시 인간능력의 한계로 동시에 모두 고려할 수 없으므로 몇 가지 한정된 대안만을 선택하여 관리할 수밖에 없다는 것이다.

(3) 사이먼의 수용권(의사결정과정에서의 수용 영역)

① 상대방의 결정에 대한 수용조건

   ㉠ 상대방 결정의 정당성(장점)을 검토한 후 정당성이 인정되어 수용하는 경우

   ㉡ 정당성을 검토하지 않고 수용하는 경우

   ㉢ 검토한 결과 장점이 나타나지 않은 경우에도 따르는 경우

② 권위의 수용범위: ㉡과 ㉢의 경우로서 상대방의 결정에 대해 검토하지 않거나 자신에게 장점으로 작용하지 않음을 알면서도 따르는 경우를 말한다. 자아의식과 비판의식이 높은 사람일수록 수용권의 영역(범위)은 좁아진다고 주장하였다.

(4) 사이먼과 버나드의 개념을 바탕으로 한 근대조직이론의 조직관은 조직은 인간의 협동체, 하나의 시스템적 조직관이라 할 수 있다. 여기에 사이먼과 버나드는 인간능력의 한계를 인정, 개인목표와 조직목표의 조화를 강조하고 있음을 알 수 있다. 조직이 사용할 수 있는 영향력의 유형을 조직에서 부과하는 권력, 종업원들의 자기통제로 보았고, 사이먼의 자기통제의 입장은 조직에 대한 충성심 혹은 일체감, 종업원에 대한 유효성과 기준의 설득, 교육훈련 등으로 이루어진다.

조직목표와 개인목표의 조화 추구 – 협동이론

1. 개념

① 생산성과 인간성의 동시추구시대에 대두된 행동과학으로 인간문제의 이해와 해결, 조직목표와 개인목표의 조화를 추구하는 이론으로 고전적 경영이론인 생산성을 강조하는 과학적 관리법과 인간을 중시하는 인간관계론 모두 종업원들의 불만을 유발시켰으며, 생산성 향상에 크게 기여하지 못했다는 비판에서 대두된 이론으로 생산성과 인간의 중심에서 양자의 이론을 통합한 이론이다.

② 근대적 관리론을 말하며, 협동이론은 주로 인적 자원관리의 접근방법이다.

2. 의의

① 분업화와 같은 생산성 향상 원리의 한계를 해소하기 위해 고안된 직무확대·충실화·목표관리제(MBO) 등에 적용되기 시작하였고, 급변하는 환경에의 적응을 위한 동태적 조직구조의 도입이나 조직개발·조직변화 모형도 공헌을 하였다.

② 인간에 대한 관심은 인간관계론에서 발전된 행동과학과 조직에서 구성원들의 행위에 영향 주는 동기요인 등을 다룬 동기부여이론, 이는 다시 갈등 및 리더십이론으로 발전하면서 인간에 대한 문제를 조직발전의 중요한 요소로 인식하면서 발전하였다.

③ 따라서 현대에 있어서 인적 자원의 중요성이 인식되기 시작하였고, 1980년대에는 인적 자원관리론이 활발히 연구되기 시작하였고 조직목표와 개인목표의 조화문제가 중요하게 부각되기 시작하였다.

	생산성 강조시대 (과학적 관리법)	인간성 중시시대 (인간관계론)	생산성과 인간성의 동시추구시대(협동이론)
중점	생산성 향상을 목표	개인의 목표 고려	조직의 목표와 개인의 목표 조화, 추구
인간관	경제인 내지 기계인관 합리적 인간관 X형의 인간관 (피동성, 게으름)	사회심리적 인간관 Y형 인간관 (피동적이나 인간적인 대우 선호)	복잡인, 복합인 Z형 인간관(심리적으로 복잡, 다양)
관리전략	감독의 강화, 권위적	민주적인 관리방식 인간적인 대우	상황에 따른 관리 자유방임식 관리

제4절 행동과학이론

1. 개념 및 의의

(1) 제2차 세계대전 후 1950년대에 인간행동의 기본원리를 종합적, 과학적으로 해명하려는 사조가 태동하면서 대두된 학문으로서 교육행정학을 독자학문으로 구축하는 데 공헌하였다. 연구대상은 인간의 모든 행위를 대상으로 과학적인 연구 방법론을 통해 종합과학적인 특성을 가지고 있다.

(2) 행동과학은 고전적 조직이론을 받아들인 종합적인 학문으로 인간의 모든 행위를 과학적으로 해석함으로써 인간중심경영의 기본방향을 제시해 주고 있다. 또한 개인의 주관이 개입되지 않은 객관적이고 과학적인 방법으로 수집된 실증적 증거를 토대로 설명하기 때문에 인간행위에 관한 설명에 있어서 일반화가 가능하다. 여기서 종합과학적인 성격이란 순수이론과 특정 분야의 이론 사이에 있는 이론적인 모형구축의 수준을 말한다.

2. 특징 및 내용

(1) 행동과학자들은 구성원들의 행위를 통해 현상을 설명할 뿐만 아니라, 체계를 변화시키는 변화담당자(change agents)로서의 역할을 강조하고 있다(W. G. Bennis).

(2) 셰퍼드(H. A. Shepard)는 전통적 경영이론을 '강압－타협' 체계로 보았고, 반대의 개념으로 '협동－동의' 체계 또는 '권력평등화' 체계로 분리하여 보았다. 여기서 강압－타협의 의미는 조직이 인간을 지배하고 조직에 의해 인간이 구속, 통제당하면서도 고용계약과 물질로 연결되어 있는 조직과 인간은 타협의 관계로 볼 수 있다. 대칭적인 개념으로 협동과 동의 체계는 조직목표 달성에 구성원들이 협력체제를 구축하고 상호 동의 또한 조직과 인간의 목표를 조화시키는 관리개념이다.

제5절 관료제

1. 관료제의 의의 및 특징

(1) 개념

관료제란 조직목표의 효율성의 추구를 위한 이상적인 조직모형으로 인간보다는 조직의 구조, 원리 등에 초점을 맞추고 있다. 따라서 인간의 소외, 고독, 인간가치의 무시 등이 문제시되었다. 그러나 관료제의 특징들은 오늘날까지 존재함으로써 그 이론적 보편성이 인정되고 있다.

(2) 특징
① 계층성의 대규모 구조, 전문화·분업화된 조직, 합법적 권위의 지배원리, 법규 강조 등의 특성을 지닌다.
② 관료제의 보편성과 순기능: 관료제의 보편성과 순기능으로 정부조직 및 기업 등 대규모의 모든 사회조직에서도 관료제가 적용되고 있다.

2. 베버(Weber)의 관료제

(1) 이론적 특성
① 이념형: 현존하는 관료제의 속성을 모두 설명할 수 있는 이론은 아니며, 가장 특징적인 것만을 뽑아서 정립한 이론적·이념적 모형이다.
② 보편성: 공조직과 사조직을 막론하고 계층구조를 지닌 모든 대규모조직에서는 관료제의 특징과 형태를 가지고 있다.
③ 합법성·합리성: 관료제조직은 법 앞의 평등의 합법성을 추구하며, 조직의 목표달성을 위해 계층성을 통해 효율적·능률적으로 조직을 운영할 수 있는 이상적 조직으로 인식한다.

(2) 지배유형
① 전통적 지배와 권위(가산적 관료제): 권위의 정당성은 과거로부터 내려오는 전통·관습 등에 있다고 보고 지배자의 권력의 신성함에 대한 신념을

기초로 세습되는 지배 유형과 권위이다. 안정적 조직에 유용하지만 환경에 대한 대응력은 부족한 지배유형이다.

② 카리스마적 지배와 권위: 지도자의 비범한 자질과 능력에 의한 지배가 정당화되는 지배유형과 권위로서 위기 시에 주로 나타나며, 지배양식은 비합리성보다는 기회적 합리성에 속한다.

③ 합법(리)적 지배와 권위: 권위의 정당성을 합법적인 법규나 질서에 기초하며 오늘날 대부분의 민주주의 국가의 지배유형에 해당된다.

(3) 근대관료제의 성립 및 발달요인

① 화폐경제의 발달: 관료제의 특징 중의 하나는 급여를 받고 종사하는 것에 두고 있기 때문에 화폐경제의 발달은 관료제 성립과 발달에 기여하였다.

② 행정업무의 양적 확대·질적 변화: 행정업무의 양적 증대와 질적 변화는 이를 해결하기 위한 조직유형을 필요로 하게 되었다.

③ 관료제 조직의 기술적 우위성: 관료제 조직은 합의제·명예직제·겸직제에 비하여 정확성·신속성·통일성·지속성·신중성·복종의 강요·능률성 등이 우수하며 물적·인적 비용의 절감과 같은 기술적 이점을 가지고 있다(특히 기술관료제).

④ 물적 관리수단의 집중화: 물적 수단을 집중관리하여야 하는 행정업무는 예산제도의 성립으로 관료제에 의해 관리통제가 필요로 하게 되었다.

⑤ 법 앞의 평등성: 행정기능과 관료 간의 경제적·사회적 차별의 평균화가 전제되어야 관료제는 발전할 수 있다.

(4) Weber 관료제의 특징

① 법규의 지배: 관료의 직무, 권한의 배분 및 자격요건이 명확하게 법규에 규정되어 있으며 모든 직무수행은 법규에 따라 수행된다.

② 고도의 계층성: 수직적 계급의 층이 높으며, 상하 간 지배 복종관계가 엄격한 조직이다.

③ 문서주의와 공사의 분리: 직무수행은 철저하게 문서에 의해 공식화되어 있으며, 공사를 엄격히 구분한다.

④ 전문지식의 강조: 관료의 전문적 자격과 지식이 요구되는데, 전문성은 관료의 합법성을 인정하는 기초가 된다.

⑤ 능률성: 관료제는 조직의 능률성을 추구하기 위한 이상적 모형으로서 고안되었다.

⑥ 전임직에 기초: 관료라는 직업은 부업이 아닌 생활수단으로서의 전업이며, 전체적 노동력을 요구함으로써 겸직도 금지한다.

⑦ 고용관계의 자유계약성: 고용관계가 쌍방의 자유의사에 따른 자유로운 계약을 형성한다.

⑧ 관료의 특성: 몰인간화, 비정의성(비개인주의, impersonalism), 객관성, 합리성, 법제화, 표준화, 형식주의 등을 가지고 있다.

(5) 관료제의 장점

① 전문화: 전문 영역에서 지속적으로 일함으로 능력을 향상시킬 수 있다.

② 구조화: 직무의 범위·책임과 권한의 범위 등이 구체적으로 서술되어 있다.

③ 안정성과 미래예측 가능성: 직업성 보장과 앞으로의 승진과 보수에 대해 예상을 가능케 한다.

④ 합리성 추구: 개인적 의사결정보다는 집단적 의사결정을 해야 하기 때문에 합리성이 보장된다(그러나 잘못된 관행이나 결정을 개인이 번복하여 수정할 수 없다는 문제점이 있다).

⑤ 제한된 민주성 보장: 개인의 평가는 한 개인의 자의적·임의적 평가보다는 객관적 자료에 의해 검증되며, 능력·근속연수·근무태도 등에 의해 개인의 평가가 이루어지므로 민주성이 가미되었다.

(6) 관료제의 단점

① 책임의 전가: 업무의 구분이 명확하지 않은 직무에 대해서는 기피하거나 타 부서에게 넘기려는 경향이 많다. 또한 상하 간의 책임전가가 많이 발생할 수 있다.

② 개인의 창의성과 발전 저해: 관행에 의해 어쩔 수 없이 해야 하는 업무가 발

생하는 경우 개인의 창의성과 개성을 저해시켜 개인적 발전이 저해된다.

③ 의사전달의 하향성: 계층적 관계로 하향적 커뮤니케이션이 이루어지며 상부층에 권한이 많이 집중되어 있다. 의사결정과정에서의 참여와 같은 민주적 요소가 미흡하다.

④ 지나친 인간의 합리성 중시: 인간의 개인적 특성을 고려하지 않기 때문에 개인의 경직성을 조장한다(X론적 인간관리, 몰인간화 등).

1. 과학적 관리론의 창시자로 올바른 것은?
① 퓨흐　　　② 테일러　　　③ 톰슨　　　④ 허즈버그

답 ②
해설) 테일러에 의해 과학적 관리론이 창시되었다.

2. 테일러(F. Taylor)의 과학적 관리론에 대한 설명으로 옳지 않은 것은?
① 작업능률을 향상시키기 위해 전문화의 원리에 따른 직무설계를 강조하였다.
② 생산성 향상을 위해 인간관계를 중요시하였다.
③ 과업을 관리하기 위한 수단으로 시간 및 동작연구를 개발하고 도입하였다.
④ 종업원의 동기부여를 위해 차별성과급제도를 도입하였다.

답 ②
해설) 인간관계를 중요시한 것은 호손연구 이후부터이다.

3. 테일러의 과학적 관리론에서 가장 중요하게 여겨지는 것으로, 현대에도 자주 이용되고 있는 방식으로 올바른 것은?
① 차별성과급제도　　　　　　② 전문화의 원칙
③ 권한과 제한의 원칙　　　　④ 과업환경의 변수 설정

답 ①
해설) 테일러의 과학적 관리론 중 가장 중요하게 여겨지는 것은 차별성과급제도로, 이는 경제인적인 가설에서 모티베이트된 것이다.

4. 인간이 경제인이라는 가설 아래 움직이는 과학적 관리론에서 가장 큰 의미가 있는 부분은?
① 전문화　　② 과업관리　　③ 차별성과급제도　　④ 인사관리

답 ③

해설) 차별성과급제도는 인간이 경제인이라는 가설 아래에서 과학적인 분석을 통해 최대의 효율을 이끌어내기 위한 제도이다.

5. 페욜에 의해서 창시된 관리론은 무엇인가?
① 과학적 관리론　　　　　　② 인사론적 관리론
③ 상황이론　　　　　　　　　④ 고전적 관리론

답 ④
해설) 페욜에 의해서 고전적 관리론이 창시되었다.

6. 페욜에 의하면 기업조직은 크게 다섯 가지의 기능을 가진다. 이 다섯 가지의 기능에 속하지 않는 것은?
① 기술적, 상업적인 측면　　　② 노사관계를 조율하기 위한 기능
③ 회계 기능　　　　　　　　　④ 안전 및 보호기능

답 ②
해설) 페욜에 따르면 기업조직에서는 크게 기술적, 상업적인 측면, 자본의 획득 통제를 다루는 재무활동, 안전 및 보호기능, 회계기능, 계획/조직/지휘/조정/통제의 다섯 가지 기능이 있다.

7. 계획, 조직, 지휘, 컨트롤 등을 분석하고 이에 대한 개념적인 테두리를 설정하여 그 원칙을 구체화하며 그들을 통해 경영이론을 수립하는 학파를 무엇이라고 하는가?
① 고적적 이론학파　　　　　　② 과학적 관리론학파
③ 재무설계 이론학파　　　　　④ 관리과정학파

답 ④
해설) 관리과정학파는 계획, 조직, 지휘, 컨트롤 등을 통해 경영이론을 수립한다.

8. 페욜이 주장한 조직의 다섯 가지 원칙에 해당하지 않는 것은?
① 명령통일의 원칙　　　　　　② 권한위양의 원칙
③ 감독 폭의 원칙　　　　　　　④ 종속변수 통일의 원칙

답 ④

해설) 페욜이 주장한 조직의 다섯 가지 원칙은 전문화의 원칙, 명령통일의 원칙, 권한과 책임의 원칙, 감독 폭의 원칙, 권한위양의 원칙이다.

9. 관리론적인 사고에 입각한 조직의 원칙에 해당하지 않는 것은?
① 전문화의 원칙 　　　　　　　② 명령통일의 원칙
③ 노사협상의 원칙 　　　　　　　④ 권한위양의 원칙

답 ③
해설) 관리론적인 사고에 입각한 조직의 원칙은 전문화의 원칙, 명령통일의 원칙, 권한과 책임의 원칙, 감독 폭의 원칙, 권한위양의 원칙이 있다.

10. 고전적 관리론의 가장 큰 문제점으로 적당한 것은?
① 요소와 원칙의 중복 　　　　　② 인사관계 확립 불충분
③ 재무설계적으로 미미한 연구 　　④ 각 요소들에 대한 설명 미미

답 ①
해설) 고전적 관리론의 가장 큰 문제점은 요소와 원칙이 중복된다는 것과 과학적인 근거가 부족하다는 것이다.

11. 과학적 관리론에 여러 가지 한계점들이 곧 드러나기 시작하면서 새로운 경영론이 대두되었는데 이 경영론은 무엇인가?
① 인간관계론 　② 노사관계론 　③ 상황이론 　　④ 고전적 관리론

답 ①
해설) 인간관계론은 과학적 관리론의 한계점을 극복하기 위해 발달한 이론이다.

12. 1927~1932년에 미국 서부전기회사에서 메이요와 그의 동료들이 실시한 연구이며, 인간관계론을 크게 발전시킨 이 연구는 무엇인가?
① 테일러 연구 　　② 호손 연구 　　③ 페욜 연구 　　④ 톰슨 연구

답 ②
해설) 호손연구는 미국 서부의 전기회사 이름인 호손공장에서 이루어진 연구이다.

13. 민주적인 리더십을 강조하며 사회인 가설에 모티브를 두는 이론은 무엇인가?

① 과학적 관리론　　② 인간관계론　　③ 고전적 관리론　　④ 근대관리론

답 ②

해설) 인간관계론은 사회인 가설에 모티브를 두고 민주적인 리더십과 참여를 강조하며, 비공식조직의 중요성을 인식하였다.

14. 호손연구의 결과가 가리키는 바로 적당한 것은?
① 인간관계의 중요성　　　　　　② 과학적인 체계의 중요성
③ 철저한 재무관리의 중요성　　　④ 고위직 인사관리의 중요성

답 ①

해설) 호손연구의 결과인 인간관계의 중요성을 통해 인간관계론이 발전하게 되었다.

15. 호손연구에서는 작업장이 하나의 사회의 장과 같다고 한다. 이 말과 가장 유사한 의미로 올바른 것은?
① 작업장이 하나의 사회의 장이기 때문에 작업자들은 단결하는 것이 좋다.
② 작업장이 하나의 사회의 장이기 때문에 작업자들 간의 사회적인 관계가 중요하다.
③ 작업장이 하나의 사회의 장이기 때문에 작업자들 간의 사회적인 거래를 중시해야 한다.
④ 작업장이 하나의 사회의 장이기 때문에 작업자들 관리할 관리자가 필요하다.

답 ②

해설) 작업장이 하나의 사회의 장이라는 말의 뜻은, 작업자들 사이의 사회적인 관계가 매우 중요하다는 것을 나타낸다.

16. 인간관계론의 주요 내용과 관계가 먼 하나는?
① 모티베이션: 사회인 가설　　② 비공식조직의 강조
③ 참여의 강조　　　　　　　　④ 노사협력의 강조

답 ④

해설) 인간관계론의 주요 내용은 모티베이션: 사회인 가설, 리더십: 민주적 리더십의 강조, 참여의 강조, 비공식조직의 강조 - >생산성 모형 등이 있다.

17. 버나드와 사이먼에 의해 발달된 이론으로, 전통적인 관리이론들과 인간관계론을 절충한 것으로 평가되는 이 이론은?
① 근대관리론　　② 재무관리론　　③ 회계관리론　　④ 사회관리론
답 ①
해설) 근대관리론은 전통적인 관리이론들과 인간관계론을 절충한 것으로 평가된다.

18. 조직을 의사결정시스템으로 본 학자로서 의사결정에 있어서 제한된 합리성을 주창한 학자는?
① 버나드　　　② 베니스　　　③ 사이먼　　　④ 볼딩

답 ③
해설) 사이먼은 조직을 의사결정시스템으로 보고 의사결정은 순수합리성을 갖는 경제인 모델과 구분되는 제한된 합리성을 갖는 관리인모델로 설명한다.

19. 근대이론은 크게 버나드의 이론과 사이먼의 이론으로 구성된다. 이 중 버나드의 이론에 해당하는 것은?
① 조직관리시스템　　② 현대시스템　　③ 의사결정시스템　　④ 협동시스템

답 ④
해설) 버나드의 이론은 협동시스템이며, 사이먼의 이론은 의사결정시스템이다.

20. 사이먼의 이론에서는 조직이 사용할 수 있는 영향력을 두 가지 제시하였다. 이 영향력과 관련 없는 하나는?
① 조직에 대한 충성심 또는 일체람　　　　② 조직에서 부과하는 권위
③ 조직유효성의 증진을 위한 노사협정　　④ 종업원들의 훈련

답 ③
해설) 조직이 사용할 수 있는 영향에는 크게 두 가지 조직에서 부과하는 권위와 종업원들의 자기통제 두 가지로 나뉘며, 종업원들의 자기 통제는 크게 세 가지, 조직에 대한 충성심 또는 일체감, 종업원에 대한 유효성 기준의 설득, 훈련 등이 있다.

21. 2차 세계대전 이후 인간에 대한 정교한 지식체계를 얻은 것으로 발달된 이론은 무엇인가?
① 행동과학이론　　② 인간관계이론　　③ 상황이론　　④ 구조이론

답 ①

해설) 인간에 대한 정교한 지식체계를 바탕으로 하는 이론은 행동과학이론이다.

22. 조직에서 권력은 현존하는 권력주의적 위계질서보다는 공평하게 분배되어야
한다는 시범적인 신념을 지녀야 한다는 것을 의미하는 용어는?
① 조직신념   ② 권력평등화   ③ 권력의 질서   ④ 권력유효성

답 ②

해설) 권력평등화는 조직에서의 권력이 위계질서보다는 공평하게 분배되어야 함
을 의미한다.

23. 권력평등화의 내용으로 올바르지 못한 것은?
① 인간의 육체적인 능력과 실질적인 성과에 주로 관심을 집중한다.
② 외적으로 계획 또는 시행된 변화 이상으로 개인, 집단 및 조직에서 점진적이
고 내부적으로 발생한 변화를 높이 평가한다.
③ 과업의 성취뿐만 아니라 인간의 성장과 실현에 많은 가치를 두며, 이 둘 사
이의 인과관계 정도를 파악하려고 한다.
④ 조직에서 권력은 현존하는 권력주의적 위계질서보다는 공평하게 분배되어야
한다는 시범적인 신념을 지녀야 한다.

답 ①

해설) 권력평등화에서는 인간의 정신에 관심이 집중된다.

1장　주관식 문제

1. 테일러와 페욜의 전통적 관리이론 중에서 두 이론이 가장 큰 차이를 보이는
부분은 어디라고 생각하는가? 또한 그 이유를 서술하시오.

해설) 과학적인 면에서 가장 차이가 난다. 테일러의 경우에는 과학적인 방법을
사용하여 이루어 낸 과학적 관리이론이지만, 페욜의 경우에는 과학적인 면에서

치명적인 약점이 있는 고전적 관리이론이다.

2. 페욜의 이론에 있어서 가장 큰 단점은 요소와 원칙이 중복된다는 것이다. 그렇다면 테일러의 이론에 있어서 가장 큰 단점은 무엇인가?

해설) 테일러의 이론에서는 과학적인 면을 중시한 나머지 인간을 경제적인 동물로 생각하여, 인간에 대한 정확한 이해가 부족한 상태에서 인간에 대한 것을 고려하지 않은 이론이라는 문제가 발생하였다.

3. 호손연구의 첫 번째 실험의 결과는 '조명을 밝게 해 주지 않은 경우'에도 능률이 올라갔다는 것이다. 이를 어떻게 설명할 수 있는가?

해설) 조직은 하나의 사회적 장이기 때문에 다른 종업원들에 대해서도 영향을 받기 때문이다.

4. 호손연구의 결과와 의미에 대해 논하고, 이에 따라 발전된 이론이 무엇인지 서술하시오.

해설) 호손연구의 결과 인간은 합리적인 경제인이 아니라 사회인이며, 조직은 하나의 사회의 장으로 볼 수 있다는 것이다. 이를 통해 인간관계론이 발전하였다.
5. 호손연구가 증명하고자 했던 점이 무엇이었는지 설명하시오.

해설) 과학적 관리론에서 한계인 인간을 하나의 경영관리의 부속으로 취급하는 것이 문제라는 것에 착안하여, 산업공학자와 심리학자와 경영학자들은 종전 과학적 관리론에 의하면 하나의 기계부속에 불과한 종업원, 그들을 둘러싼 환경을 개선해 보기로 하였다. 만약 환경이 개선되었을 때 생산성이 증진된다면 과학적 관리론은 옳지 못한 것이 되고, 생산성이 증진되지 않는다면 과학적 관리론은 다시 자리를 굳히게 되는 것이다.

6. 호손연구의 첫 번째 결과는 다음과 같다.

> * 호손연구의 결과 1
> ① 실험집단의 조명의 강도를 평소보다 높인 경우 실험집단의 산출량이 올라갔다. 또한 통계집단의 산출량도 증가하였다.
> ② 실험집단의 조명이 강도를 오히려 평소보다 낮춘 경우에도 실험집단의 산출량이 올라갔다.

이를 통해 알아볼 수 있는 호손연구의 결론들 중 하나는 무엇인가?

해설) 인간은 사회적 동물이고, 작업장은 사회적 장이기 때문에 다른 사람들과 상호 작용한다.

7. 전통적 관리이론과 인간관계론을 절충한 것으로 평가받고 있는 이론의 이름은 무엇인가?

해설) 근대관리론

8. 2차 세계대전 이후에 발달한 행동과학이론들은 어째서 2차 세계대전 이후가 되어서 전할 수 있었는지 타당한 이유를 한 가지 이상 서술하시오.

해설) 2차 세계대전 이후에는 학술적으로 인간에 대한 깊은 이해가 이루어졌고, 그 외의 인간의 사회적인 면모에 대해서도 정교한 지식체계가 잡혔기 때문이다.

 상황이론과 전략적 선택이론

제1절 체제(시스템) 이론

1. 개념 및 의의

(1) 상황이론과 전략적 선택이론은 지나친 구성원의 관점에서 조직 전체의 입장인 시스템적인 관점에서 문제를 바라보기 때문에 먼저 시스템이론을 소개하고자 한다. 시스템은 체제라고도 할 수 있고, 일반시스템이론은 여러 학문 영역에 걸쳐 과학적인 지식을 통합하는 기초로서 제시하였으며, 시스템이론은 1930년대 버탈란피(L. Von Bertalanffy)가 여러 학문분야를 통합할 수 있는 통합사고와 연구의 틀을 모색하는 과정, 일반화의 시도로 주창되었다. 여기서 일반 시스템이론이란 시스템이 갖고 있는 특성 등이 모든 체제의 현상 등을 설명할 수 있고 일반시스템이론이 모든 시스템에 적용할 수 있다는 이론이라는 것이다. 따라서 일반시스템이론은 종합과학적인 성격을 지닌다.

(2) 시스템이란 개념은 시스템 내의 모든 요소들이 서로 유기적인 관계를 가진 구성체를 말한다. 따라서 일반시스템이론은 과거 대부분의 학자들이 하나의 복합체는 단순한 부분의 합으로만 보던 관점에서 유기성이라는 것이 중요하다. 즉 시스템은 복잡하지만 통일된 전체를 이루는 상호 유기적으로 관련된 부분들의 집합으로 정의된다.

(3) 시스템이론은 생태학에서 먼저 주장된 것으로서 어떤 존재를 어떤 관계 속에서 파악할 것이냐의 인식이 조직연구에 유입되면서 조직을 하

나의 전체 시스템으로 보고 그 시스템의 구성이 여러 개의 하위시스템으로 이루어졌다는 것을 알게 되었다. 시스템이론이 경영학에 도입되면서 조직연구자들이 새로운 안목을 갖게 되었는데, 그것이 바로 조직에 미치는 환경의 중요성이다. 지금까지는 조직을 연구할 때 조직에 미치는 환경요소는 전혀 고려하지 않은 폐쇄체계만 인식하였던 조직관점이 조직의 외부환경의 존재의 중요성을 강조하게 되었고, 이로써 조직을 개방체계로 보게 되었다. 따라서 시스템의 정의는 환경 내에서 조직의 목표를 달성하기 위해 독립적으로 또는 전체적으로 상호작용하는 상호 유기적으로 관련된 부분의 집합이라고 할 수 있다. 폐쇄체계와 개방체계의 구별을 명확히 한 사람은 일반시스템이론에서는 버탈란피, 조직론적인 측면에서는 굴드너라고 할 수 있다.

(4) 시스템 접근법이란 조직의 목표를 효율적으로 달성하기 위해 조직을 하나의 시스템으로 보고 시스템의 개념과 특성에 고려하여 조직을 분석하고, 관리하고자 하는 방법론이다.

2. 시스템의 속성

(1) 상위시스템과 하위시스템

시스템은 환경으로 둘러싸여 있는데, 그 환경은 직접환경과 간접환경으로 나누어진다. 직접환경은 상위체제에서 자신을 제외한 것을 말하며, 직접환경을 제외한 상위체제 이상의 체제가 간접환경이다. 하위시스템은 목표·가치 하위시스템, 사회·심리적 하위시스템, 기술적 하위시스템, 구조적 하위시스템, 관리적 하위시스템으로 분류된다.

(2) 개방체제

체제는 폐쇄체제와 개방체제로 나누어지는데, 과거의 조직관은 폐쇄체제라고 보지만 오늘날의 체제는 환경과 투입, 전환 산출, 환류의 과정을 끊임없이 반복하는 과정에서 생존해 나가는 개방체제가 일반적이다. 따라서 환경과의 관계를 설명하면서 조직 내부(개인, 집단 중심)중심인 미시적 관점이 아니라 조직을 하나의 체제로 인식하려는 총체주의적·거시적 관점에서 출발한다. 또한 개방체제는 가치판단을 배제하고 체제를 물화시켜 연구하므로 인간 간 상호작용을 중시하는 현상학과는 다르다.

(3) 전체성과 경계성

하나의 체제는 각 하위체제로 구성되고, 그 하위체제는 환경과 관계도 하며, 각기 구별되는 고유의 경계를 가지고 있으면서도 통일된 전체로서의 집합체이다.

(4) 계층성(hierarchy)

체제(system)는 상위체제(supra-system)와 하위체제(sub-system)를 가지고 있으며, 그 하위체제는 또 다른 하위체제를 가지는 계층성을 띠고 있다. 예를 들어 기업의 그룹, 계열사, 각 부 등이 하나의 전체 체제의 서열을 가지고 구성되어 있다.

(5) 등종국성(equifinality)

하위체제들은 경계성을 가지고 있지만 전체성에 의한 체제의 목표달성을 위한 전체적 기능에 합치되는 현상과 기능을 말한다.

(6) 상호관련성 및 의존성

전체 체제적 관점에서 각 하위체제들은 서로 기능적으로 연결되어 있으며 상호의존적 관계를 맺고 있다.

(7) 균형유지성(항상성, 恒常性, homeostasis)

체제는 환경과의 상호작용을 하면서 체제가 존속하기 위한 항상성·균형성을 견지한다. 즉 체제는 자기 유지에 혼란을 주는 요소가 투입되면 이것을 균형화시킴으로써 본래의 자기 상태로 돌아가려는 성향을 강하게 띠는 특징이다(자기조절 기능). 또한 우리의 논의대상은 개방체제로서 체제의 생존성 확보를 위해 환경과의 끊임없는 상호작용을 한다. 그러므로 환경과의 동태적 균형을 말하며, 폐쇄체제는 정태적 균형에 해당된다.

(8) 엔트로피(entropy)와 역엔트로피(anti - entropy)

엔트로피란 열역학 에너지 법칙에서 나온 이론으로서 외부로부터 에너지를 공급받지 못하면 스스로 소멸되는 현상을 말한다. 따라서 폐쇄체제는 환경으로부터 에너지 등 생존을 위한 자원을 받을 수 없기 때문에 소멸되기 마련이며, 스스로 소멸하려는 현상을 엔트로피(entropy, 조직해체현상)라 하며, 반대로 개방체제는 항상성을 유지하며, 환경과의 상호작용으로 생존해 나갈 수 있다. 이렇게 개방체제에서는 환경으로부터 유입되는 에너지로 해체 또는 소멸되지 않고 계승·발전해 나가는 것을 역(마이너스, 부정적)엔트로피라 한다.

① 엔트로피: 불균형과 변화를 추구하는 긍정적 환류
② 역엔트로피: 균형과 안정을 추구하는 부정적 환류

(9) 역기능성

체제는 전체 체제의 공동목표를 추구하는 등종국성과 같은 순기능도 갖고 있지만 역기능도 동시에 가지고 있다.

(10) 통제가능성

통제가능성은 시스템이 환경과 내부의 요구에 민감하게 반응하여 안정적 균형을 유지하기 위해서는 환류를 통한 자기통제 과정을 지속 수행한다.

3. Parsons의 체제 기능

(1) 적응기능(adaptation)

환경변화에 적응하는 기능을 말하는데, 체제는 환경에 적응하기 위해 환경으로부터 인적·물적 자원을 동원한다.

(2) 목표달성기능(goal attainment)

환경으로부터 동원된 인적·물적 자원을 체제 내에서 전환과정을 거쳐 조직의 목표를 달성하는 기능을 말한다. 경영조직의 목표는 이윤창출과 수익증대로 인한 기업의 확장이다.

(3) 통합기능(integration)

체제의 각 구성요소를 체제에 맞게 효율적으로 조직화하고 조정·통제하는 기능을 말한다. 즉 기업 내에서의 각 단위 조직들을 목표달성에 효율적으로 조직화하고 조정통제하는 기능이라 할 수 있다.

(4) 체제유지기능(latent-pattern maintenance)

체제가 소멸하지 않고 존속해 나가는 유지기능을 말한다. 체제는 체제별 나름대로의 문화가 존재하며, 체제를 유지시켜 나가기 위해서는 조직이 지니고 있는 문화를 전승해 나가는 기능이 있어야 한다. 따라서 기업문화의 유지, 발전을 위해 각종 제도적 장치가 필요한데, 그러한 예로서는 각종 교육훈련의 실시, 상벌제도, 물질적 보상제도, 후생복지제도 등이 포함된다.

4. 체제와 환경과의 관계

(1) 투입(input)

투입은 체제의 전환과정에 환경의 영역으로부터 물적, 인적 자원이 유입되는 것을 말한다.

(2) 전환(conversion)

전환과정이란 환경으로부터 유입된 투입물을 산출물로 전환시키는 과정으로서 체제(조직) 내의 여러 구성요소에 따라 전환과정 내에서는 다양하고 유기적인 관계하에서 이루어진다. 예를 들어 권위주의적인 체제, 정책결정의 집권성, 전환과정에 참여한 인간의 특성, 법적·제도적·절차적인 특성이나 차이에 따라 산출물은 다르게 나타난다고 볼 수 있다.

(3) 산출(output)

산출은 체제의 전환과정을 거쳐 나온 조직활동의 결과물이다. 기업에서는 유형적인 재화, 서비스뿐만 아니라 정부, 소비자에 대한 영향을 주게 된다. 즉 정부와의 관계설정과 기업의 사회적 윤리, 책임 등을 그 예로 들 수 있다.

(4) 환류(Feedback)

환류란 산출물이 환경에 영향을 주고 난 결과 등을 다시 투입단계에 전달하는 과정으로서 잘못된 부분의 수정, 그리고 보다 개선된 투입을 목적으로 한다.

5. 체제론의 평가

(1) 기능적 연구방법론을 통해 다양한 여러 체제나 조직단위의 비교분석을 위한 일반적인 기준을 제시해 주었다. 또한 체제의 생존상태나 균형상태에 대해서는 설명을 잘할 수 있는 반면에 변화나 발전에 대한 설명에는 한계가 있다. 따라서 보수적·정태적 이론에 그쳤다.

(2) 전통적 접근방법의 미시적인 관점을 벗어나 사회과학 영역에서의 새로운 관점을 제시했다는 점은 긍정적이지만 체제의 구성요소와 요소 간의 관계와 체제 간의 상호의존관계를 전체적인 측면을 너무 지나치게 거시적으로 다룸으로써 체제의 운영적인 측면과 행태적인 측면을 구체적으로 설명하지 못하고 있다. 즉 그 대상으로는 능률성과 합리성 추구, 정책결정과 그 행태, 권력, 리더십 등을 말한다. 즉 체제적 접근방법은 조직현상에서 중요한 권력, 의사전달 등의 문제를 중요한 변수로 고려하지 않았다.

제2절 상황이론

1. 개념 및 의의

(1) 상황이론(Contingency Theory)은 시스템이론이 갖는 지나친 추상성과 일반성의 한계를 극복하고 조직이나 경영에 적용할 수 있는 보다 현실적인 이론으로 발전시키고자 했다.

(2) 어떤 상황에나 모두 적용되는 보편론적 관점을 부정하고 어떤 경우에나 고정된 유일한 최선의 방법의 거부, 상황과의 적합성을 강조하고

있다. 따라서 상황적응 이론 또는 구조적 상황론이라고도 한다. 또한 객관적인 결과로서 조직성과에 주목하면서 상황에 따라 각 조직이 어떠한 특성을 가져야 하는가를 보여주고 있다.

(3) 상황이론의 변수로는 상황변수(환경, 기술, 규모), 조직특성변수(조직구조, 관리체계), 조직유효성변수(성과, 능률)가 있다.

(4) 조직유효성에 대한 두 접근법으로는 목표접근법과 시스템 접근법이 있다. 목표접근법의 조직유효성 평가기준은 조직의 목표달성도가 되며, 시스템접근법은 목표보다는 도달하는 수단과 과정을 중시하는 접근법이다.

2. 이론적 특징 및 내용

(1) 상황이론에서는 조직의 객관적인 결과로서 조직성과를 중시한다. 그리고 조직의 구성요소 간의 적합성 모색은 조직의 유효성 증진에 기여한다. 조직을 분석단위로 연구한 중범위이론이다.

(2) 상황이론의 연구결과는 환경과 조직구조, 기술과 조직구조, 규모와 조직구조로 구분하여 다양하게 제시되고 있으며, 조직에 미치는 상황변수인 환경, 기술, 규모와 조직구조의 적합성을 높이는 것이 조직의 유효성(효과성)을 높인다.

(3) 환경을 독립변수, 조직은 종속변수로 보고 환경은 조직이 변화시킬 수 없기 때문에 조직이 환경에 적응해야 조직의 생존력과 효율성을 높일 수 있다고 보는 입장이다. 따라서 상황이론은 조직은 임의적으로 환경을 변화시키거나 적극적인 대응의 능력을 인정하지 않은 피동적, 수동적, 결정론, 운명론으로 규정된다.

(4) 조직은 환경변화에 따라 조직구조의 설계와 관리방법을 달리해야 한다는 관점으로서 조직에 맞는 고정된 유일하고 최선의 방법은 없다고 본다(중범위이론). 즉 조직의 효과성이라는 변수를 위하여 조직구조와 상황변수의 관계를 살펴보는 이론으로 어떠한 모든 상황에서 유일 최

고의 방법이란 있을 수 없다고 주장한다.

(5) 중범위이론은 어느 특수한 경우나 상황에만 설명과 적용이 가능한 이론이다. 상황적응이론도 중범위이론에 속하는데, 항상 어느 경우에나 적용되는 조직구조와 관리방법은 없으며, 그때그때마다 다르게 대처해야 한다는 것이다.

(6) 조직 상황이론의 대표적 학자는 Lawrence, Lorsche이며, 조직의 유효성을 위한 분화와 통합을 강조했다.

3. 상황이론의 평가

(1) 상황이론의 긍정적 평가

① 기업의 경영자들이 조직구성요소들의 주요 특성과 그 관련성을 체계적으로 연구할 수 있는 개념체계 제공과 이론을 조직관리 실무에 연결시킬 수 있었다.

② 조직의 특성과 환경과의 관계를 이해하고 수동적이지만 적응해야 할 방법을 이해하면서 조직관리 및 조직 변화를 유도할 기초를 마련해 주었다.

(2) 상황이론의 한계

① 다양한 조직 내적 변수와 환경변수들을 다 고려해야 하기 때문에 이론 구조가 다소 복잡한 편이다. 즉 상황이론의 실증연구를 위해서 선택해야 할 상황변수의 수가 너무 많다는 점이다.

② 조직이 환경변화에 대처함에 있어 적극전략보다는 반응전략, 수동적, 환경결정론 입장에 대해 비판을 받고 있다. 즉 조직도 환경변화에 사전 대처방식이나 적극적인 대응으로 환경의 제한을 어느 정도 극복할 수 있으며, 그러한 조직도 많이 있다는 것을 간과했다.

③ 경영자들은 조직 내에서 발생한 교정치료를 필요로 하는 부적합을 알면서도 이러한 문제를 교정하는 데 필요한 관리상의 기술적 이론은 마련되어 있지 못하고 있다는 점을 들 수 있다.

④ 환경의 특성을 결정하는 요소들의 개념이 명확하지 못해서 연구결과
   의 신뢰성과 타당성이 의심된다. 또한 상황요인과 조직특성 간의 적합
   성이 있는가를 명백히 해 주지 못한다는 점이다.
⑤ 상황이론의 관점에서 조직설계의 주체인 인적 요인을 도외시하고 지
   나치게 외부상황요인만을 고려한 조직설계를 강조하고 있다는 점이
   문제로 지적된다.

heck oint

Child의 상황이론 비판

1. 이인동과성

조직과 환경과의 관계를 너무 밀접하게 연결된 것을 전제로 하고 있다. 조직과 환경은 어
느 정도 느슨하게 연결되어 있기 때문에 따라서 동일한 환경하에서도 조직이 주어진 목표
에 도달할 수 있는 방법이 다양할 수 있다는 것이다.

2. 관리자의 상이한 인식체계

조직이 인식하는 환경은 관리자의 지각체계를 통해서 인식되기 때문에 동일한 환경에 처한
조직이라도 관리자의 환경에 대한 지각 차이로 인해 상이한 조직설계를 선택을 할 수
있다는 것이다.

3. 상황이론이 중시하는 수익성, 유효성만이 조직설계의 목적만은 아니라는 것이다.

조직군 생태학

1. 개념 및 의의

조직군 생태학은 상황이론과 마찬가지로 환경에 대한 결정론적 입장의 환경적응이론이다. 즉 환경은 조직에 의해 변화되지 않기 때문에 조직에 적응하는 것만이 유일한 유효성의 수단으로 인식한다. 따라서 조직 단위는 환경에 대해 약한 존재이므로 군집생활을 통해 자연환경에 적응하는 생물만이 생존하고 진화한다는 생태학적 접근에 해당된다.

2. 내용 및 특성

① 조직군이란 환경에 대해 생존을 위해 모인 유사 조직구조를 가진 동종조직의 집합체를 말한다(유질동상, 동형이질의 원칙). 예로 밀림지대에서 사슴, 얼룩말 등 단위적 동물(조직)은 사자(환경)와 같은 동물에 대해 대적할 수 없으므로 군집생활을 통해 환경에 적응해 가며 살아간다.

② 생태계의 이론인 자연도태론을 조직 분야에 적용하여 조직구조와 환경과의 적합도가 조직의 도태와 관련 있다는 것으로 환경요인이 환경에 적합한 조직의 유형을 오히려 선택하게 된다고 보는 이론이다(적자생존과 자연도태). 따라서 조직의 관리자를 주어진 환경에 무기력한 존재로 본다.

③ 조직은 자체적인 관성으로 인해 변화하기가 쉽지 않으며, 개별 조직은 환경적응능력이 떨어진다고 본다.

④ 조직변화에 대한 내적 제약요인으로 매몰비용, 정보부족, 고착된 정치적 구조 및 오래된 조직역사 등을 들 수 있다.

⑤ 조직군 생태학이론의 군의 이론이며, 분석단위는 다양하게 개인, 하위조직, 조직, 조직군, 지역사회별 조직 등의 차원에서 분석가능하다.

⑥ 조직목적은 목표달성보다는 생존이 우선이며, 시스템 관리도 합리성보다는 생성적(creative) 특성을 중시한다.

⑦ 대표적 학자는 H. E. Aldrich, T. Hannan & Freeman이다.

제3절 전략적 선택이론

1. 개념 및 의의

(1) 상황이론과 전략적 선택이론은 미시적 분석방법으로 조직현상을 연구한다는 점에서 공통점을 찾을 수 있으나, 상황이론은 상황변수가 조직구조를 결정한다는 결정론적 입장이며, 전략적 선택이론은 경영자의

자유재량에 따른 조직의 선택설계를 인정하는 임의론적 관점을 갖고 있다는 것이 차이점이다.

(2) 조직변화를 효과적으로 설명하기 위해서는 상황이론과 전략적 선택이론을 상호 보완하는 것이 합리적이다. 그 이유는 아무리 경영자의 능력이 뛰어나더라도 환경의 지배에 대해 완전히 자유로울 수는 없기 때문이다.

(3) 의사결정자들이 일정한 선택의 재량을 가지고 있다는 것을 강조하며, 특히 조직과 환경의 연결을 통해 유효성을 높이는 역할에 최고경영자가 매우 강조된다. 즉 경영자들은 필요할 때 조직특성을 환경에 적응시킬 뿐만 아니라 환경 그 자체를 기존조직에 적합하도록 조정할 수도 있는 전략적 능력을 인정하고 있다. 여기서 챈들러(Chandler)는 전략이란 조직의 목표설정과 그에 따른 행동의 방침 내지 방향을 설정하여 목표를 달성하는 데 필요한 자원을 배분하는 것이라고 하였다.

(4) 전략은 일시적 처방이 아닌 지속적, 미래지향적인 방향성을 가지고 수단과 목표를 포함하며, 환경 변화에 잘 적응하는 의사결정의 기준과 지침이 되기도 한다. 그러므로 전략이 변화하면 조직구조도 따라서 변화해야 한다는 전략 결정성의 의미를 가지고 있다.

Check Point

1. 챈들러의 전략이론
   ① 조직구조는 전략에 따라 변화하므로 조직은 기술, 소득, 인구 등이 변화함에 따라 그에 맞는 자원 배분을 위한 전략의 전환을 가져오게 되며, 변화된 전략은 새로운 관리문제를 발생시키고 그 문제는 구조를 변화시키게 된다.
   ② 기업의 전략과 구조는 발전적으로 변화해 나간다.
   ③ 조직은 변화보다는 현재 상태로의 유지속성이 더 강하지만 비효율성에 따른 기업의 위기가 변화를 가져오게 된다.

2. 전략적 선택이론의 개념모형

(1) 현실의 경영자들은 최적의 성과수준을 추구하는 것이 아니라 만족할

만한 적정한 성과 수준을 추구한다.

(2) 기업은 환경(시장경제, 정치적 환경 등)을 일방적으로 받아들이기보다는 환경을 적극적으로 관리하고 조작하고 있다고 본다.

(3) 인간행동의 임의론적 지향성을 강조하고 있는데, 환경은 객관적인 특성을 인정하기보다는 그 환경은 경영자에 의해서 주관적으로 평가되는 존재로 보고 그 평가된 결과에 따라 내부조직의 구조와 관리과정이 확립된다고 본다.

(4) 따라서 이상과 같은 경영자의 임의적 판단과 결정에 따라 조직성과가 이루어진다고 보았다. 이에 Miles, Snow와 Pfeffer는 조직이 어느 정도는 환경을 선택할 수 있다고 본다.

3. 내용 및 특성

(1) 전략적 선택이론(Strategic choice theory)이란 조직의 구조는 환경변화에 잘 적응하고 능동적으로 대처할 수 있도록 관리자들의 능력에 따라 전략적으로 선택되고 결정된다는 이론이다. 즉 관리자의 재량적 결정이 오히려 환경을 능동적으로 결정한다고 본다.

(2) Child는 상황이론에 대해 비판을 가하면서 전략적 선택이론을 주장하였는데, 구조적 상황이론은 관리에 의한 전략적 선택의 가능성을 무시하고 있다고 하였다. 즉 결정론적 편견을 비판하고 조직의 적극적 대응전략을 제시하지 못하며, 조직-환경 간 매개작용을 하는 경영자의 역할을 고려하지 않았다는 것이다. 그러나 전략적 선택이론에서는 조직은 때때로 환경을 조직에 유리하도록 조종 통제할 수 있는 영향력과 스스로 창조할 수 있는 능력을 가진 존재로 보며, 또한 환경결정론자들이 주장하는 것보다 경영자들은 더 많은 자율성을 가지고 조직의 유효성을 높여 조직발전을 추구하고 있다고 주장한다.

(3) 조직을 운영하는 관리자의 능력에 초점을 맞춰 관리자의 자유재량 영역의 존재와 조직 환경에 대한 영향력을 중시한 이론이다. 즉 조직구

조설계와 운영에서의 의사결정자와 직접 관련자들의 자유의지와 능력
에 의해 이해관계나 가치는 변화할 수 있으며, 이들의 활동 영역에서
정치적 과정의 산물로서 파악한다.

4. 전략적 선택이론의 평가

(1) 전략적 선택이론은 상황이론의 결정론적 성향에서 오는 결정론의 한
계점을 보완, 수정해 주었다는 점에서 학문적인 발전을 꾀하였다. 그
러나 전략적 선택이론도 경영자들의 능력도 환경을 극복할 수 있는
능력과 최적 선택을 할 수 있는 판단과 수행능력, 자유재량의 정도에
는 어느 정도 한계가 있다는 점을 간과함으로써 비판을 받고 있다.

(2) 환경과의 관계설정을 정립한다는 점에서 거시적 차원의 분석이 가능
한 이론이다.

(3) 차일드가 주장한 실제 환경과 지각 환경 간의 차이가 있을 수 있기 때
문에 실제 환경에 대한 판단오류 등이 발생하는 이론적 한계가 있다.

1. 자원의존이론

자원의존이론은 조직 관리자의 전략과 판단능력도 중요하지만 환경의 영향을 무시할 수 없
다고 주장한다. 즉 전략적 선택이론이 일반적 환경의 영향을 주요 분석대상으로 삼고 있다
면 자원의존이론과 네트워크조직론은 조직 간의 관계를 주요 분석대상으로 삼고 있다. 자원
의존이론의 주 관심은 조직 간 관계에서 자원의 희소성으로 인한 자원부족 등으로 상대방
에 대한 의존성을 줄이는 데 초점이 있다. 따라서 자원의 한계, 의존성으로 인한 조직의 유
효성 저하를 어떻게 극복해 나가느냐 하는 것으로 이를 해결하기 위한 능동적인 입장을 주
장한다.

1. 복잡하지만 통일된 전체를 이루는 집합을 무엇이라 하는가?
① 사회의 장   ② 정보   ③ 시스템   ④ 에너지

답 ③
해설) 시스템은 복잡하지만 통일된 전체를 이루는 집합을 의미한다.

2. 시스템의 다섯 가지 속성에 속하는 것은?
① 결과   ② 성과금   ③ 목표   ④ 폐쇄성

답 ③
해설) 시스템의 다섯 가지 속성은 목표, 전체성, 개방성, 상호관련성, 통제메커니즘이다.

3. 시스템과 환경에 있어서 다른 세 가지와 가장 이질적으로 보이는 환경인 하나는?
① 재화   ② 용역   ③ 만족   ④ 정보

답 ④
해설) 재화, 용역, 만족은 시스템의 결과 환경에 속하고, 정보는 시스템을 통하여 가공되기 이전의 환경이다.

4. 조직과업의 분화와 이의 조정의 필요성에 따른 통합이나 권한, 커뮤니케이션, 작업의 흐름 등 모든 구조적인 하위시스템의 집합은 무엇인가?
① 목표, 가치 하위시스템   ② 기술 하위시스템
③ 구조 하위시스템   ④ 관리 하위시스템

답 ④
해설) 관리 하위시스템은 조직과업의 분화와 이의 조정의 필요성에 따른 통합이나 권한, 커뮤니케이션, 작업의 흐름 등 모든 구조적인 하위시스템의 집합을 의미한다.

5. 시스템과 환경이 격리되어 있는 체계를 무엇이라고 하는가?
① 개방체계　　　② 투명체계　　　③ 폐쇄체계　　　④ 장막체계

답 ③

해설) 폐쇄체계는 시스템과 환경이 격리되어 있는 체계를 의미한다.

6. 시스템의 다섯 가지 속성에 해당하지 않는 것은?
① 목표　　　② 정체성　　　③ 개방성　　　④ 노사시스템

답 ④

해설) 시스템의 다섯 가지 속성은 목표, 정체성, 개방성, 상호관련성, 통제 메커니즘이다.

7. 여러 가지 시스템은 환경 사이에 존재하여 환경을 변화시키는 역할을 하기도 한다. 그렇다면 성격이 가장 다른 환경은?
① 자원　　　② 용역　　　③ 에너지　　　④ 정보

답 ②

해설) 자원, 에너지, 정보 등은 이미 존재하는 환경이며, 용역, 재화, 만족 등은 시스템을 거쳐 만들어진 환경이다.

8. 조직의 가장 중요한 하위시스템인 이 하위시스템은 무엇인가?
① 목표, 가치 하위시스템　　　　　② 기술 하위시스템
③ 사회, 심리 하위시스템　　　　　④ 구조 하위시스템

답 ①

해설) 다섯 가지 하위시스템 중 조직의 가장 중요한 하위시스템은 목표, 가치, 하위시스템이다.

9. 시스템접근법의 측정지표에 해당하지 않는 것은?
① 직무만족　　　② 근로의 질　　　③ 이윤　　　④ 이직률

답 ③

해설) 이윤은 목표접근법의 측정지표에 해당한다.

10. 상황이론에 대한 다음의 설명 중 옳지 않은 것은?
① 기술과 조직구조의 관계를 연구한 대표적인 학자로 우드워드와 톰슨이 있다.
② 상황과 조직특성의 적합성이 조직의 유효성을 결정한다.
③ 번스와 스토커는 정보와 불확실성과 복잡성에 따라 조직구조를 분류하였다.
④ 차일드는 규모보다 기술이 조직구조에 더 큰 영향을 미친다고 하였다.
답 ④
해설) 차일드는 기술보다 규모가 조직구조에 더 큰 영향을 미친다고 하였다.

11. 다음 (   ) 속에 적합한 것은?

> 상황이론은 임의론보다는 (   )의 관점을 지향하고 있다. 즉 조직설계는 조직관리자의 외부환경이나 기술규모 등과 같은 상황요인에 의해서 결정된다는 사고를 지향하고 있다.

① 결정론   ② 기계론   ③ 관료제론   ④ 운명론

답 ①

12. 상황이론이 등장하게 된 배경으로 올바른 것은?
① 인간관계에 대한 정립이 필요해졌기 때문에
② 기존의 이론이 추상성과 일반성을 극복하기 위해
③ 당시 만연하던 비도덕적인 세태에 반대하기 위해
④ 급격한 기술변화에 발맞추기 위해

답 ②
해설) 상황이론은 기존의 이론인 일반시스템이론의 추상성과 일반성을 극복하기 위해 개발되었다.

13. 상황이론에서 조직의 유효성을 증진시키는 방법으로 올바른 것은?
① 조직의 철저한 관리
② 부드러운 인간관계 중심의 관리
③ 조직의 구성요소 간의 적합성 모색
④ 조직관리자에 적합한 인재를 스카우트

답 ③
해설) 상황이론에서는 조직의 구성요소 간의 적합성을 모색하는 것으로 조직의 유효성을 증진시킬 수 있다.

14. 다음 중 목표접근법의 문제점이 아닌 하나는?
① 누구의 목표이냐 하는 문제
② 공식목표와 실질목표의 문제
③ 단기목표냐 장기목표냐의 문제
④ 측정지표의 정의의 문제

답 ④
해설) 측정지표의 정의의 문제는 시스템접근법의 문제에 해당한다.

15. 톰슨의 조직의 구조에 대한 적합성을 통한 기술의 분류에 해당하지 않는 하나는?
① 지식적 기술   ② 장치형 기술   ③ 중재형 기술   ④ 집약적 기술

답 ①
해설) 지식적인 기술은 퓨흐의 조직의 구조에 미치는 영향을 통한 기술의 분류
이다.

16. 다음 중 상황이론의 강점과 가장 이질적인 하나는?
① 개념체계   ② 이론과 실무의 연결
③ 변화의 기초   ④ 적합한 인사관리

답 ④
해설) 상황이론의 가장 큰 3가지 강점은 개념체계, 이론과 실무의 연결, 변화의
기초이다.

17. 다음 중 상황이론의 문제점과 가장 이질적인 하나는?
① 복잡한 이론   ② 부적절한 기술의 관리
③ 반응전략   ④ 교정불능

답 ②
해설) 상황이론의 문제점에는 복잡한 이론, 가정, 반응전략, 교정불능 등이 존재
한다.

18. 다음 중 상황이론의 변수가 아닌 것은?
① 사회성변수   ② 상황변수

③ 조직특성변수   ④ 조직유효성변수

답 ①
해설) 상황이론의 변수는 상황변수, 조직특성 변수, 조직유효성 변수가 있다.

19. 일반시스템이론과 추상성과 일반성을 극복한 것으로 평가받는 이론은?
① 상황이론   ② 고전적 관리론
③ 과학적 관리론   ④ 근대관리론

답 ①
해설) 상황이론은 일반시스템이론의 추상성과 일반성을 극복한 것으로 평가받는다.

20. 상황이론의 조직유효성 변수에 속한다고 불 수 있는 한 가지는?
① 환경   ② 능률   ③ 기술   ④ 규모

답 ②
해설) 조직유효성 변수에 해당하는 것은 성과, 능률 등이 있다.

21. 목표보다 과정이 중요하다고 여기며, 환경과의 우호적 관계가 조직의 생존
에 중요하다고 여기는 접근법은 무엇인가?
① 목표접근법   ② 상황접근법
③ 시스템접근법   ④ 인간관계접근법

답 ③
해설) 시스템접근법은 목표보다는 과정을 중요하게 여기며, 환경과의 우호적인
관계가 조직의 생존에 중요하다고 여겨진다.

22. 다음은 관리이론의 전개과정을 순서대로 나열한 것이다. (   )에 들어갈 이
론으로 옳게 배열한 것은?

㉠과학적 관리론→㉡(   )→㉢(   )→㉣(   )→㉤상황이론

① 인간관계론, 행동과학이론, 시스템이론
② 행동과학이론, 인간관계이론, 시스템이론

③ 행동과학이론, 시스템이론, 인간관계이론
④ 인간관계론, 시스템이론, 행동과학이론

답 ①
해설) 관리이론은 과학적 관리론, 인간관계론, 행동과학이론, 시스템이론, 상황이론 순으로 전개되었다.

2장   주관식 문제

1. 폐쇄체계와 개방체계의 차이점을 서술하시오.

해설) 폐쇄체계는 시스템과 환경이 격리되어 있지만, 개방체계는 시스템과 환경 사이의 교류가 충분히 일어날 수 있다.

2. 시스템접근법의 문제가 무엇인지 논하시오.

해설) ① 측정지표를 정의하는 데 문제가 생긴다.
② 과정에 지나친 강조가 되어 문제가 발생한다.
③ 결론적으로는 이것도 수단목표를 가진다는 데 문제가 있다.

3. 상황이론은 시스템이론의 단점을 극복하여 발전한 이론이다. 그렇다면 상황이론이 극복한 시스템이론의 단점은 어떠한 것인가?

해설) 시스템이론은 어느 정도 내용이 추상적이라는 것이 문제였다. 인간에 대한 연구가 과학적 혹은 수학적인 모형으로 설명되긴 매우 어렵기 때문에 그때그때의 상황에 맞추어 유연하게 적용할 수 있는 이론이 필요했는데 이것이 상황이론이다.

4. 일반환경과 과업환경의 차이를 서술하시오.

해설) 일반환경은 거시적인 관점에서의 환경, 기업에 일방적으로 영향을 미치는 환경을 의미하고, 과업환경은 미시적인 관점에서의 환경, 기업과 환경이 쌍방으로 영향을 미치는 환경을 의미한다.

5. 상황이론의 강점에 대해서 두 가지 이상 서술하시오.

해설) ① 개념체계: 이 이론은 경영자들이 조직구성요소들의 주요 특성과 그 관련성을 체계적으로 연구할 수 있는 한 개념체계를 제공해 준다. 이 연구를 통하면 조직구성요소들이 서로 한 조직의 구체적 행위에 어떻게 연관되어 있는지 보여줄 수 있다.
② 이론과 실무의 연결: 이 이론은 이론과 실무를 연결해 주기 때문에 분석에서 획득된 정보는 경영학적으로 상당히 믿을 만한 기준이 된다. 최선의 관리방식만을 고집하는 전통적인 경영이론과는 달리 특수한 상황에서도 적용될 수 있는 대안적인 답안을 제시해 준다.
③ 변화의 기초: 이 이론은 조직의 동태적인 과정과 균형을 설명할 수 있기 때문에 조직에 어떠한 변화가 일어나야 하는지에 관한 정보를 제공해 줄 수 있다.

 조직구성원의 이해

제1절 개인행위의 설명변수와 그 모형

1. 개인행위의 설명변수

(1) 개념 및 의의

① 개인행위를 설명하는 변수에는 생리적 변수, 환경변수, 심리적 변수 등이 있으며, 이 중에서 지각, 학습, 태도, 퍼스낼리티를 중심으로 한 심리적 변수를 통해 인간의 행위를 이해·예측·설명할 수 있다고 본다.

② 인간은 자신 외의 상대물인 사람과 사물에 대해 지각하고, 지각을 통해 타인과 조직에 대해서 태도를 형성하며, 개인마다 특정한 퍼스낼리티를 갖고 있다. 따라서 개인의 행위를 목표 지향적인 방향으로 유도하도록 강화와 모티베이션을 활용하게 된다. 강화는 어떤 행위를 지속시켜 주는 동기부여 수단으로서 관찰 가능한 행위를 중심으로 인간의 행위를 연구하는 행태론적인 접근법을 취하고 있으며, 모티베이션은 관찰할 수 없는 내적 심리과정에 초점을 맞추는 인지론적 접근법을 취하고 있다.

③ 이러한 이론을 바탕으로 관리자는 자기 조직에 속해 있는 구성원에 대해 특성뿐만 아니라 관리자 자신의 특성도 충분히 고려해야 한다. 따라서 인간의 행위에 대한 충분한 이해 에 바탕을 둔 업무배분이 이루어져야 한다. 이러한 조직설계와 직무설계가 조직의 유효성을 증진시킬 것이다.

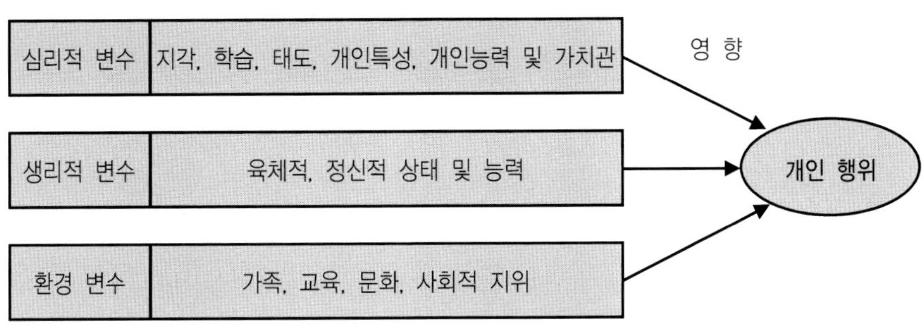

2. 개인행위의 설명모형

조직행위론에서는 조직유효성에 미치는 개인의 특성적 요소를 지각(perception), 학습(learning), 태도(attitudes), 퍼스낼리티(personality)로 보고 이들을 주 연구대상으로 한다.

이러한 심리적 변수를 중심으로 개인행위를 설명해 줄 수 있는 모형을 개인행위의 설명모형이라 한다. 이 모형에서는 개인행위의 배경은 지각, 학습, 태도, 퍼스낼리티와 같은 요소들로부터 형성된다고 보기 때문에 이들을 이해해야 한다고 본다.

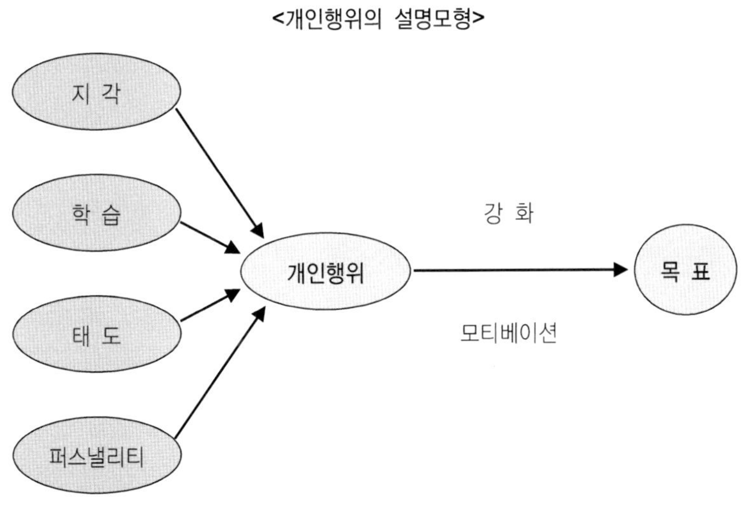

3. 지각 변수

(1) 지각의 의의와 영향요인

① 평가의 기본적인 속성인 지각(perception)이란 외부의 자극을 받아들여 그것에 대해 하나의 상을 형성하는 것으로서 환경과 개인을 연결시켜 주는 교량역할의 과정이다.

② 지각은 공정하고 정확한 평가를 말하는데, 경영자의 편견과 오류 없이 종업원에 대한 평가가 이루어져야 한다. 다시 말해 평가는 심리학적으로 지각이라는 과정을 통해 이루어지는 것인데, 지각자인 경영자의 편견과 오류가 배제되어야 한다.

③ 일반적으로 인간은 타인의 행동을 평가할 때 자신의 성격 때문에 여러 가지 오류가 나타나게 되며, 평가자 자신의 이해관계나 정실에 따라서도 평가가 의도적으로 왜곡되는 경우도 있다. 따라서 경영자는 종업원에 대해 지각과정과 이 과정에서 발생할 수 있는 오류와 편견에 대해 정확히 알고 있어야 오류를 막을 수 있다.

④ 기업에서 종업원들을 얼마나 공정하고 정확하게 평가하느냐에 따라 조직유효성이 영향을 받는다. 즉 오류와 편견에 의한 평가는 종업원들의 불만, 갈등으로 이어질 수 있기 때문에 인적 자원관리에도 중대한 의미가 있다.

(2) 타인에 대한 지각과정

타인에 의한 지각과정은 지각과정이 지각하는 사람에 따라 개인별로 차이가 있을 수 있기 때문에 동일한 외부환경이라 하더라도 지각과정은 다양하다. 즉 개인차로 인해 반응의 결과도 달라진다. 이러한 입장의 이론이 바로 대인지각 또는 사회적 지각인데 타인에 대한 지각은 일반적 지각과 구별된다고 보고, 지각과정에서 타인에 대하여 어떻게 인상을 형성하는가를 인상형성이론이라 하며, 타인의 행위에 따라 그러한 행위를 한 동기를 어떻게 추론하는가 하는 등의 평가과정에 초점을 두고 있는 이론을 귀인이론이라 한다.

① 인상형성이론: 인상형성(impression formation)에 관해서는 애시(S. E. Asch)가 대표적인 학자로 낯선 사람을 처음 만나게 될 때에 느낌이 형성되는 것을 설명하는 이론으로 처음 본 사람에 대한 인상형성은 매우 한정된 지식만을 통해 광범한 인상을 형성한다는 것이다. 즉 어떤 사람을 순간적으로 보았으면서도 또한 단순히 사진만 보고서도 상대방에 대해서 사람들은 그에 대한 특성에 관해 많은 부분을 한꺼번에 평가를 하는 경향이 있다. 이렇게 형성된 인상에 대한 평가는 후에 추가적인 정보에 의해서 변경될 수 있지만 첫인상은 매우 오래간다는 특징이 있다.

② 귀인이론(歸因理論): 우선 귀인이란 우리가 행위의 원인을 어느 쪽으로 돌리느냐, 즉 원인이 무엇인가를 인식하는 것을 말한다. 그 행위에는 그 사람이 지닌 의도, 동기, 목표가 반영된다. 귀인이론은 인간에게는 타인들의 행위를 보고 그 행위의 원인을 추리하려는 경향이 있다는 점을 주목하고 있다. 원인을 생각하는 이유는 타인에 대한 평가와 함께 그 사람의 행위와 방향을 예측하여 자신에 대한 본능적인 방어뿐만 아니라 또 다른 행위에 대한 준비라고 본다. 이러한 추리과정, 즉 피지각자의 행위의 관찰을 통하여 그 행위의 원인을 이해하고 찾는 과정을 귀인과정(attribution process)이라 한다. 인간이 타인의 행위의 결과에 따라 원인을 따질 때 능력, 동기, 성격 등과 같은 내적인 것으로 돌리는 경우와 외적인 요인은 상황에 의한 것으로 이해하는 두 유형이 있다.

　㉠ 행위자－관찰자 효과: 이는 행위의 결과에 따라 행위자 입장에서 그 원인을 귀인시키느냐 아니면 관찰자 입장에서 귀인시키느냐에 따라 인식과 판단은 달라진다. 즉 자신의 실수를 자신의 입장에서 인식하면 외부 상황요인에 귀인시킬 것이며, 타인의 실수는 타인 자체의 특성이나 능력의 문제에서 그 원인을 돌린다는 이론이다. 이처럼 자신의 행위는 상황적·외적으로 귀속시키고 타인의 행위는 내적 속성으로 귀속시키려는 편견을 행위자－관찰자 효과(actor－observer effect)라 한다.

ⓛ 자존적 편견: 자존적 편견(self-serving bias)이란 동기적 편견(motivation bias)이라고도 하는데, 자신의 자존심을 지키는 방향으로 행위자의 행위원인을 귀속시키는 편견을 말한다. 과거 모 전 대통령은 후보 시절 자신이 대통령이 못 된 것은 외적인 요소인 공안정권의 탓으로 돌린 예를 적절한 예로 들 수 있다. 또 한국의 속담에 잘되면 내 탓, 못 되면 조상 탓이라는 말이 적당하다.

(3) 조직에서의 지각오류

우리는 타인을 평가함에 있어 절차상의 과정을 거치지 않고 평가자의 주관에 의하거나 평가를 손쉽게 끝내려는 경우가 많다. 처리의 지름길이 적합할 수도 있지만 때론 문제를 야기할 수도 있다. 따라서 경영자들은 조직구성원들의 성과를 높일 수 있도록 공정한 평가를 할 수 있도록 제도적 측면이나 조직문화 측면에서 노력을 해야 한다. 다음은 타인의 평가과정에서 발생하는 오류유형들이다.

① 상동적 태도: 상동적 태도(stereotyping)란 피평가자에 대한 편견으로 발생한 오류이다. 이는 피평가자가 속한 사회적 집단에 대한 지각을 기초로 해서 이루어지는 것을 말한다. 예를 들면 그 사람의 출신대학이나, 출신고향 등이 평가에 작용한다는 것이다.

② 현혹효과: 현혹효과(halo effect)란 한 분야에 있어서의 피평가자에 대한 호의적 또는 비호의적인 인상이 다른 분야에 있어서의 동일한 사람에 대한 평가에 영향을 주는 경향을 말한다. 즉 어떤 사람이 예의범절이 바르다고 느낄 때 그 인상이 업무에까지 연결되어 평가하는 데 영향을 주는 경우를 말한다. 반대로 나쁜 인상을 받았다면 업무능력도 나쁘게 보이는 인상으로 평가의 오류를 범하는 것을 말한다.

③ 주관의 객관화: 주관의 객관화란 자기 자신의 특성이나 관점을 다른 사람에게 귀속 또는 전가하는 것을 말한다. 다른 사람을 비난함으로써 자신의 죄를 경감시키고 자신을 방어하려는 것을 말한다.

④ 기대: 기대란 일반적으로 자기실현적 예언(self-fulfilling prophecy)이라고 볼 수 있는데, 평가자의 기대가 피평가자에게 실제로 나타나게 만드는 과정을 말한다.

⑤ 선택적 지각(choice perception): 외부적 상황이 모호할수록 경험, 욕구, 동기와 같은 내부적 근거에 의해 먼저 인식되는 정보에 의존하는 경향이 높아진다. 이러한 현상을 선택적 지각이라 한다.

⑥ 지각방어: 지각방어(perceptual defense)란 개인에게 불쾌감 또는 위협을 안겨 주는 자극이나 상황이 발생했을 경우에 이를 회피 또는 인식하기를 거부하는 방어적 의식행위를 말한다.

⑦ 관대화 경향과 엄격화 경향: 관대화 경향이란 개인을 평가할 때 후하게 평가하려는 경향을 말하며, 엄격화 경향은 반대인 경우를 말한다.

⑧ 대비효과와 유사효과: 대비효과(contrast effects)란 어떤 특정 피평가자에 대한 평가결과가 다른 피평가자를 평가하는 경우 영향을 주는 것을 말한다. 즉 먼저 평가한 평가기준이 다른 평가자에게 영향을 미치는 것이다. 유사효과(similar to me effect)란 평가자가 가지고 있는 속성(가치관, 태도, 취미, 성별, 종교, 정치적 입장 등)에 자신과 유사한 사람에게 후한 평가를 하는 오류를 말한다.

4. 학습 변수

(1) 개념 및 의의

학습(learning)이란 연습이나 경험에 의해 누적된 결과로 비교적 오랫동안 행위에 영향을 미친다. 학습은 행위자의 행위를 지배하는 행위잠재력(behavior! potentiality)이라는 정의도 있다. 반드시 행위 자체에 변화를 가져오지 않더라도 행위잠재력의 변화를 학습으로 간주할 수 있다. 마케팅에서는 소비자는 제품의 직접 경험이나 외부정보에 의해 그 제품에 대한 기존의 신념, 태도 및 행동(의도)을 변화시킬 수 있다고 보는데, 이를 학습(learning)이라고 한다.

(2) 학습의 연구 방법

① 인지론적 접근방법(cognitive approach): 인지적 접근은 사고과정에 의하여 이루어지는 학습을 의미하며, 타인의 행위를 보고 배우는 행위잠재력의 변화이다. 인지론적 학습과정은 관찰학습(observational learning)과 인지학습(cognitive learning)으로 나누어 볼 수 있는데, 이들 두 학습과정은 벌이나 보상과 같은 외부적 요인들뿐만 아니라 인지와 지각 같은 내부적 요인들에 의해 학습이 이루어진다고 보았다. 또한 자극과 반응을 연결시키는 데 있어 사고과정을 포함시킨다.

② 행태론적 접근방법(behavior approach): 행태적 접근은 자극과 반응의 연결에 의하여 일어나는 학습을 말한다. 연습이나 경험에 따른 행위에 있어서의 변화이며, 즉 학습을 자극(S)과 반응(R)의 연상(S→R)으로 파악하는 것이다.

5. 태도 변수

태도에 대한 정의는 다양하지만 공통적인 견해는 개인의 선유경향(predisposition)으로서 어떤 사물이나 사람에 대해 호의 또는 비호의적인 반응을 보이는 객관적 행위를 의미한다.

태도변화는 어떤 과정을 거쳐 이루어지는데, 이에 대표적인 학자로는 레원(K. Lewin)을 들 수 있다. 그는 조직에서 개인의 태도, 집단 및 조직 등의 태도변화에 전반적으로 적용될 수 있는 이론을 제시했다. 이러한 변화는 해빙, 변화, 재동결의 세 가지 단계를 거쳐 발생하게 된다고 주장했다.

(1) 해빙(unfreezing)

해빙은 얼음이 녹는 것과 마찬가지로 고체에서 액체로 변화하는 초기과정에 해당된다. 따라서 변화의 전 단계로서 개인이나 집단을 동기를 유발시켜 변화에 대한 준비과정이라 할 수 있다. 이렇게 해빙은 개인에 작용하는 여러 요인들이 변화의 필요성을 인지하도록 해 주는 과정이다.

(2) 변화(change)

두 번째 단계로 변화는 해빙과정을 거쳐 변화의 동기가 발생하면 새로운 유형의 행위를 하게 될 준비를 갖추게 된다. 켈만(H. C. Kelman)은 이 변화를 개인의 태도에 영향을 미치는 사회적인 영향력으로 보고 이러한 변화는 태도변화과정으로 순종, 동일화, 내면화의 세 가지 과정을 통해서 이루어진다고 보고 있다(변화＝사회적 영향력).

① 순종: 순종은 한 개인이 다른 사람이나 집단의 호의적인 반응을 얻어내거나 또는 비호의적 반응은 회피하기 위해서 타인 또는 집단의 영향력을 수용하여 나타나는 일련의 행위를 말한다.

② 동일화: 동일화는 한 개인이 다른 어느 사람이나 집단과 관계가 자신을 만족시켜 자신의 이해관계와 일치할 때 적극적으로 타인 또는 집단의 태도를 받아들여 일치해 나가는 과정을 말한다.

③ 내면화: 내면화는 유발된 태도나 행위가 심리적, 내재적 보상으로 이어지고 개인의 가치체계에 부합될 때 발생한다.

(3) 재동결(refreezing)

재동결이란 새로 습득된 태도, 지식, 행위가 개인의 퍼스낼리티나 계속적인 중요한 정서에 흡수되어 고착화되는 과정을 말한다.

6. 퍼스낼리티 변수

(1) 개념 및 의의

퍼스낼리티란 상황과는 무관하게 비교적 장기적으로 일관되게 나타나는 개인적 행위의 특성을 설명해 주는 요소를 말한다. 즉 그 사람이 가지고 있는 타인과의 구별되는 독특한 심리적 속성에서 시작되어 객관적인 행위로 나타난다. 이러한 퍼스낼리티는 여러 요인에 의해 형성되는데, 유전자, 성장 및 교육배경, 경험, 직업, 주의환경 등에 의해 영향을 받으며 구축되어 온 하나의 틀이다. 그러므로 쉽게 외부의 자극에 의해 변화되기 어려우며, 일생을 좌우할 수도 있는 개인적 속성이다.

(2) 중요성

퍼스낼리티는 그 자체에 중요성이 있는 것보다는 개인의 속성을 이해해서 경영자가 개인 간의 차이에 따라 관리방법이 달라진다는 점이다. 즉 특정직무의 특성과 배치될 자원의 개인적 퍼스낼리티를 비교해서 선발과 충원, 배치계획에 활용해야 조직유효성 향상에 크게 기여하게 될 것이다.

제2절 조직과 인간

1. 조직과 통제

(1) 인간의 행동유형

① 공식적 행동: 조직 내에서 구성원인 개인은 조직목표의 달성에 기여하기 위한 공식적 역할을 하는 주체로서의 행동을 말한다.

② 비공식적 행동: 조직 속의 개인은 공식활동과는 무관하게 비공식조직을 통한 개인욕구충족을 위한 비공식적인 사회적 활동을 한다.

③ 개인적 행동: 조직 내의 개인은 개인의 목표를 달성하기 위한 행동으로서 조직의 목표와 순기능적일 수도 있고 역기능적일 수도 있다. 여기서 개인의 목표와 조직의 목표와의 조화문제가 발생한다.

(2) 관리

① 정의: 관리는 다른 사람들과 함께 목표를 성취해 가는 과정으로 조직상의 관리는 관리자들이 조직구성원들과 더불어 그리고 조직구성원들을 통해서 조직의 목표를 성취해 가는 과정을 의미한다.

② 주요 속성

   ㉠ 관리의 주된 관심은 조직목표를 설정하고 조직목표 성취에 있다.

   ㉡ 관리는 그 임무성취를 위해 다른 사람들을 동원하고 이끌어 가는 것이다.

   ㉢ 관리는 그 임무수행을 위해 인적·물적·기술·정보 등 여러 가지 자원을 조정·통제하는 것이다.

   ㉣ 관리는 의사전달, 의사결정, 리더십, 갈등관리, 통제, 계획 등 여러 과정을 통해서 이루어진다.

   ㉤ 관리의 대상 영역은 조직의 성립·생존·발전 등 조직운영 전반에 해당된다.

   ㉥ 관리의 기능 또는 관리과정의 활동 단계는 목표설정과 계획수립, 자원의 동원, 조직화, 집행, 환류통제 등으로 구분해 볼 수 있다.

   ㉦ 관리는 조직 내외의 여러 관계들과 역동적인 상호작용 속에서 작동하는 과정이다.

(3) 조직의 통제

① 통제의 정의

   ㉠ 통제는 목표와 그 실천행동을 부합시키려는 활동이며, 목표달성을 위해 조직활동을 집결시키는 하나의 과정이다.

ⓛ D. S. Sherwin은 통제란 미리 정해진 기준에 모든 작업활동을 조절
시키는 행위로서, 계획이 잘 집행되고 있는지 또는 목표를 성취하기
위한 적절한 절차가 마련되었는지의 여부를 검증하고, 필요에 따라
그 일탈을 교정하는 기능이라고 정의하였다.
ⓒ W. H. Newman은 조직관리란 계획·조직·자원·지위·통제의
계속적인 순환과정으로서, 이 중에서 통제란 계획에 실적을 일치시
키는 과정이라고 하였다.

② 기본 전제
㉠ 통제자와 피통제자의 구별: 통제는 통제자와 피통제자의 관념적 구
별을 전제로 하며, 피통제자의 지배권 밖에 있는 통제의 수단을 가
진 통제자가 존재하고 통제자에게 책임을 주는 피통제자가 존재해야
성립된다.
㉡ 기준의 존재
ⓐ 통제는 목표 또는 기준에 실적을 부합시키려는 활동으로, 통제의
기준은 통제 활동의 출발점이 되기 때문에 미리 정해진 목표 또는
기준이 있어야 한다.
ⓑ 통제의 기준이 불가변적이거나 불가침적인 것은 아니기 때문에, 여러
가지 이유로 미리 설정되었던 기준은 변동되거나 시정될 수 있다.
ⓒ 생산목표 또는 생산작용목표나 그 실천기준만이 통제의 기준이 되
는 것은 아니고, 체제유지적 목표 등 여러 종류의 목표와 그 실천
기준도 통제의 기준이 될 수 있다.
㉢ 통제수단의 존재
ⓐ 통제 주체가 통제의 수단을 결여하면 통제가 이루어질 수 없으므
로 통제 주체는 통제활동에 필요한 자원 또는 수단을 가지고 있어
야 한다.
ⓑ 통제의 과정은 조직이 사용하는 수단 또는 자원을 적절히 배분하
여 필요로 하는 실적을 얻어 내는 과정이라고 표현할 수 있으며,
통제의 수단 또는 자원은 매우 다양하게 분류될 수 있다.

② 동태적 과정으로써 융통성과 자율조정성 구비

    ⓐ 통제는 일련의 기본적인 단계를 내포하는 동태적이고 순환적인 과정으로서, 통제의 과정에 포함되는 기본적인 단계는 통제기준의 설정 및 확인, 정보수집, 평가 및 시정조치이다.

    ⓑ 통제는 다소간의 불확실한 사태에 노출될 수 있는 동태적 과정이기 때문에 융통성과 자율조정성을 구비해야 한다.

② 부수적 효과: 통제과정의 기본적 기능은 목표와 실적을 부합시켜 조직의 통합과 성공에 이바지하는 것이지만, 투자자나 최고관리자들을 안심시키는 데 도움을 주거나, 각 관리자들이 자기 결정에 대한 환류를 받아 의사결정능력을 향상시킬 수 있는 등 여러 가지 부수적 효과를 수반한다.

2. Schein의 인간관

샤인은 인간관이 각 시대의 철학적 관점을 반영시키고 있다고 보면서 인간관을 네 가지로 분류하고 있다. 각 인간관과 그에 따른 적절한 관리전략을 접합시키면 다음과 같다.

(1) **합리적 경제인관**(X론적 인간관)

① 인간은 개인 이익의 극대화를 추구하는 합리적·타산적·경제적인 존재이므로 관리자는 공식적 통제와 감독, 작업에 대한 경제적 유인 등을 통해 능률성을 추구하는 관리전략이 필요하다.

② 과학적 관리법을 비롯하여 공식조직을 강조하는 대부분의 고전적 조직이론의 인간관이다.

(2) **사회인관**(Y론적 인간관)

① 인간은 합리적·경제적·타율적 존재이면서도 사회·심리적 욕구를 지닌 사회적 존재라고 보고 관리전략은 직원의 사회심리적 욕구에 대한 관심과 충족을 통해 능률성을 강조하는 방법이 합리적이다.

② 인간관계론을 비롯하여 비공식조직을 인정하는 신고전적 조직이론에
　서의 인간관이다.

(3) 자기실현인관

① 인간은 조직생활에서 자신의 능력과 특성을 최대한 발휘하여 개인의
　발전을 도모하는 한편 조직에도 순기능적 역할을 하는 자기 실현욕구
　를 가지고 있으며, 조직과정에서도 자율적으로 자기 규제를 할 수 있
　다고 본다.

② 관리자의 관리전략은 동기부여에 힘쓰고 구성원의 직무에 대하여 긍
　지와 자부심을 가지고 보람을 느낄 수 있도록 조정자로서의 역할이
　강조된다.

③ 현대조직에서 나타나는 인간형으로서 볼 수 있다.

(4) 복잡인관

① 현대조직에서 나타날 수 있는 인간형으로서 인간은 다양한 욕구와 잠
　재력을 지닌 복잡한 존재이며, 자유를 추구하고 구속을 탈피하려는 속
　성을 가진 형으로 보고 있다(예 X세대).

② 복잡인간의 욕망과 동기는 상황에 따라 유동적인 특성을 지니고 있고
　직원들의 욕구와 동기가 서로 다르기 때문에 융통성 있는 관리전략을
　취해야 한다.

③ 직원의 다양한 욕구와 개인차 등 능력을 감지할 수 있는 감수성과 진
　단능력을 가지고 유연한 감독과 통제를 필요로 한다.

④ 인간은 조직생활을 통하여 새로운 욕구를 계속 터득해 가므로 구성원
　들의 개인적 차이를 존중하고 이를 발견하는 진단과정이 필요하다.

3. 조직인의 성격유형

(1) R. Presthus의 성격유형

① 상승형: 조직의 상위계층에서 나타나는 유형으로서 조직에 대한 일체

감이 높고 조직의 정당성·합리성을 위해 노력하며, 출세와 권력지향적이고 직무만족도와 자신감이 강하다.

② **무관심형**: 대체로 하위직에 많은 나타나는데, 이들은 조직에 대한 일체감, 조직목표에 대한 낮은 관심과 더불어 출세나 권력지향적 위치에 있지 않으므로 소외감·좌절감을 느낀다.

③ **애매형**: 연구직종 또는 참모직에서 나타나는 성격유형으로서 독립적으로 행동하기를 좋아하며, 내성적·창의적·이상주의적 성격을 가지고 있다. 또한 권위주의적 조직운영에 늘 비판적이며, 대인관계를 중심으로 조직생활을 영위하지 않는다.

(2) A. Downs의 성격유형론

① **출세형**: 권력·위신·신망·수입을 매우 중요시하고 이를 목표로 삼고 노력하는 형이다.

② **현상유지형**(보존형): 현재 상태에서의 신분, 직위상 기득권이나 이익유지와 보존을 목표로 한다.

③ **열중형**: 특정 정책이나 사업수행에 전념하고 정력적·낙천적 성격을 가진 사람의 형이다.

④ **창도가형**: 열성형에 비하여 비교적 광범위한 기능을 소유하고 조직목표 달성을 중시하고, 현상타파적인 성향을 가진다.

⑤ **경세가형**: 사회 전체의 복지를 중요시하고 국가정책에 영향을 미치는 거시적인 안목의 형이다.

(3) McClelland의 성격유형론

① **개념**: 매클리랜드는 성취동기가 강한 사람들의 행위의 특징을 정리하였는데, 개인의 동기는 개인이 사회·문화적 환경과 상호작용하는 과정에서 발생된다고 보고 외부환경과의 상호작용에서 학습이 이루어져 개인의 동기가 다양화될 수 있다고 본다.

② 동기 유형

  ㉠ 성취동기: 조직 내에서 자기성취, 자기발전 등 자아실현욕구 실현을

추구하는 동기를 말한다.

    ⓛ 권력동기: 존경욕구나 정치적 욕구와 관련되는 동기이다.

    ⓒ 소속동기: 소속감에서 주는 만족감으로서 사회적 욕구와 관련되는
동기이다.

③ 성취동기가 강한 성격의 특성

    ㉠ 문제해결에 대한 개인적 책임감이 강하며, 목표설정을 현실적인 수
준에서 설정하고 도전을 지속하는 가운데 목표수준을 높여 나간다.

    ⓛ 자기활동에 대한 계산된 구체적인 환류를 바라고 있으며, 불필요한
대인관계보다는 목표지향적 관계를 선호한다.

    ⓒ 개인적 목표성취의욕만큼 다른 사람의 목표도 중시하면서 손해를
입히려 하지 않는다. 성취동기가 너무 강한 면이 다른 사람에게 때
론 오해를 불러일으킬 수도 있지만 설명보다는 행동으로 보이는 특
성을 가지고 있다.

    ⓔ 실패는 성공의 밑거름으로 인식하고 또 다른 도전을 즐기면서 목표
수준의 향상이 이루어진다.

(4) Ramos의 성격유형론

라모스는 프레스더스의 조직인의 성격유형에 괄호인을 추가하여 설명하고
있는데, 괄호인은 쇄신적, 비판적 이상형으로서 환경조건을 괄호 안에 넣고
객관적으로 비판할 수 있는 능력을 가진 사람을 말한다.

(5) C. Cotton의 권력균형화 유형론

① **독립인형**: 상급자나 조직에 대하여 가능한 한 개입을 하지 않으면서 조
직과의 연관을 피하려는 유형이다.

② **외부관심형**: 조직구성원이 자신의 욕구충족을 조직 외부에서 추구하려
는 속성을 가진 유형이다.

③ **조직인형**: 자신을 중심으로 조직을 이끌어 가려는 성향을 가진 상급자
층이 해당된다.

④ **동료형**: 같은 속성을 가진 계층이나 부류의 사람들과 어울리면서 소규

모의 비공식 집단을 구성하면서 상관이나 조직의 간섭을 배제하는 유
형이다.

제3절 직무만족과 조직몰입

1. 직무만족

(1) 개념 및 의의
직무만족이란 직무에 대한 인식과 판단으로부터 오는 태도, 행동으로 조
직생활에서의 만족을 말한다.

(2) 특징
① 직무만족은 직무에 대한 정서적 반응이다.
② 직무만족은 담당자의 주관적인 판단에서 비롯된다.
③ 직무만족은 직무에서 개인이 원하는 것과 현실과의 차이의 비교로 나
   타난다.

(3) 개인차원의 직무만족
① 직무와 개인생활은 거의 일치한다.
② 정신건강에 큰 영향을 미친다.
③ 직무만족 여부는 신체적인 건강에도 영향을 미친다.

(4) 조직차원의 중요성
① 직무에 대한 높은 내적 동기유발과 연계된다.
② 직무에 만족한 사람은 조직에 최선을 다하고 외부에 대한 긍정적인
   태도를 보인다.
③ 원만한 인간관계를 유지하고 조직분위기를 화목하게 만든다. 이는 모
   두 조직발전, 생산성 향상에 연계된다.
④ 결근율, 이직률 감소로 생산성의 향상에 기여한다.

(5) 직무만족의 결정요소

① 직무 그 자체: 직무에서 느끼는 만족과 관심의 정도, 작업조건, 직무의 중요성에 대한 사회적 평가를 말한다.

② 보상체계: 직무수행결과에 대한 보상체계가 확립되어야 한다.

③ 공정성: 성과, 업적에 따른 타인과의 비교에서 보상이 공평해야 한다.

④ 승진 가능성: 개인의 발전과 성장 가능성이 있어야 직무만족이 유발된다.

⑤ 리더십 스타일: 직무의 동기유발이 되는 방향으로 관리가 되어야 한다.

⑥ 동료작업자와의 관계: 조직 내에서의 인간관계는 매우 중요한 요소이다.

⑦ 조직구조: 직위수준이 자신의 능력과의 적합, 분권화, 낮은 공식화는 직무만족의 요인이 된다.

⑧ 규모: 작업집단의 규모가 클수록 직무만족도는 하락한다.

⑨ 개인속성: 연령, 근속년수, 성격, 성별 등의 차이가 직무만족에 영향을 미친다.

2. 조직몰입

(1) 개념 및 의의

조직몰입이란 조직구성원이 조직에 심리적으로 동일시를 느끼는 정도로 직무만족에 의해 조직몰입이 증대된다. 개인이 자기가 속한 조직에 대해 일체감을 가지고 조직활동과 자신의 직무에 몰두하느냐의 정도로서 개인의 조직에 대한 태도가 조직몰입이다.

(2) 특징

① 조직몰입은 조직에 대한 정서적 반응이다.

② 조직몰입은 직무만족과 같이 주관적 개념이다.

③ 조직몰입은 조직이 자신에 대해 무엇을 주었는가의 평가에 의해 결정된다.

④ 조직몰입의 결정요소는 직무만족의 결정요소와 동일하다.

1. 개인행위의 영향요인으로 나머지와 성질이 이질적인 하나는?
① 문화　　② 가족　　③ 정신적 능력　　④ 사회적 계급

답 ③

해설) 가족, 문화, 사회적 계급은 환경적인 변수이지만, 정신적인 능력은 생리적인 변수이다.

2. 개인행위의 영향요인에서 나머지 세 가지와 다른 특성을 가지는 변수 한 가지는?
① 학습　　② 가족　　③ 문화　　④ 사회적 계급

답 ①

해설) 학습, 지각 등은 심리적 변수에 해당된다.

3. 개인행위의 설명모형을 이루어 내기 위해 주로 다루게 되는 개인행위의 영향요인의 변수는 무엇인가?
① 생리적 변수　　② 심리적 변수　　③ 환경적 변수　　④ 사회적 변수

답 ②

해설) 심리적 변수가 주로 개인행위의 설명모형을 이루어 내기 위해 다루게 된다.

4. 개인행위를 설명하기 위해서 사용되는 두 가지 심리학적 접근법으로 올바른 것은?
① 인과론 - 변수론　　　　　　② 조직론 - 인간관계론
③ 사회론 - 행위론　　　　　　④ 행태론 - 인지론

답 ④

해설) 행태론과 인지론은 개인행위를 설명하기 위한 심리학의 두 가지 접근법이다.

5. 개인행위의 설명모형에서 목표에 도달하기 위해 사용되는 두 가지의 기법을 알맞게 짝지은 것은?
① 소거 – 강화
② 강화 – 모티베이션
③ 학습 – 강화
④ 소거 – 모티베이션

답 ②
해설) 개인행위의 설명모형에서는 개인행위를 강화와 모티베이션을 통해 목표에 도달하게 한다.

6. 다음 중 행태론적인 입장에 대해 올바른 설명은?
① 행동을 중심으로 인간의 사회적인 관계를 파악한다.
② 인간관계를 중심으로 동기부여 방법을 찾는 심리학이다.
③ 심리학은 학습능력을 바탕으로 강화 방법을 모색한다.
④ 과학적인 심리학은 행태만을 연구해야 한다.

답 ④
해설) 행태론적인 입장은 연구대상이 객관적으로 나타난 행태만을 연구해야 한다는 것이다.

7. 지각·기억·사고·판단·의사결정, 그리고 정보처리체계를 연구해야 한다고 생각하는 입장은 어떠한 것인가?
① 인지론적 입장
② 학습론적 입장
③ 관계론적 입장
④ 행태론적 입장

답 ①
해설) 지각·기억·사고·판단·의사결정, 그리고 정보처리체계를 연구해야 한다고 생각하는 입장은 인지론적 입장이다.

8. 일반적으로 지각의 영향요인으로 보기 힘든 것은?
① 평가자의 특성
② 피평가자의 특성
③ 조직의 규모
④ 평가가 이루어지는 상황과 환경

답 ③
해설) 일반적으로 지각의 영향요인은 특성, 피평가자의 특성, 평가가 이루어지는 상황의 세 가지를 꼽는다.

9. 지각의 영향요인 중 평가자의 특성으로 보기 어려운 것은?
① 욕구와 동기　　② 자아개념　　③ 퍼스낼리티　　④ 언어적 의사소통

답 ④
해설) 언어적 의사소통은 피평가자의 특성에 해당한다.

10. 지각의 주제 중 대인지각을 설명할 수 있는 이론은?
① 인상형성이론　　② 환경생태론　　③ 인간관계론　　④ 귀인이론

답 ①
해설) 인상형성이론은 대인지각을 설명하는 이론이다.

11. 인상형성이론에 속하지 않는 내용은?
① 원인의 귀속　　　　　　　　② 일관성
③ 중심특질과 주변특질　　　　④ 합산원리와 평균원리

답 ①
해설) 원인의 귀속은 귀인이론에 속하는 내용이다.

12. 지각의 주제 중 사회적 지각을 설명할 수 있는 이론은?
① 인상형성이론　　② 귀인이론　　③ 사회관계론　　④ 상황이론

답 ②
해설) 귀인이론은 사회적 지각을 설명하는 이론이다.

13. 귀인이론에 대한 설명 중 옳지 않은 것은?
① 타인의 행위를 보고 원인을 돌리는 데는 크게 내적인 원인과 외적인 원인이 있다.
② 내적인 원인은 능력, 동기, 성격 때문에 나타나는 현상이다.
③ 귀인이론의 창시자는 하이더이다.
④ 행위자 – 관찰자 효과에 의하면 자신의 행위는 내적으로 귀속시키고 타인의 행위는 외적으로 귀속시키려 한다.

답 ④

해설) 행위자 – 관찰자 효과에 의하면 자신의 행위는 외적으로 귀속시키고 타인의 행위는 내적으로 귀속시키려 한다.

14. 다음 (   )에 적합한 것은?

> (   )사람은 자신의 태도 간에 혹은 행동 간에 일관되지 않거나 모순이 존재하는 경우에 이러한 비일관성이나 모순을 불쾌하게 여기고, 또 이것을 감소시키려고 노력한다는 이론이다.

① 귀인이론　　② 인지부조화 이론　　③ 인상형성이론　　④ 행태론

답 ②
해설) 인지부조화 이론은 페스팅거에 의해 제창된 이론으로 이러한 모순을 줄이기 위해서 사람은 행동에 맞게 태도를 바꾸게 된다.

15. 인상형성 이론에서 사람이 단편적인 정보를 통합하여 타인에 관해 일관적인 특질을 형성하고자 하는 것을 무엇이라고 하는가?

① 일관성　　② 중심특질　　③ 주변특질　　④ 원인

답 ①
해설) 사람이 단편적인 정보를 통합하여 타인에 관해 일괄적인 특질을 형성하고자 하는 것을 일관성이라고 한다.

16. 조직에서 지각오류 중 사람에 대한 경직적인 편견을 가진 지각을 무엇이라고 하는가?

① 선택적 지각　　② 지각방어　　③ 상동적 태도　　④ 주관의 객관화

답 ③
해설) 상동적 태도는 사람에 대해 경직적인 편견을 가진 지각을 말한다.

17. 평가에서 발생할 수 있는 오류 중 평가자의 기대가 피평가자에게 반영되게 되는 오류를 무엇이라고 하는가?

① 현혹효과　　② 기대　　③ 선택적 지각　　④ 지각방어

답 ②
해설) 기대는 평가자의 기대가 피평가자에게 반영되게 되는 오류를 의미한다.

18. 불쾌감 또는 위협을 안겨 주는 자극이나 상황적 사건에 대해 담을 쌓거나 인식하기를 거부하여 방어를 구축하는 것을 어떠한 오류라고 하는가?
① 관대화 경향　　　② 가혹화 경향　　　③ 비각방어　　　④ 기대

답 ③
해설) 불쾌감 또는 위협을 안겨주는 자극이나 상황적 사건에 대해 담을 쌓거나 인식하기를 거부하여 방어를 구축하는 것을 지각방어라고 한다.

19. 조직에서의 대표적인 지각오류에 해당하지 않는 것은?
① 현혹효과　　　② 관대화 경향　　　③ 대비효과　　　④ 합산원리

답 ④
해설) 합산원리는 인상형성이론의 전체 인상이 여러 특질들의 합계라는 원리일 뿐 지각오류에는 해당하지 않는다.

20. 조직에서 나타날 수 있는 지각오류에 대한 설명으로 옳은 것은?
① 상동적 태도란 한 분야에서의 어떤 사람에 대해서 받은 인상을 그대로 가지고 있어, 다른 분야에서도 그 사람에게 이전에 받은 인상이 영향을 주는 경우를 말한다.
② 대비효과란 자신과 유사한 내적 요인을 가지는 사람을 후하게 평가하는 것을 의미한다.
③ 주관의 객관화란 자신의 특성이나 관점을 다른 사람에게 귀속 또는 전가하는 것을 말한다.
④ 유사효과란 한 피평가자에 대한 평가가 다른 피평가자에 대한 평가에 영향을 미치는 것을 의미한다.

답 ③
해설) ① 상동적 태도란 사람에 대한 경직적인 편견을 가진 지각을 의미한다.
② 대비효과란 한 피평가자에 대한 평가가 다른 피평가자에 대한 평가에 영향을 미치는 것을 의미한다.
④ 유사효과란 자신과 유사한 내적 요인을 가지는 사람을 후하게 평가하는 것을 의미한다.

21. 학습과 행위변화에서 행태론적 혹은 인지론적 학습의 방법이 아닌 것은?
① 반사적 행위　　　② 작동적 행위　　　③ 관찰학습　　　④ 태도학습

답 ④
해설) 행태론적 학습에는 반사적 행위, 작동적 행위가 있고, 인지론적인 학습에는 관찰학습과 인지학습이 있다.

22. 상담이나 면접을 통해 개인의 학습을 촉진하는 사회화 프로그램을 무엇이라고 하는가?
① 멘토링 프로그램　　　　　　② 직장상사의 솔선수범
③ 업무실패사례의 공개　　　　④ 조직 적응훈련 프로그램

답 ①
해설) 멘토링 프로그램은 상담이나 면접을 통해 개인의 학습을 촉진하는 사회화 프로그램을 말한다.

23. 조직사회화 프로그램 중 직접적으로 개인의 학습을 촉진하는 사회화 프로그램으로 알맞은 것은?
① 직장상사의 솔선수범　　　　② 업무실패사례의 공개
③ 멘토링 프로그램　　　　　　④ 최고경영진의 현장방문

답 ③
해설) 멘토링 프로그램은 개인의 학습을 촉진하는 사회화 프로그램이다.

24. 태도의 세 가지 요소 중 정의적 요소에 대해 알맞은 설명은?
① 한 대상에 대한 감정, 즉 그것에 대한 호의 또는 비호의를 말한다.
② 한 대상에 대해 어떤 방식으로 행동하려는 경향과 관련된 요소이다.
③ 대상에 대한 지각, 신념, 사고로 구성된다.
④ 한 대상에 대해 개념을 구성하는 상태를 의미한다.

답 ①
해설) 정의적 요소는 한 대상에 대한 감정, 즉 그것에 대한 호의 또는 비호의를 의미한다.

25. 태도의 세 가지 가정이 아닌 것은?
① 가상의 구성체　　　　② 행위와의 관련
③ 경제적인 인간상　　　④ 연속적인 차원

답 ③
해설) 태도의 세 가지 가정은 가상의 구성체, 연속적인 차원, 행위와의 관련이다.

답 ②
해설) 태도의 네 가지 기능은 적응기능, 자아방어적 기능, 가치표현적 기능, 탐구적 기능이다.

26. 태도의 세 가지 요소라고 볼 수 없는 것은?
① 정의적 요소　　　　　② 희망적 요소
③ 인지적 요소　　　　　④ 행위적 요소
답 ②
해설) 태도의 세 가지 요소는 보통 정의적 요소, 인지적 요소, 행위적 요소로 구분된다.

27. 가치표현적 기능의 설명으로 올바른 것은?
① 혼란한 세계를 설명하고 조직하는 데 도움을 준다.
② 욕구가 현실적으로 좌절된 경우에 이를 극복하여 자아가 붕괴되는 것을 막고, 자아를 방어하는 역할을 한다.
③ 태도를 지닌 사람의 중심적인 가치와 그 사람의 신념에 대해서 긍정적인 표현을 하는 기능을 가진다.
④ 태도는 바람직한 목표를 달성하고 그렇지 못한 결과를 피하게 해 주는 역할을 한다.

답 ③
해설) 태도를 지닌 사람의 중심적인 가치와 그 사람의 신념에 대해서 긍정적인 표현을 하는 기능을 가지는 것을 가치 표현적 기능이라고 한다.
① 탐구적 기능 ② 자아방어적 기능 ④ 적응기능

28. 한 대상에 대한 차원은 극히 비호의적인 것과 극히 호의적인 끝을 지닌 하나의 연속선상, 즉 평가차원을 지니게 된다는 것은 태도의 가정 중 무엇을 의미하는가?

① 가상의 구성체 ② 행위와의 관련
③ 경제적인 인간상 ④ 연속적인 차원

답 ④
해설) 연속적인 차원은 한 대상에 대한 차원은 극히 비호의적인 것과 호의적인
끝을 지닌 하나의 연속선상, 즉 평가차원을 지니게 된다는 것을 의미한다.

29. 태도의 네 가지 기능에 해당하지 않는 것은?
① 탐구적 기능 ② 목표수행기능
③ 가치표현적 기능 ④ 자아방어적 기능

30. 해빙의 순서를 올바르게 연결한 것은
① 물리적인 제거 – 지원파괴 – 굴욕적인 경험 – 상과 벌
② 지원파괴 – 물리적인 제거 – 굴욕적인 경험 – 상과 벌
③ 굴욕적인 경험 – 물리적인 제거 – 지원파괴 – 상과 벌
④ 상과 벌 – 굴욕적인 경험 – 물리적인 제거 – 지원파괴

답 ①
해설) 해빙의 순서는 물리적인 제거 – 지원파괴 – 굴욕적인 경험 – 상과 벌에 해당
한다.

31. 변화의 과정에 대한 순서를 올바르게 연결한 것은?
① 순종 – 내면화 – 동일화 ② 동일화 – 내면화 – 순종
③ 동일화 – 순종 – 내면화 ④ 순종 – 동일화 – 내면화

답 ④
해설) 변화의 과정에 있어서 순종 – 동일화 – 내면화의 순서를 거치게 된다.

32. 태도변화의 과정은 크게 동결, 변화, 재동결을 거치게 되는데 이 중 재동결
이 의미하는 바는?
① 변화가 이루어지기 전 상태로 태도가 다시 굳는다.
② 변화가 이루어진 후의 상태로 태도가 다시 굳는다.
③ 변화를 무시한 채로 태도가 굳는다.
④ 변화가 필요 없다고 파악된 태도가 굳는다.

답 ②

해설) 재동결은 변화가 이루어진 후의 상태로 태도가 다시 굳는 것을 의미한다.

33. 태도변화의 한 방법으로 공포감을 유발하는 것도 이용이 될 수 있는데 이 방법을 무엇이라고 하는가?
① 설득　　　② 인지부조화　　　③ 공포유발　　　④ 참여제도

답 ③

해설) 공포유발은 공포감을 유발하는 것으로 이용하는 방법이며, 이는 협박과 다르다는 것을 반드시 구별해야 한다.

34. 조직에서 개인들의 부정적인 태도를 지양하고 더욱 호의적이고 유용한 태도를 구축하게 하는 태도변화의 관리로 올바른 것은?
① 설득　　　② 인지부조화의 유발　　　③ 참여제도　　　④ 공포유발

답 ③

해설) 참여제도는 조직에서 개인들의 부정적인 태도를 지양하고 더욱 호의적이고 유용한 태도를 구축하게 하는 제도를 의미한다.

35. 태도변화의 방법 중 여론지도자의 역할은 무엇인가?
① 지역사회에서 지위가 높은 중요한 인물인 여론지도자를 통해 종업원들의 태도발전에 중요한 영향력을 미치게 한다.
② 태도변화의 대상이 되는 개인들을 의사결정에 참여하게 한다. 조직에서 개인들의 부정적인 태도를 지양하고 더욱 호의적이고 유용한 태도를 구축하게 한다.
③ 논리적인 주장과 사실을 확인해서 태도를 변화시킨다.
④ 조직의 경영을 위해 중론을 조작하는 것으로 구성원들이 조직에 적대적인 태도를 가지게 한다.

답 ①

해설) 여론지도자의 역할은 지역사회에서 지위가 높은 중요한 인물인 여론지도자를 통해 종업원들의 태도발전에 중요한 영향력을 미치게 하는 것이다.

36. 직무만족과 조직유효성에 대해서 이직률은 어떠한 관계를 가지는가?
① 비례관계　　　② 역관계　　　③ 상호작용관계　　　④ 독립관계

답 ②
해설) 이직률은 직무만족과 조직유효성의 관계에 대해서 역관계를 가지게 된다.

37. 조직몰입의 세 가지 요소로 보기 힘든 하나는?
① 조직이 추구하는 목표나 가치에 대한 강한 신뢰와 수용
② 조직을 위해서 노력하는 의사
③ 조직의 구성원으로 남아 있으려는 강한 의지
④ 조직의 권력을 유지시켜야 한다는 보수적인 의지

답 ④
해설) 조직몰입의 세 가지 요소는 조직에 대한 신뢰와 수용, 조직을 위한 노력,
조직에의 의지로 볼 수 있다.

38. 조직몰입에 대해서는 선행변수와 결과변수가 존재한다. 다음 중 성격이 가
장 이질적인 하나는?
① 개인적 요인   ② 잔류의도   ③ 직업경험   ④ 구조적 특성

답 ②
해설) 잔류의도는 조직몰입의 선행변수가 아닌 결과변수에 해당된다. 나머지 세
항목은 조직몰입의 선행변수이다.

39. 조직몰입의 촉진방안이라고 볼 수 있는 하나는?
① 최고경영층의 방문   ② 철저한 인사관리
③ 복지   ④ 조직목표의 변경

답 ③
해설) 조직몰입의 촉진방안은 크게 배치, 복지, 자율성과 책임감, 조직목표의 이
해가 있다.

40. 이직률과 결근율은 각각 조직유효성에 대해 어떠한 관계를 가지는가?
① 비례 - 비례   ② 반비례 - 비례
③ 비례 - 반비례   ④ 반비례 - 반비례

답 ④

해설) 이직률과 결근율은 조직유효성과는 반비례적인 성격을 띤다.

41. 조직몰입에 있어서 참여도, 잔류의도, 직무노력 등은 어떠한 것에 속하는가?
① 결과변수　　　② 몰입도 척도　　　③ 선행변수　　　④ 독립변수

답 ①
해설) 조직몰입의 결과변수에는 참여도, 잔류의도, 직무몰입, 직무노력 등이 있다.

42. 종업원이 각자 개인적으로 의미 있는 목표를 성취할 수 있는 기회를 가질 수 있게 하여 조직몰입을 촉진하는 방안은 무엇인가?
① 복지　　　② 배치　　　③ 자율성과 책임감　　　④ 조직목표의 이해

답 ②
해설) 배치는 종업원이 각자 개인적으로 의미 있는 목표를 성취할 수 있는 기회를 가질 수 있게 하는 것이다.

43. 효과적인 인적 자원관리를 생각한다면, 보상의 시기는 어떠한 때가 가장 적절한가?
① 행위가 나타난 바로 직후
② 행위가 나타나고 피드백이 이루어지기 직전
③ 행위가 나타나고 피드백이 이루어진 직후
④ 행위가 끝나고 다음 행위를 시작하기 직전

답 ①
해설) 효과적인 인적 자원관리를 따른다면 보상의 시기는 행위가 나타난 바로 직후가 적당하다.

44. 프로이트의 정신역동이론에서 쾌락을 극대화하고 고통을 최소화하려는 인간의 성질을 무엇이라고 하는가?
① 자아　　　② 원초아　　　③ 초자아　　　④ 분배아

답 ②
해설) 프로이트의 정신역동이론에서 원초아는 쾌락을 극대화하고 고통을 최소화하려는 인간의 성질을 의미한다.

45. 퍼스낼리티가 독특한 특질로 구성되고 그 특질이 개인의 행위를 결정한다고
보는 이론은 무엇인가?
① 정신역동이론   ② 사회과학이론   ③ 인본주의론   ④ 특질이론

답 ④

해설) 퍼스낼리티가 독특한 특질로 구성되고 그 특질이 개인의 행위를 결정한다
고 보는 퍼스낼리티 이론은 특질이론이다.

46. 퍼스낼리티의 변수라고 보기 힘든 하나는?
① 분배욕기   ② 권력욕구   ③ 성취욕구   ④ 친교욕구

답 ①

해설) 퍼스낼리티의 변수에는 통제위치, 권력욕구, 성취욕구, 친교욕구가 있다.

47. 정신역동이론을 주장한 학자의 이름은?
① 프로이트   ② 사이먼   ③ 퓨흐   ④ 버나드

답 ①

해설) 프로이트는 정신역동이론을 주장했다.

48. 퍼스낼리티에 윤리와 도덕심을 추가한 상태를 정신역동이론에서는 무엇이라
고 일컫는가?
① 원초아   ② 자아   ③ 초자아   ④ 자아 상실

답 ③

해설) 초자아는 퍼스낼리티에 윤리와 도덕심을 추가한 상태를 의미한다.

49. 어떠한 시기에 있어서 개인이 결핍되는 상황을 무엇이라고 하는가?
① 동기   ② 욕구   ③ 목표   ④ 자아

답 ②

해설) 욕구는 어떠한 시기에 있어서 개인이 결핍되는 상황을 의미한다.

50. 경영자에게 있어서의 지각을 정의하시오.

해설) 환경에 대한 영상을 형성할 때 외부에서 들어오는 감각적 자극을 선택, 조직, 해석, 평가하는 과정

51. 중심특질과 주변특질에 대해 논하시오.

해설) 중심특질은 사람에 대해 인상을 형성하는 데 있어서는 일종의 핵 부분이 되는 것이고, 주변특질은 그 핵 부분을 보조하는 물질이다.

52. 합산원리와 평균원리에 대해 설명하시오.

해설) 합산원리는 전체 인상이 여러 특질의 단순한 합이라고 주장하는 것이다. 이에 반해 평균원리는 모든 정보가 동시에 들어오며, 그 정보의 무게가 같다면 단순히 평균의 형태로 정보를 파악하게 된다는 것이다.

53. 귀인과정에서 일어날 수 있는 편견을 한 가지 이상 서술하시오.

해설) 행위자 - 관찰자 효과: 자신의 행위는 상황적, 외적인 요인으로 귀속시키고 타인의 행위는 내적으로 귀속시키려는 편견을 행위자 - 관찰자 효과라고 한다.
자존적 편견: 자신의 자존심이나 자아를 지키고 높이는 방향으로 행위자의 행위원인을 귀속시키는 편견을 말한다.

54. 인지부조화 이론에 대해서 설명하시오.

해설) 인자부조화 이론은 1950년대 페스팅거(L. Festinger)에 의해 제창된 이론으로 사람은 자신의 태도 간에 혹은 태도와 행동 간에 일관되지 않거나 모순이 존재하는 경우에 이러한 비일관성이나 모순을 불쾌하게 여기고, 또 이것을 감소시키려고 노력한다는 이론이다.

55. 현혹 효과에 대해서 설명하시오.

해설) 한 분야에서의 어떤 사람에 대해서 받은 인상이, 다른 분야에서도 영향을 주는 경우를 말한다.

56. 관대화 경향과 가혹(엄격)화 경향에 대해 설명하고, 이에 다른 평가자의 인간
상을 설명하시오.

해설) 관대화 경향은 될 수 있으면 후하게 평가하려는 성향을 의미하고, 가혹화
경향은 될 수 있으면 박하게 평가하려는 성향을 의미한다. 전자의 경우 긍정적
이며 낙천적인 평가자일 확률이 높고, 후자의 경우 부정적이고 비관적인 평가자
일 확률이 높다.

57. 조직과 개인의 목표를 위해 종업원들이 긍정적으로 행동하고 부정적으로 행
동하지 않는 바람직한 행위는 경영자의 노력을 통해서만 이루어지지 않으며 종
업원들의 협조가 반드시 필요하다. 이러한 경영자의 노력이라는 손을 벗어난 행
동은 조직구성원들 자체에 의해 비공식적으로 이루어져야 한다는 것을 무엇이라
고 하는가?

해설) 조직사회화

58. 지각방어에 대해 설명하시오.

해설) 개인에게 불쾌감 또는 위협을 안겨 주는 자극이나 상황적 사건이 있을 경
우에는 인간은 본능적으로 자기를 방어하려고 한다. 이렇게 위협이나 자극에 대
해 담을 쌓거나 인식하기를 거부함으로써, 방어를 구축하는 것을 지각방어라고
한다. 정서적으로 혼란을 주는 정보는 중립적이거나 혼란을 주지 않는 정보보다
지각하기가 쉽지 않다. 또한 이러한 정보를 인정하지 않기 위해 왜곡된 대체적
인 지각이 발생한다든가 하는 것이 지각방어의 보기들이라 할 수 있겠다.
얼핏 보면 당연한 인간의 본성처럼 보일지 모르겠지만, 이러한 지각방어는 조직
에서 감독자나 상급자들이 일종의 맹안을 가지게 할 수 있다. 즉 한번 지각방어
가 일어나게 된다면, 어떠한 사건이나 상황을 보지 못하거나 혹은 지속적으로
잘못 해석하는 경우가 생기기 때문에 오류 중에서는 인간의 보호본능과 가장 밀
접하게 결합한 이 지각방어가 상동적 태도와 같이 굳어진다면 아주 고치기 힘든
지각상의 오류가 될 수 있다.

59. 업무실패사례 공개의 문제를 하나 이상을 서술하시오.

해설) 업무실패사례가 익명성을 보장하는 경우가 대부분이지만, 만약 조직의 크

기가 작아 누구의 사례인지 훤히 아는 경우가 되는 상황에서는 오히려 그 종업원이 사기를 떨어뜨리는 역효과를 가져오게 된다.

60. 조직사회와 프로그램 중, 업무실패사례 공개의 장점을 한 가지 이상 서술하시오.

해설) 업무실패사례의 공개를 통하면 다른 종업원들이 같은 실수를 반복하지 않게 할 수 있다.

61. 멘토링 프로그램에서 조금 더 선배로서 후배에게 영향을 줄 수 있는 직위나 역할을 수행하는 사람을 무엇이라고 하는가?

해설) 멘토

62. 직무만족에 대해 정의하시오.

해설) 직무에 대한 태도 중에 하나로, 한 개인의 직무나 직무경험을 평가할 때 발생하는 호의적이고 긍정적인 정서상태라고 정의할 수 있다.

63. 정신역동이론을 주창한 사람과 정신역동이론의 기본 세 가지 틀을 서술하시오.

해설) 프로이트, 원초아, 자아, 초자아

제1절 조직목표

1. 조직목표의 의의

조직목표란 어떠한 형태이든지 모든 조직은 목표를 가지고 있으며, 조직목표는 조직이 원하는 장래의 바람직한 상태나 방향이며, 이들을 달성하기 위해 존재한다.

2 조직목표의 역할

(1) 조직목표는 조직이 달성하고자 하는 미래 상태의 형상화를 통해 현재의 조직 활동과 운영에 관한 지침을 수립하도록 만든다. 즉 조직이 나아갈 방향을 설정하고 활동에 대한 지침을 제시해 준다.
(2) 조직목표는 외부환경으로부터 조직의 정당성을 인정받는 기능을 한다. 즉 조직의 존재와 활동을 정당화시키는 근거가 된다.
(3) 조직의 목표달성 정도인 효과성 평가 기준이 된다.
(4) 조직목표의 구체화와 과정을 통해서 기획기능을 보완한다.

3. 조직목표의 유형분류

(1) 공식성 유무에 의한 분류(C. Perrow)
① 공식적 목표: 조직의 공식적인 목표를 말한다.
② 실질적 목표: 조직이 현실적으로 집행 가능한 목표로서 공식적 목표에 대비되는 운영적 목표, 비공식적 목표라고 말할 수 있다.

(2) 일반적 기능에 의한 분류(A. Etizioni)

① 질서목표: 조직이 사회 질서유지를 위하여 사회적 일탈자를 격리하거나, 일탈행위를 방지·통제하는 강제성을 지닌 목표이다.

② 경제적 목표: 사회와 조직에 대한 재화와 서비스를 생산·배분하는 것을 주된 내용으로 하며 공리적 조직의 주목표이다.

③ 문화적 목표: 문화적 가치를 창조·유지·발전·전수하는 것에 목적을 두는 규범적 조직과 관련된다.

(3) 계층성에 의한 분류

① 상위목표: 하위목표에 비해 보다 보편적·추상적·거시적·장기적·무형적 종합적·전략적·규범적·가치적 성향을 띤다.

② 하위목표: 상위목표를 달성하는 목표로서 상위목표에 비해 보다 구체적·미시적·단기적·유형적·전술적·기술적 성격이 강하다.

(4) 유형성 유무에 의한 분류

① 무형적 목표: 상위목표, 전략적 목표에 해당되며, 추진상의 수정과 융통성 확보가 가능하여 이해관계나 의견 대립을 용이하게 극복할 수 있다.

② 유형적 목표: 하위목표, 전술적 목표에 해당하며, 효과성의 측정 및 평가가 용이하다.

4. 조직목표의 변동

(1) 목표의 전환 및 대치

① 개념

목표의 전환 또는 대치란 조직목표를 달성하는 수단(대안) 선택에 집착하여 목표가 왜곡되는 현상을 말한다. 즉 일시적이지만 수단적 가치를 목표로 착각하여 목표와 수단이 바뀌는 것을 말한다.

② 목표전환의 발생요인

㉠ 유형적 목표에의 접근성: 상위목표가 지나치게 추상적이면 실천하

기 용이한 하위목표(유형적 목표)에 접근성이 높아지게 됨으로써 상위목표를 무시하거나 의식하지 않게 된다.

   ⓛ 과두제의 철칙: R. Michels은 소수 지도층의 욕구로 인해 조직목표가 이들에 의해 왜곡된다고 한다. 즉 소수 지도층은 조직의 본래 목표를 추구하기보다 자신의 이익추구를 위해 하급자의 의견을 무시하여 자신에게 이로운 방향으로 목표를 왜곡하는 것을 과두제의 철칙이라 하였다.

   ⓒ 동조과잉 현상: R. Merton은 목표에 관련된 구성원들은 목표달성과정의 규칙과 절차에 너무 집착하여 목표가 오히려 수단시되면서 발생하는데, 목표달성보다는 표준운영절차(SOP) 등에 집착하여 목표와 수단이 바뀌는 현상을 말한다. 규정과 절차에 맞지 않으면 집행에 부담을 느끼고 있는 데서 기인한다.

   ⓔ 조직 내부문제 집착: 사회적 목표보다는 관료 중심적 내부목표에 치중하는 것도 목표전환 현상으로 볼 수 있다.

   ⓜ 과잉충성: 경영자 등의 선호에 맞도록 목표를 조정하는 경우의 현상을 말한다.

(2) 목표의 승계

목표의 승계란 목표가 달성되었거나 달성이 불가능한 경우, 새로운 목표를 설정하는 것을 말하며, 조직의 유지에 유용성을 발휘한다.

(3) 목표의 다원화 및 확대

목표의 다원화는 본래의 목표에 새로운 목표를 추가하는 것이며, 목표의 확대는 목표의 범위를 확장하는 것이다. 예로 대학과 종교단체의 원래 목표에 사회봉사목표가 추가되고 확대되는 것을 들 수 있다. 목표의 다원화 및 확대는 조직의 정당성 확보와 발전을 위해서 필요하다.

(4) 목표 간 비중변동

목표 간의 비중변동이란 목표 간의 우선순위 또는 비중이 달라지는 것을 말한다.

제2절 조직의 유효성

1. 개념 및 의의

(1) 조직의 유효성이란 조직의 규범적이고 가치지향적인 측면으로서 조직의
목표달성을 위해 이루어지는 일련의 조직 활동의 결과인 효과성으로 조
직평가 기준이 된다. 고전적 관리이론에서는 인간보다는 생산성 증가를
위한 제반 요소 및 활동의 합리화 등을 추구한다든가, 신고전적 이론인
인간관계론에서는 생산성 향상의 기반을 인간에 초점을 두어 인간성·
인간의 욕구만족과 성장 등을 추구하여 조직의 유효성을 높이려 했다.
또한 근대적 이론과 현대적 이론에서는 조직과 구성원의 목표를 통합하
여 조직과 구성원의 목적을 동시에 추구해야 함을 강조하고 있다.

(2) 조직유효성은 조직 활동의 성과를 평가하는 기준이다. 그러나 성과 그
자체에 너무 지나치게 중점을 두고 구성원의 심리적 만족 등을 고려
하지 않은 경영이라면 이 또한 합리적 관리라 할 수 없을 것이다. 따
라서 조직 유효성의 평가는 조직과 구성원 목표의 일치 또는 조화 여
부 등도 목표달성 내용에 포함시키는 것이 오늘날의 추세이다.

(3) Cameron(1983)과 Daft(1997)에 의하면 조직 유효성을 평가함에 있어서
일반적으로 조직관리 측면은 수익성·성장성·생산성·총매출액 등
재무적 차원에서 평가되고, 구성원의 측면은 사기·직무만족·조직몰
입 등 심리적·행위적 차원에서 다루어지고 있다.

2. 조직유효성의 접근 방법

조직유효성의 접근방법은 조직의 유효성을 평가하는 방법을 말한다. 평가
방법은 전통적 방법과 현대적 방법으로 구분해 볼 수 있다.

(1) 전통적 접근방법

① **목표달성 접근법**(goal attainment approach): 목표의 달성 여부가 조직평가기준인 조직유효성을 측정하는 중요한 기준이 된다. 목표의 달성 여부는 효과성을 말하는 것으로 내부관리자에 이루어지는 평가는 매우 주관적일 수 있어 객관성과 공정성의 문제가 발생할 수 있다. 또 조직구성원들의 목표, 사회적 목표를 배제시키는 것이 특징이며, 조직목표와 관리목표에 무게를 두고 있다.

② **시스템적 접근법**(system resource approach): 모든 개방 시스템은 투입물을 체제에 투입시켜 전환과정을 거쳐 산출물을 창출해 나가며 환경과의 끊임없는 상호작용을 하며 생존, 발전해 나간다. 이러한 시스템의 특성을 통해 조직유효성에 접근하는 방법론이다. 이 접근법은 목표달성에 필요한 수단으로서 조직의 건전성, 자원 획득 능력, 환경변화에 따른 적응능력, 구성원들의 자기개발 능력 등에 초점을 맞추고 있다. 또한 이 접근방법은 목표모형과는 정반대의 입장을 갖는 모형인데, 목표달성모형은 목표달성 여부, 즉 결과에 초점을 두고 있지만 시스템 모형은 최종결과의 달성에 필요한 과정과 수단이 조직유효성의 판단기준으로 본다. 즉 투입물의 획득능력, 시간의 경과, 변화과정에서의 능률성, 산출물의 유통능력 및 체제의 안정과 균형 등을 조직유효성의 기준으로 삼는다.

③ **내부과정 접근법**(internal process approach): Bennis, Likert 등은 위의 접근법과는 달리 접근했는데, 가치나 선호 차원보다는 조직의 내부과정에 초점을 맞추었다. 즉 조직유효성을 조직의 내적인 건전성, 능률성, 원활한 내부프로세스 등에 중점을 두고 주로 신축성과 개방성, 의사소통, 인력의 확보 및 활용, 창의력, 변화에의 적응력 등에 관심을 두고 조직유효성을 내부과정 모형으로 보았다.

(2) 현대적 방법

① 이해관계자적 접근방법(stakeholder approach): 조직유효성을 평가할 경우 이
해관계자에 따라 상이하게 나타난다. 즉 이해관계자는 각각의 이해관
계가 상이하므로 유효성 평가기준과 정도의 차이가 다를 수밖에 없다.

② 경쟁 가치적 접근방법(competing value approach): 조직 내에서 상충되는 목표
가 있을 때 상충되는 목표들마다 가치가 상이하고 가치 간 경합이 발
생한다. 이때 어떤 가치를 선택할 것인가는 결정자의 가치관에 의해
결정되며 조직유효성의 평가도 평가자가 선택한 평가기준에 의해 달
라진다. 평가요인으로는 환경, 조직, 구성원, 경영정책 및 실무의 4가
지이며, 이 요인에 의해 종합적으로 측정된다. 또한 이 접근법의 특성
으로는 가치 간 상호보완, 적절한 수준의 기준 달성, 조직 성장 단계
에 따라 적합한 지배적 기준 적용, 조직모순의 공존성, 유연성과 통제
외부지향 및 내부지향 혁신과 효율성을 나타낸다.

제3절 조직목표와 개인목표

1. 조직목표와 개인목표의 관계 모형

(1) 교환모형

교환모형은 외재적 보상에 기초한 모형으로 조직은 구성원 개인에게 그들
이 원하는 물질, 보수와 같은 유인을 제공하고, 개인은 그 대가로서 시간과
노력을 조직의 목표달성에 제공하는 것이다. 그러므로 조직과 개인은 서로
이해관계에 따라 교환이 이루어진다. 주로 기업과 같은 공리적 조직의 유형
에 해당된다.

(2) 교화모형

개인으로 하여금 조직의 목표에 도움이 되는 행동을 가치 있는 것으로 받아

들이도록 교화시켜 감으로써 조직과 구성원이 서로 조화를 이루는 모형이다.

(3) 수용모형

조직의 활동과 자신의 행동을 수용하고 함께 공존함으로써 서로간의 이해 관계가 형성되어 조직이 유지된다.

2. 목표관리제

(1) 개념 및 의의

MBO(Management By Objectives)란 조직 전체의 전략적 지침을 바탕으로 상급자와 하급자 간 참여를 통해 팀 및 개인단위의 목표를 설정하고, 수행결과를 중간 또는 사후에 지속적으로 평가하여 환류함으로써 궁극적으로 조직의 목표달성의 효율성을 강조하는 경영학적인 목표(결과) 중심적 조직관리기법이다. 또한 이 제도는 직원의 실적을 평가한 후 개인의 연봉, 인센티브, 승진, 교육 등에 활용한다.

(2) MBO의 발달 배경
① 1954년 Druker에 의해 처음 소개되었고 Odiorne, Mcgregor, Likert, Schler 등에 발전되었다.
② 기업에서 시작된 이 제도는 미국의 공공부분에 1970년 닉슨 대통령이 연방정부 도입을 시작으로 확산되었다.

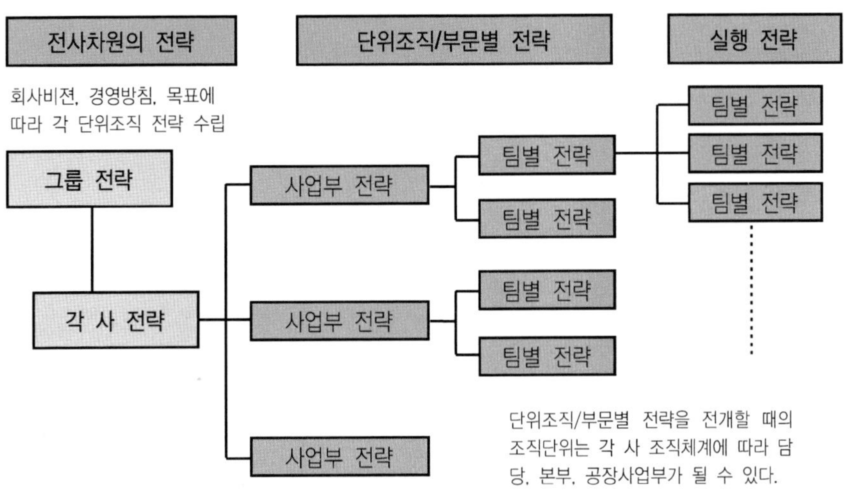

(3) MBO의 내용 및 특성

① Y론적 인간형에 이론적 기반을 두고 직원들의 참여가 보장되어 목표달성에 구성원의 자발적 참여와 협동심의 증진, 조직몰입을 가능하게 한다.

② 자율적인 통제 가능성의 증대와 자원의 효율적 운영, 목표의 효과성을 제고시킨다.

③ 조직의 집중성과 효과성 제고, 성장이론의 편견이 존재, 결과지향적인 단기적 목표관리기법이다.

④ 목표달성이 최고 이념이며, 업적평가의 객관적 기준과 책임한계를 밝혀준다.

⑤ 자기실현적 인간관, 분권화 및 참여강조로 구성원의 사기증진, 조직의 경직성을 제거해 줄 수 있다.

⑥ 조직을 개방적 유기체제(협조)로 이해하고 상호이해증진, 조직의 민주화, 인간화를 통해 조직발전에 기여한다.

⑦ 목표의 달성도(효과성)의 제고와 조직 내 갈등 및 대립을 감소시킨다.

⑧ 참여에 의한 목표설정, 상위목표와 하위목표와의 연계, 조직과 개인의 목표 통합, 결과지향적, 계량적 목표를 중시한다.

⑨ 주먹구구식 관리가 아니라 비능률적 관리행위를 배격하며, 책임보다는
성과와 능률을 중시한다.

⑩ 최고 관리층의 통제보다 내부통제를 중시하는 내부중심적 관리기법이다.

⑪ 목표관리제의 기본구성요소는 평가와 환류, 구성원의 참여, 목표의 설
정이다.

(4) 목표관리의 한계

① 유동상황과 환경변화가 급변하는 조직 환경에의 적용문제가 대두되고
환경의 변화와 이해관계의 대립이 있을 경우에는 명확한 목표설정이
어렵다.

② 단기적 양적 목표에 치중하고 가치와 질적인 면을 소홀히 하기 쉽다.

③ 명백한 목표설정의 곤란하고 복잡한 절차로 시간, 노력(서류작업)의 과
다한 소모가 발생한다.

④ 목표설정 시 조직 전체 목표에 근거한 개인 또는 단위 부서 목표를 설
정하지만 개인의 목표 달성이 조직 전체 목표달성과는 연계가 되지
않는 면이 있다. 이는 개인성과에 따른 보상의 차이로 개인 또는 단위
부서 위주의 목표관리가 이루어지기 때문이다.

⑤ 복잡한 집행절차로 인하여 비용, 인사관리 등에 있어 경제성이 미흡하다.

⑥ 성과와 목표달성의 측정이 어려운 부서나 직무에 적용이 용이하지 않
으며, 목표달성만을 목표로 하기 때문에 조직의 효과성 증진과 발전의
차원을 고려하지 못한다는 한계가 있다. 이에 BSC(Balance Score Card)가
도입되고 있다.

3. 균형성과평가제도

(1) 개념 및 의의

① BSC(Balanced Score Card: 균형성과측정기록표)는 기존의 MBO에 대한 제도
적 개선으로 기존의 재무성과 중심의 관리방식에서 고객관점, 프로세
스 관점, 학습과 성장의 측면에서 조직 전체(기업)의 성과를 평가하는

제도이다.

② 자신이 속해 있는 기업의 평가부서에 근무하거나 평가지시를 수행하는 이론적 툴로 사용할 수 있다.

③ BSC는 Top-Down방식으로 조직의 미션을 근거로 하여 비전과 전략을 수립하고 이들 전략목표를 달성하기 위한 성과목표(핵심성공요인)들을 도출한 다음 각각의 성과목표들이 잘 수행되고 있는지를 측정하기 위한 성과지표들을 도출하게 된다.

(2) 내용 및 특징

① 조직(기업) 전체의 성과평가제도로서 기존의 계량적인 성과평가를 지양하고 조직 내의 비전과 전략으로부터 도출된 성과지표에 따라 성과를 평가하므로 종합적인 관점에서 성과를 평가하여 새로운 전략을 도출할 수 있다.

② 조직의 전략 방향 설정에 도움을 주며 변화에 대한 동기를 부여한다.

③ 중장기 경영계획 수립, 예산편성, 조직구조 개편 및 결과 모니터링 등의 의사결정에 기초를 형성하고 이에 대한 정보를 제공한다.

④ 자신의 회사가 추구하는 전략을 명확히 하고 부서 및 직원의 합의를 도출, 조직 전체에 전략내용을 체계적으로 전달, 부서와 개인의 목표를 회사전략에 정렬 및 연계시킨다.

⑤ 전략적인 목표들을 장기적인 목표들과 연관시키고 회사예산에 정렬, 소요예산을 편성한다.

⑥ 전략적인 이니셔티브(문제점 해결 방안)들을 파악하고 정렬, 주기적이고 체계적인 전략적 점검을 수행하게 한다. 또한 전략에 대하여 학습하고 개선할 수 있는 피드백 체계를 구축할 수 있게 한다.

(3) 성과지표: 재무관점, 고객관점, 내부프로세스관점, 학습과 성장관점

<기업 성과평가 관점 - 4가지>

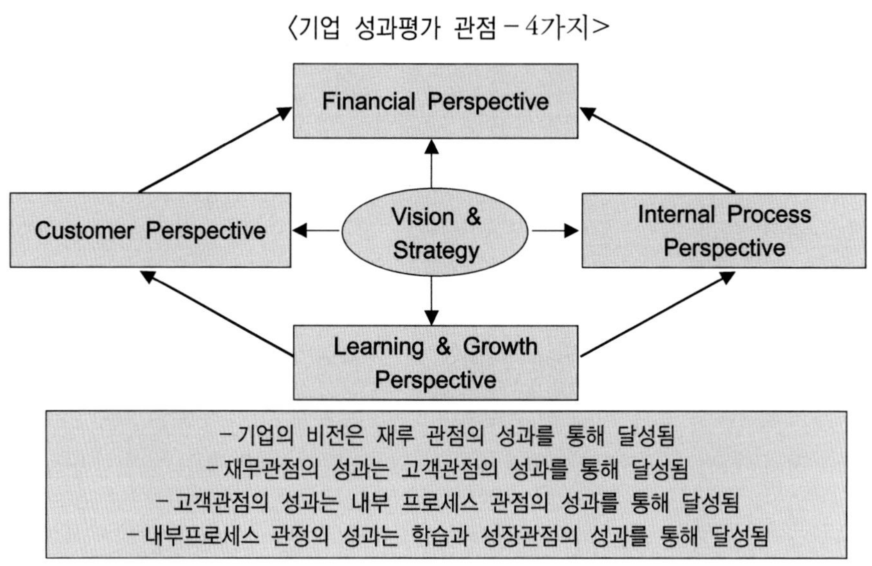

(4) 4가지 평가 관점의 예

변 수		개념 정의
재무적 관점	순이익 증가율	전기와 당기의 순이익의 증가분을 백분율로 표시 (전기 순이익, 당기 순이익 증가액)
	매출액 증가율	전기와 당기의 매출액의 증가분을 백분율로 표시 (전기 매출액, 당기 매출액 증가액)
고객관점	거래처리의 정확성	상품수량, 종류, 운송일자 등의 정확성을 표시 (매출액, 주문 오류)
	제품 불량률	품질의 수준을 표시(제품 100개당 불량품의 비율)
	고객납기 응답 기간	거래주문을 보낸 후 고객에게 물품을 납기하기까지의 기간
내부프로세스관점	재고 보유 기간	완제품이 창고에 입고되어서 출고될 때까지의 기간
	생산계획 소요기간 단축	원재료가 생산라인에 들어가서 완제품이 될 때까지의 기간
	비용절감	생산에서 판매까지의 비용(자재조달비용/물류비용)
학습과 성장관점	BPR	- 업무의 통합, 종업원의 의사결정 지원 - 내부 프로세스 재설계

(5) BSC의 효과

① **생산성 향상**: BSC의 전략실행 보고서에 초점을 맞추어 지속적인 개선을 유도하여 생산성을 향상시킬 수 있다.

② 역할과 책임을 명확히 하여 조직 및 구조상의 문제점을 개선시킨다.

③ **전략의 수행능력 향상**: 조직의 행위를 전략에 일치시켜 전략과 우선과제 순위에 대한 의견을 일치시킨다. 그리고 전략 기획에 개인의 목표를 일치시킨다.

④ 비즈니스의 **효율적 수행**: 전략의 명확화, 개선사항에 대한 가치명제의 명확화, 개선 사항에 대한 리엔지니어링을 추진할 수 있다.

Check Point

총체적 품질제도(TQM)

1. 개념

① 총체적 품질관리(TQM, Total Quality Management)란 생산품의 질을 개선하는 관리기법이다. 목표관리제도의 지나친 계량적 목표관리의 강조 측면에서 고객중심의 서비스 질 개선 등보다 가치적 측면의 개선을 추구하는 관리제도라 할 수 있다.
② TQM은 관리기술이라기보다는 변화지향적인 관리철학의 성격을 띠고 있다.
③ MBO의 문제점을 극복하기 위한 대안으로 대두되었다.

2. 내용 및 특성

① 장기적인 안목과 계획으로 추진
② 서비스 질의 수준을 고객의 기준으로 평가
③ 품질개선을 위한 과정과 절차의 지속적 개선과 과학적 품질관리기법 적용
④ 사후관리가 아닌 사전적 품질관리로 예방차원의 성격
⑤ 구성원 및 고객의 참여, 공동체와 팀워크 중시(기능적, 계층적 조직의 부정)
⑥ 자율성과 권한위임(민주적 조직관리, Y론적 관리시각)
⑦ 질적인 개념의 관리이면서도 통계적 관리체계 중시
⑧ 고객변화에 대응하는 조직의 변화학습체계가 요구
⑨ 조직의 목표와 고객의 목표의 일치 추구
⑩ 조직구성원의 행태변화(인간변화)로 품질개선 노력 추구는 미흡한 제도
⑪ 시행절차나 규정 등 매뉴얼의 부재로 ISO−9000 품질경영전략과의 조화 필요

제4절 동기부여이론

1. 동기부여의 개념 및 의의

(1) 개념

동기부여란 심리학에서의 중요시하는 모티베이션(motivation) 개념에서 비롯된 것이다. 모티베이션이란 어떤 행위를 하게 만드는 충동적 힘이며, 강력한 목표지향성을 지니고 있다. 인간의 모든 행위는 이러한 모티베이션을 바탕으로 형성된다. 따라서 구성원에 대한 모티베이션 전략을 통해 조직유효성을 강화시킬 수 있다.

(2) 의의

동기부여는 인간관계론에서 싹이 시작되어 행동과학으로 발전하면서 내면적 심리상태, 즉 욕구 등에 따라서 행위가 달라진다는 것을 인식하게 되면서 학자들의 관심의 영역이 되었다. 이러한 노력들이 동기부여를 바탕으로 한 후기인간관계론으로 발전하였고, 이어 조직관리를 위한 의사전달, 갈등관리, 리더십 등으로 연계되어 학문적 발전을 도모하였다.

2. 동기부여의 중요성

경영자의 입장에서나 구성원의 입장에서나 조직생활을 하는 데 있어서 종업원들의 의욕을 불러일으키는 것만큼 중요한 일은 없다. 왜냐하면 조직목표와 개인목표의 조화는 결국 종업원들에 의해 좌우되는 것이라고 볼 수 있는 만큼 그들이 얼마만큼 의욕을 가지고 노력하는지 여부가 목표달성이나 성과의 지름길이 되기 때문이다.

3. 동기부여의 접근법

(1) 전통적 관리법

경영학적인 관점에서의 동기부여에 대한 초기의 연구들은 맥그리거(D.

McGregor)의 X이론에 입각하고 있다. 즉 경영자들은 보통의 종업원이 기본적으로 게으르고 그들을 모티베이트시킬 수 있는 것은 돈뿐이라는 믿음을 가지고 있었다.

(2) 인간관계론적 접근법

인간관계론에서는 작업장에서의 인간의 본성에 관한 가정이 크게 바뀌고 성과를 내는 데 있어 인적 요소의 중요성이 크게 부각된다. 종업원들은 일을 하면서 자신이 쓸모가 있고 중요하게 받아들여지기를 원한다는 사실, 즉 한 사람의 개인으로서 인정을 받기를 원한다는 사실이 알려졌다. 그러한 욕구들은 돈에 대한 욕구만큼이나 중요하다는 사실도 깨닫게 되었다. 따라서 동기부여에 대한 접근법은 사회적인 측면을 크게 강조하게 된다.

(3) 인적 자원적 접근법

최근에 위에서 설명한 인간관계론적 접근법에 내재된 가정이 인간행위를 제대로 설명해 주지 못한다는 의식이 보편화되게 되었다. 그리하여 새로운 동기부여접근법이 제시되었는데 그것이 바로 인적 자원모형이다.

이 모형은 동기부여를 더욱 복잡한 관점에서 파악해서 인간행위에 영향을 줄 수 있는 요소가 대단히 많다고 가정한다. 따라서 인적 자원모형은 인간의 화폐나 애정 또는 성취동기, 의미 있는 일에 대한 욕구 등과 같은 상호관련된 복합적인 요인에 의해 모티베이트된다고 간주한다.

4. 동기부여 이론의 두 모형

(1) 동기부여이론의 유형

① 내용이론(욕구이론): 동기를 유발하는 요인을 욕구라고 보고, 욕구의 내용과 요인이 무엇인가를 찾아내고 설명하고자 하는 이론이다.

② 과정이론(기대이론): 어떤 과정들을 통해서 동기가 유발되는 과정을 설명하려는 이론으로써 동기유발의 변수(개인의 기대치, 수준 등)들이 상호작용하여 직무행동으로 연결되는 과정을 설명하려는 입장이다.

5. 동기부여의 내용이론

(1) Maslow의 욕구 5단계 이론

① 개념

㉠ 매슬로우는 인간의 욕구는 다섯 계층으로 우선순위를 이루고 있고, 하위욕구의 만족은 동기부여가 발생하여 다음 상위욕구로 진전된다는 만족 – 진행접근법의 입장이다.

㉡ 어떤 욕구가 충족되면 그 욕구의 강도는 약해지며, 충족된 욕구는 일단 동기유발의 요인으로서 상실되며, 욕구의 충족은 물론 억제도 동기부여의 원인이 된다고 한다.

㉢ 인간은 무엇인가를 필요로 하는 결핍의 존재이므로 충족되지 못한 어떤 욕구들을 충족시키기 위해서 동기가 유발된다. 그리고 일단 충족된 욕구는 더 이상 동기로서의 기능을 갖지 않으며, 충족되지 않은 욕구만이 행동을 일으킨다.

㉣ 각 단계별 욕구는 완전히(100%) 만족이 되었을 때 상위욕구로 동기부여를 유발하는 것이 아니라 어느 정도 만족한 상태에 도달하면 다음 단계의 욕구로 이동한다.

② 이론적 배경

㉠ 인본주의 심리학을 성립시킨 매슬로우는 동기(Motivation)를 이해하는 데 유용하다고 판명된 인간의 욕구 위계에 대한 이론을 발전시켰다.

㉡ 매슬로우는 그의 저서인 「동기와 인성(Motivation and Personality)」과 「우정신학적 관리(Eupsychian Management)」를 각각 주장함으로써 인간의 동기를 이해하는 데 긴요한 인간의 욕구 계층을 주요 내용으로

하는 이론을 제시하였다.

ⓒ 매슬로우의 이론은 오늘날 조직관리 실무자들에게 널리 이해되어 왔으며, 1943년 처음 소개된 이후 1950년대 후반까지는 임상심리학의 영역에 속해 있었으나, 작업과정에서 동기의 역할을 중요시하면서 1960년대 초부터 조직 내 인간행동 연구의 이론적 모형으로 활용되었다.

③ 욕구 5단계론

㉠ 생리적 욕구: 최하위층에 있는 가장 제일 먼저 추구하는 욕구로서 의식주 · 휴식에 대한 욕구, 성적 욕구 등 기초적인 욕구를 말한다.

㉡ 안전욕구: 신체적인 위험 · 위협에 대한 안정추구와 경제적인 측면과 질서안정에 대한 요구를 말한다.

㉢ 사회적 욕구: 애정욕구로서 조직 내에서의 대인관계, 집단에 대한 소속감 등의 욕구를 말한다.

㉣ 존경욕구: 존경에 대한 욕구는 사람이 스스로 자긍심을 가지고 싶어 하고, 다른 사람들이 자기를 존중해 주기 바라는 욕구이며, 지위 · 명예 · 위신 · 인정 등에 대한 욕구 등을 포함한다.

㉤ 자아실현욕구: 자아성취 · 자기발전 · 창의성과 관련되는 욕구이다.

④ 욕구단계설이 경영학이나 조직행동론에 갖는 의미

㉠ 경영자들로 하여금 인간의 욕구에 대한 체계적인 인식을 최초로 갖게 해 주었다는 점과

㉡ 종업원의 하위욕구를 어느 정도 충족시켜 준 후에도 동기부여효과를 지속적으로 얻기 위해서는 상위욕구를 충족시켜 줄 수 있는 조직분위기 조성의 중요성을 일깨워 주었다는 점이다.

⑤ 매슬로우 욕구 5단계 이론의 한계

㉠ 욕구의 5단계는 계층별로 명확히 구분 및 분리되어 있는 것이 아니고 중복되면서 나타날 수 있다.

㉡ 욕구는 하위단계의 순서대로 나타나거나 진행되는 것이 아니라 개인별 또는 상황별로 다르게 나타나는 상황을 무시하고 있다. 즉 사

람의 능력, 상황 또는 지적 수준의 차이에 따라 반드시 생리적 욕
구부터 추구할 수는 없을 것이다.

ⓒ 욕구충족이 동기부여를 가져온다는 것은 맞는 관점이지만 반면에
욕구불충족의 상황에서 인간은 부만을 충족시키기 위해 새로운 대
안을 모색하고 개발하는 노력을 할 수도 있다는 점을 간과했다.

ⓔ 사회 구성원인 인간은 매슬로우가 말하는 욕구 이외에도 사회규범
이나 제도 등에 의해서 지배받고 행동한다는 것이다.

ⓜ 각 계층의 욕구가 하나씩 나타나지 않고 동시 또는 복합적으로 나
타날 수도 있다.

ⓗ 생리적 욕구와 같은 본능적 욕구는 한 번 완전히 충족된다고 해서
욕구불만이 다시 나타나지 않는다고 본 점 등이 한계로 지적된다.

(2) Alderfer의 ERG 이론

① 알더퍼는 매슬로우의 5단계 욕구를 비판하면서 3단계로 통합하여 재
분류하고, 욕구충족이 좌절되면 퇴행을 한다고 보았다. 그리고 두 가
지 이상의 욕구가 동시에 나타난다고 주장한다.

② **욕구 내용**: E(existence, 존재욕구), R(relatedness, 관계욕구), G(growth, 성장욕구)

(3) D. Mcgregor의 X, Y이론

맥그리거는 인간의 유형을 X와 Y형으로 분류하고 각각의 특성을 설명하
고 있다.

① X형: 저차원적 욕구 지향

ⓐ 특성

㉮ 생리적 욕구와 안정욕구를 우선 추구

㉯ 인간은 물질적 보상에 집착하는 수준으로서 합리적 · 경제적 · 이
기적 · 자기중심적 존재

㉰ 피동적 · 타성적 인간의 특성: 천성적으로 일을 싫어함

㉱ 타인에 대한 의존성과 책임회피의 성향

㉲ 현재 상태 유지, 보수적, 변화에 대한 저항과 부적응 능력

ⓛ 관리전략

㉮ 생리적 욕구 및 안전욕구의 우선 충족

㉯ 물질적 보상체계의 마련 및 강화

㉰ 조직의 강제적 규범과 엄격한 통제 및 감독체제, 권위적 리더십

㉱ 보상과 제재의 조화

㉲ 공식조직과 계층제 중심으로 행동범위 제한

② Y형: 고차원적 욕구 지향

㉠ 특성

㉮ 하위욕구보다 상위욕구를 우선 추구: 사회·심리적 욕구 및 자기 실현 욕구

㉯ 조직목표와 개인적 목표의 조화 추구

㉰ 창조적·진취적·미래지향적

㉱ 조직의 목표달성을 중시하고 조직규범을 준수

㉲ 자율성과 자기규제 능력 소유

ⓛ 관리전략

㉮ 조직 내에서 추구하는 자아실현욕구 등과 조직의 목표와의 조화·통합으로 유도

㉯ 민주적 리더십으로 관리

㉰ 분권화와 권한위임체제

㉱ 비공식조직의 인정과 활용

③ X형 인간이론과 관리전략의 비판

㉠ 인간은 상위 욕구충족에 대한 관심이 내재적으로 존재하고 있는데, 이를 경시하고 있다.

㉡ 인간은 생래적으로 동물과는 달리 성장·발전하려는 욕구가 있는 존재이다.

㉢ 지나친 인간의 존재가치에 대한 경시는 인간을 더욱 피동적으로 만든다. 관리자는 이러한 수동적 특성을 능동적으로 변화시킬 책임이 있다.

② 매슬로우의 이론에 대한 비판과 마찬가지로 하위욕구는 일단 충족되면 동기부여가 되지 않고, 상위 욕구가 충족되어야 동기부여가 발현된다는 점을 인식하지 않았으며, 이러한 관리전략으로는 상위 욕구로의 동기부여가 어려워진다.

④ Y형 인간이론과 관리전략의 비판

㉠ 전체적으로 인간의 유형을 양분화시켰다.

㉡ 인간은 상황에 따라 욕구와 이에 따른 행위가 달라질 수 있으므로 Y형과 X형의 관리전략이 정확히 인간유형에 따라 양분화 되기 어려우며, 때로는 Y형의 인간에게도 강력한 통제체제가 더 효과적일 수도 있다(위기시나 신생조직의 경우).

(4) Z이론

① Lundstedt의 Z이론: 인간모형은 타인의 간섭·감독·통제를 싫어하며 구속을 탈피하려는 속성을 가진 복잡한 인간유형으로서 자유방임적 관리전략이 필요하다.

② Lawless의 Z이론: 복잡한 인간을 전제로 구체적인 상황에 따라 관리방식은 변동되어야 한다고 보고, 상대적·신축적·상황적응적 관리를 주장하였다.

③ Ouchi의 Z이론: 가족경영방식

㉠ 의의: 일본계 미국학자인 오치는 1970년대 미국에 있는 일본의 자회사에서 미국의 문화를 바탕으로 한 관리방식보다 일본식 관리방식이 더 생산성이 더 높다는 것을 발견해냈다.

㉡ 선호하는 관리방식

㉮ 종신고용제　　㉯ 순환근무·장기적 승진제도

㉰ 비전문적 경력통로　　㉱ 내적 통제와 개인적 책임 강조

㉲ 공동체 인식, 참여와 집단적 의사결정　　㉳ 연공서열 중심관리

④ Schein의 Z이론(복잡인관): 현대적 인간의 유형은 복잡하고 다양한 욕구체계와 고도의 변이성을 지닌 존재이므로 상황에 따라 다양한 관리전

략의 필요성을 주장하였다.

⑤ Bennis의 Z이론: 유기적 조직에서 나타나는 탐구형 인간으로서 재량과 창의성을 부여해 주어야 하며, 비정형적 프로그램 적용이 효과적인 유형이다.

(5) F. Herzberg의 욕구충족요인 이원론

① 의의: 허즈버그는 매슬로우의 이론을 수정하면서 인간을 상호 독립된 두 가지의 상이한 요구체계로 파악하는 이분법적 동기요인으로 구분하였는데, 욕구차원을 불만과 만족으로 구분하고, 두 차원의 요인은 서로 다르다는 욕구충족요인이원론을 제시하였다.

② 욕구차원

  ㉠ 불만요인(위생요인): 조직의 정책·목표, 규정, 감독, 근무조건 및 기술, 지위, 안전, 보수, 감독자와의 대인관계 등

  ㉡ 만족요인(동기요인): 직무에 대한 성취감, 직무 자체(직무내용), 보람, 타인 인정, 책임의식, 승진(발전 및 성장) 등

③ 특성

  ㉠ 불만요인(위생요인)은 X론적 욕구 수준의 내용이며, 충족되지 않으면 구성원들이 불만족을 느끼지만 충족되더라도 직무수행 동기를 유발시키지 않는다.

  ㉡ 직무조건 및 환경이 개선되면 불만을 축소시켜 사고 등을 방지하게 되며, 불만이 제거되면 지속 유지되는 것이 아니라 근무태도의 단기적 동기부여만 가져올 뿐이다.

  ㉢ 만족요인(동기부여요인)은 Y론적 차원의 욕구수준으로서 만족의 반대는 불만족이 아니라 만족이 아닌 상태로서 동기요인과 위생요인은 상호독립 되어 있는 별개로 인식했다.

  ㉣ 만족요인은 동기유발요인으로서 직무 자체에 관련되며, 근무의욕을 일으키는 요인으로서 근무의욕, 소속감, 성취감 같은 내재적인 조건에 의해 이루어진다.

㉢ 인간의 욕구는 불만과 감정에 대하여 별개로 작용한다.

(6) C. Argyris의 미성숙 - 성숙이론
① 의의
　㉠ 아지리스는 인간유형을 미성숙(X론적 유형)과 성숙한 인간(Y론적 유형)으로 분리하고 관리전략을 달리 해야 한다고 보았다.
　㉡ 맥그리거의 이론적 가설에 입각한 관리방식의 정당성으로 현대 미국의 대다수 사람들이 미성숙한 인간으로 취급당하고 있다고 보고, 이러한 상황을 설명하기 위해 조직의 가치 체계를 관료적 피라미드형 가치체계와 인간중심주의적 민주적 가치체계로 분류 비교하였다.
　㉢ 관료적 피라미드형 가치체계와 인간중심주의적 민주적 가치체계
　　㉮ 관료적 피라미드형 가치체계에서는 자연스럽고 자유로운 감정의 표현이 허용되지 않기 때문에 구성원 사이의 인간관계는 불신을 낳게 되고 결과적으로 조직의 대인 능력이 저하된다는 것이다. 공식 조직 내에서 중요한 인간관계란 집단목표 달성에 관련된 것이고, 인간관계의 유효성은 행동이 합리적이고 이론적인 경우의 의사소통에서 증대되기 보다는, 감정적인 행동에 의해 증대된다는 것이다. 또한 인간관계는 합리적인 행동과 목표달성을 강조하는 적합한 상벌을 세밀하게 규정한 지시와 권한 및 통제에 의해서 가장 효과적으로 영향을 받는다는 것이다.
　　㉯ 인간중심주의적 민주적 가치체계가 형성된 조직에서는 신뢰가 구축되어 구성원 간 대응능력이나 집단 간의 협동 등이 증가하여 조직효과 증진에 기여한다는 것이다.
　　㉰ 아지리스는 산업조직을 통해 조직의 관리방법이 개인의 행동과 성장에 어떤 영향을 미치는가를 연구하였는데, 종업원들 사이에 무관심과 관리노력이 부족함을 발견하였으며, 그 결과 그들은 미성숙한 행동을 하게 된다고 주장하였다. 따라서 조직과 개인의 목표와 조화를 통해 목표달성의 효과성을 증진시키기 위해서는

개인의 퍼스낼리티를 성숙, 실현시킬 수 있는 방향에서 조직구조와 관리 방법이 확립되어야 한다는 것이다.

② 특성
  ㉠ C. Argyris는 인간의 인격과 성격은 미성숙 상태로부터 성숙 상태로 변화하며, 조직의 구성원을 성숙한 인간으로 발전하도록 관리하여야 한다고 보고 있다.
  ㉡ 인격의 성숙상태는 인간의 기본적 욕구로서 모든 개인은 조직 속에서 그러한 상태에 도달하고자 노력하며, 유지하고자 한다는 것이다.
  ㉢ 반면에 그는 전통적인 조직의 구성방법과 운영원리는 구성원의 욕구실현을 위한 노력과는 상충된 원리로서, 조직과 개인의 괴리현상을 가져온다는 것이다. 그리고 구성원을 성숙상태로 발전하도록 하는 것이 아니라 미성숙 상태에 머물도록 구속한다는 것이다.
  ㉣ 아지리스는 구성원의 미성숙 상태에 머무르지 않도록 직무확대·참여·구성원 중심적 리더십과 현실을 고려한 리더십이 효과적이라고 보고 있다.
  ㉤ 성공의 경험이 축적됨에 따라 생기는 심리적 에너지가 중요하다고 강조하였으며, 개인이 조직을 통해 자아를 실현하는 동시에 조직은 개인을 통해 자아를 실현하는 과정으로 보고, 개인과 조직이 상호작용하는 것으로 인식하였다.

③ 유형의 특성
  ㉠ 미성숙 인간(X형): 피동적, 의존적, 단순한 행동, 변덕, 단기적 목표 추구, 자아의식의 결여
  ㉡ 성숙 인간(Y형): 능동적, 독자적, 다양한 행동, 일관적 행동, 장기적 목표 추구, 평등성 강조, 지위상승 욕구, 강한 자아의식과 자율적 통제능력 구비

④ 아지리스의 악순환 이론
  ㉠ 아지리스는 조직의 활성화를 위해서는 인간의 에너지를 증진시키는 것이 가장 중요하다고 주장하였는데, 그러한 영향을 주는 요인으로

조직에 투입되는 에너지로 보고, 물리적·기계적 에너지, 생리적 에너지, 심리적 에너지로 구분하였다.

ⓒ 조직과 개인은 목표추구 과정에서 상호작용을 하는데, 이러한 상호작용과정을 악순환과정으로 파악하였다.

ⓒ 악순환의 과정: 심리적 에너지를 증가시키는 것을 저해하는 조직관리방식(합리성의 강조, 공식적 기준에 의한 관리, 지시·처벌·통제 중심적 관리)은 개인이 조직에 부담감과 부적응, 좌절감·실패감과 같은 심리적 갈등과 불안을 가져와 조직의 분위기 침체로 이어지고, 이는 또다시 구성원에게 심리적 부담을 주는 악순환을 가져온다.

ⓒ 동태적인 관리체제를 강조하며, 조직목표와 개인목표 간의 딜레마가 존재하고, 동기부여는 개인의 심리적 성공감에서 나오는 에너지에 의해 좌우된다.

(7) Likert의 관리체제론

① 체제 Ⅰ(착취적 권위형): 관리자는 부하를 신뢰하지 않으며, 의사결정과정 등에서 참여를 배제한다.

② 체제 Ⅱ(온정적 권위형): 관리자는 부하에 대하여 배려하는 유형이지만 하향적 의사전달을 선호한다.

③ 체제 Ⅲ(협의적 민주형): 관리자는 부하에 대한 어느 정도 신뢰를 바탕으로 의사전달이 쌍방향으로 이루어지고 참여를 권장한다.

④ 체제 Ⅳ(참여적 민주형): 관리자와 부하의 관계는 신뢰를 구축하고 있는 상향적 의사전달의 폭이 더 넓으며, 참여는 공식화 되어 있다.

(8) Mcclelland의 욕구론

조직 내에서 인간은 성취, 권력, 관계욕구를 획득하려고 노력한다는 관점의 이론이다.

(9) Hackman & Oldham의 직무특성이론

① 의의: 직무특성이 직무수행자의 성장욕구 수준에 부합될 때 긍정적 동

기가 유발된다. 개인의 성장욕구 수준이 직무특성과 심리상태, 심리상태와 성과 간의 관계를 결정하는 변수로 작용한다는 것이다. 즉 직무내용과 자신의 적성 여부와 비교하고 자신의 발전을 예상해 보게 된다.

② 직무의 특성 요소: 기술적 다양성, 정체성, 직무의 중요성 수준, 직무수행의 자율성, 환류

③ 최고조의 동기부여 발생 조건: 환류와 자율성이 인정되는 가운데 개인의 성장욕구가 강할 때

(10) Murray의 명시욕구이론

① 의의: 자신이 그 일에 성공하고 싶은 욕구의 강도에 따라 동기부여가 나타난다. 성장과정에서 자연적으로 학습과 경험에서 얻어진 욕구이며, 그 욕구는 방향(욕구충족의 대상)과 강도(욕구의 중요성)로 구성되며 욕구발현은 적당한 환경의 조성이 필요하다.

② 내용: 매슬로우의 인간의 행동을 유발하는 욕구연구 면에서는 유사하나 순차적으로 욕구가 진행되는 것이 아니라 복수의 명시적인 욕구가 동시에 인간의 행동 유발에 영향을 준다고 보았다.

(11) McCoby의 이원론

① 의의: 외적 및 내적요인으로 분류하고 이 두 요인이 모두 긍정적으로 작용할 때 강한 동기부여가 발생한다고 보았다.

② 요인의 유형

　㉠ 외적 요인: 승진, 보수, 안전 등과 같은 유인체계

　㉡ 내적 요인: 자아완성, 추구하고 싶은 임무, 보람 있고 가치 여부 문제 등

◘ 욕구이론의 X, Y론적 구분

맥그리거 (X · Y론)	매슬로우 (욕구 5단계론)	알더퍼 (ERG이론)	허즈버그 (욕구이원론)	아지리스 (성숙 · 미성숙)	리커트 (관리체제론)	리피트 (리더십모형)
X론	생리적 욕구 안전욕구	생존욕구	불만요인 (사회적 욕구 ＝대인관계)	미성숙인	체제 Ⅰ 체제 Ⅱ	권위형
Y론	사회적 욕구 존경욕구 자아실현욕구	관계욕구 성장욕구	만족요인	성숙인	체제 Ⅲ 체제 Ⅳ	민주형

6. 과정이론

(1) 의의

① 과정이론은 기대이론으로 볼 수 있는데, 내용이론과는 달리 동기부여
가 발생하는 과정적 측면을 중시하였다.

② 구성원 개인의 동기부여의 강도를 성과에 대한 기대와 성과의 유의성
에 의해 설명하려는 이론이다.

③ 욕구충족과 직무수행의 관계가 직접적으로 연결되는 것이 아니라 만
족과 동기유발 사이에는 개인의 주관적인 평가과정 즉 다른 기대치가
존재한다는 입장이다.

(2) V. Vroom의 기대이론

모티베이션의 기대이론은 수단성 이론(instrumentality theory) 또는 기대－유
의성 이론(expectancy－valence theory)이라고도 불리는 것으로서, 처음에 레윈(K.
Lewin)과 톨만(E. Tolman) 등에 의해 개념이 제시된 것이다. 기대이론이 작업상
황에 처음 체계적으로 도입된 것은 브룸(V. Vroom)에 의해서이다. 브룸에 의
하면 모티베이션이란 여러 자발적인 행위들 가운데서 사람들의 선택을 지배
하는 과정으로 정의된다. 즉 여러 행동대안이 있을 경우 어떤 개인의 행위는
각 행동 대안이 가지는 힘(모티베이션)이 가장 큰 쪽으로 이루어진다는 것이다.

① 동기유발에 대한 과정이론으로서 내용이론과 같이 만족과 동기부여가
직접 연결되지 않는다고 보았다. 즉 만족과 동기부여 사이에 개인적 ·
주관적인 기대치가 다르며, 그 기대치가 충족되었을 때 생산성의 동기

유발로 연결된다고 본다.

② 개인의 동기는 수단성, 기대감, 유의성에 의해 결정되며, 개인은 노력에 대한 성과가 있고, 그 성과에 따라 상여금, 임금인상, 승진과 같은 보상을 조직으로부터 부여받아 만족을 얻게 되어 더 높은 수준의 노력을 발휘하도록 동기가 유발된다.

  ㉠ 기대감(Expectancy): 노력에 따른 성과의 기대를 예상하는 주관적인 기대치를 말한다. 즉 자신이 노력한 일정한 수준의 성과를 달성한다는 기대이다.

  ㉡ 수단성(Instrumentality): 성과가 만족할 만한 수준의 보상을 가져다줄 것이라고 믿는 정도로서 주관적 확률 판단을 말한다.

  ㉢ 유의성(Valence): 유인가라고도 하며, 어느 한 개인이 원하는 특정한 보상에 대한 선호의 강도이다. 즉 보상에 대한 주관적 가치판단이다.

③ 근무성과에 미치는 요소로서 직원의 노력과 능력, 기타 환경적 요인 등을 들고 있다. 따라서 자신의 노력만큼 높은 근무성적을 낼 수 있다고 생각할 때, 그 근무성적이 자신의 승진에 주요 요인으로 작용된다고 인식할 때, 승진이 매력적인 것으로 간주되는 경우에 동기부여가 된다.

④ 이론에 대한 평가

  ㉠ 긍정적 측면: 동기부여가 일어나는 과정을 설명하였으며, 개인과 조직목표 사이의 관련성을 명확히 하였다. 매우 단순한 접근법을 취한 동기부여의 내용이론과는 달리 동기부여가 발생하는 복잡한 상황을 설명해 줄 수 있다.

  ㉡ 부정적 측면: 구성원의 동기유발에 대한 구체적인 제안을 제시하지 못하고 있으며, 개인에 대한 동기유발의 과정만을 취급하고 집단에 대한 동기유발 측면은 다루지 않았다(집단의 동일화나 단결심).

(3) Adams의 공정성 이론

① 애덤스(J. S. Adams)의 공정성(equity theory) 이론은 인간행위에 관한 기본적인 가정으로서 개인들은 자신의 노력에 대한 자신의 사회적 위치를

평가하며, 이러한 평가는 자기가 투자하는 투입(노력 등)과 그로부터 얻어 내는 결과를 다른 개인이나 집단의 그것들과 비교하여 공정한가를 판단하게 된다. 이때 이러한 공정성에 대한 지각은 만족을 유발한다. 그러나 불공정성을 느끼게 되면, 이는 불쾌감과 긴장을 유발하므로 어떤 식으로든 공정성을 회복하는 쪽으로 노력을 기울이게 된다. 즉 불쾌감, 불안 등을 해소하기 위한 어떤 행위는 반드시 노력만은 아니며 그 행위를 동기유발로 보는 것이다.

② 타인과 비교하여 공정하게 대우받았느냐, 불공정하게 대우를 받았느냐의 문제가 동기부여에 영향을 준다는 이론이다. 즉 직무에 대한 공헌도와 보상을 다른 사람의 그것과 주관적으로 비교·평가하여 그 평가 결과에 따라 동기부여의 행동이 나타난다고 본다.

③ 주요내용

　ㄱ 업무에서 공정하게 대우를 받으려고 하는 욕망이 개인으로 하여금 동기를 유발시킨다고 가정한다.

　ㄴ 조직에서 공정한 보상의 중요성을 인식시켜 준다는 점에서 의의가 크다.

　ㄷ 불공정성을 해소시키고 형평성을 추구하기 위한 행동에는 투입과 산출에 대한 본인의 지각을 바꾸는 것과 준거인물을 바꾸는 것 등이 있다.

　ㄹ 다른 사람과 비교하여 공평한 대우를 받았을 경우에는 만족을 느껴 동기부여가 발현되지 않는다. 반대로 불공정한 대우를 받게 되면 자극을 받아 이를 시정하기 위해 무엇인가를 하려는 동기가 유발되게 된다고 가정하고 있다.

　ㅁ 따라서 관리자는 조직의 효과성 증진을 위해 대우의 차이를 통해 구성원들이 동기부여를 갖도록 경쟁심을 유발시키는 전략도 필요하다.

　ㅂ 사람들은 그들의 노력에 대한 소득의 비율을 타인의 그것과 비교·평가를 통해 그 결과에 따라 그들이 공평한 대우를 받고 있는지의 여부에 대하여 신념을 형성한다.

　ㅅ 기대이론과 비교해 볼 때, 인간의 심리적·내면적인 인식과 지각과

정을 통해서 동기유발이 나타난다는 측면에서는 공통점이 있지만 직무수행 수준의 선택 측면에서 소득과 보상이 최대로 기대되는 직무수행 수준을 선택한다는 것이 기대이론이라면, 개인별 내적 준거기준에 비추어 공평한 직무수행수준을 택한다는 것이 형평이론이다.

(4) Skinner의 학습이론

① **개념**: 순치이론(馴致理論)은 외적 자극이나 제재에 의해 학습과 행동이 유발된다고 보고, 그 과정을 설명하는 이론으로서 행태주의자들의 동기이론, 학습이론, 보강 또는 강화이론, 조건적 행동이론이라고도 한다.

② 내용

　㉠ 순치, 시행착오적 학습이란 평소 개인행동의 결과로 인하여 축적되어 온 경험 및 학습으로 인한 행동의 가능성 또는 빈도를 말하며, 행동을 유발케 하는 강화물은 사람에 따라 차이가 있다.

　㉡ 그 과정에서는 보강 또는 강화·처벌 등의 유인기제(誘因機制)가 작용한다고 주장한다.

　㉢ 순치이론의 이론적 구조는 첫 번째 행동에 선행하는 환경적 자극, 즉 그러한 행동이 나오도록 유발시키는 외부요건, 두 번째 자극에 반응하는 행동, 세 번째 행동의 결과에 대한 유인기제로 처벌 또는 강화가 수반되는 세 단계로 구성되어 있으며, 이들의 연속적 관계를 설명하고 있다.

　㉣ 따라서 구성원을 조직이 바라는 방향으로 바람직한 행동이 반복되도록 학습시켜야 하며, 반대로는 바람직하지 못한 행동이 나타나지 않도록 하는 유인기제 활용의 전략을 연구하는 이론이다.

　㉤ 업무성과에 따른 인센티브 지급 시 그 간격이나 비율 스케줄의 중요성을 강조한다. 예로는 월급 및 상여금 등이 있다.

③ 유인기제의 종류

　㉠ 보강(Reinforcement) 또는 강화: 강화로서 바람직한 행동이 반복될 빈도수를 높이는 유인기제(수단)를 말하며, 선행자극(경험 등)과 행동의

연계는 보강을 적용하고, 반대일 경우는 처벌로 처방한다. 강화의 유형은 적극적 강화와 소극적 강화가 있다.

㉮ 적극적 강화(긍정적 강화): 반복행동을 원하는 상황을 부여하는 것(보상)

㉯ 소극적 강화(부정적 강화): 반복행동을 원하지 않는 상황을 제거해 주는 것(불편을 느끼는 상황 또는 조건을 제거)

㉡ 처벌(Punishment): 강화의 반대로서 바람직하지 못한 행동이 반복되지 않도록 만드는 유인기제이다(아동에 대한 회초리, 시범 케이스적 처벌 등).

㉢ 중단(Extinction): 유인기제의 적용을 더 이상 하지 않는 것을 말하며, 자극의 중립이라고도 한다.

③ 바람직한 행위를 증대하기 위해서 적극적 강화나 부정적 강화를 사용할 때에는 그 효과성을 발휘하기 위해 강화의 시기선정이 중요한 문제가 된다. 강화 횟수도 1회에 그치는 것이 아니고 공식적인 일정계획에 따라 효과성(조직의 유효성)이 높아진다.

④ 일정 계획에 의한 강화 방법

㉠ 연속강화법: 연속강화법이란 종업원들의 반응이 명확하게 나타낼 때마다 강화가 이어지는 방법이다. 이 방법은 요구되는 행위가 매우 급격하게 잘 나타나지만, 반면에 강화요인이 없어지게 되면 성과는 급속히 떨어지는 문제점이 있다.

㉡ 부분강화법: 부분강화법은 단속강화법이라고도 하며, 명확한 반응을 보일 때마다 강화가 주어지는 것은 아니고, 일정 기간을 두고 강화를 제공하는 것으로 연속강화법과 비교해서 볼 때 기대하는 행위는 늦게 나타나지만 반응이 오래 지속된다. 즉 정확한 행위에 대해서 드문드문 보상할 때 학습과 반응은 더욱 오래 지속된다는 것이다. 이 부분강화법에는 다음의 네 가지 유형이 있다.

ⓐ 고정간격법: 고정간격법이란 제공하는 자가 요구되는 행위가 발생했더라도 앞서의 강화로부터 일정한 시간이 경과된 후에만 강화요인을 주는 방법이다. 즉 반응행동이 발생한 후 일정한 시간이 경과한 후 강화를 다시 적용하는 것이다. 이 방법의 한계는 일정한 주기로

반복적으로 주어지므로 일정 기간만 지나면 보상이 주어진다는 것을 사전에 구성원이 알고 있고 강화는 당연한 것으로 생각하기 때문에 많은 행동변화를 기대하긴 어렵다. 주급, 월급제가 그 예이다.

ⓑ 변동간격법: 변화간격법이라고도 하며, 경영자, 관리자가 어떤 기준을 설정해 놓고 종업원이 예측하지 못하는 변동적인 시간간격으로 강화요인이 주어지는 방법이다. 즉 강화요인이 적용되는 시간이 변화하는 것이므로 일시적 효과는 있으나 지속되기 어렵다. 이에 대한 예로 예기치 않은 물질제공, 보수, 칭찬, 승진, 감독방문을 들 수 있다.

ⓒ 고정비율법: 고정비율법은 요구되는 반응의 일정한 수가 나오게 되면 보상을 주는 방법이다. 즉 바람직한 행동이 기대했던 일정한 수만큼 발생했을 때 강화요인을 적용하는 것이다. 예로는 성과급제도가 있으며, 이는 일정한 성과를 달성하면 보상을 주기 때문에 성과경쟁과 더불어 성과를 내기 위해 최대한 빨리 자신의 행동을 변화시키려 할 것이다.

ⓓ 변동비율법: 변동비율법은 강화자가 원하는 반응 수가 나와야 강화가 주어지는 방법인데, 이때 요구되는 반응 수는 일정한 평균을 기준으로 변화한다.

❏ 학습 이론

고전적 조건화 (자극 - 반응주의)	작동적 조건화 (조작적 조건화)	사회적 학습
• Pavlov • Watson	Skinner	Bandura
• Pavlov: 개 실험 • 자극 - 반응관계 • 수동적 학습	• 자극 -)반응 - 결과 • 행동의 결과에 따라 그 행동을 학습하게 되는 과정	• 관찰과 직접적 경험을 통한 학습 • 작동적 조건화의 확장형태

(5) Porter와 Lawler의 업적·만족이론

① 포터와 롤러는 욕구이론의 개념구조에 대해 비판하면서 반대로 직무수행의 성취수준이 직무만족의 요인이 될 수 있다고 주장하였다.

② 인간이 원하는 것을 얻으려는 노력에 의하여 결과가 업적으로 나타나
며, 개인의 만족은 업적에 의하여 결정된다고 전제하고 있다.
③ 성취하고자 하는 노력의 정도는 업적과 보상에 대해 인식하고 있는
개인적 가치와 잠재적 보상에 대한 기대에 따라 다르게 행동하게 된
다고 보고 있다.
④ 주관적 기대감에 의해 동기유발이 발생하는데, 그 과정은 노력→성과
→보상→만족으로 이어진다.

(6) Georgopoulos의 통로·목표이론
① 지오고폴로스는 개인의 심리적 차원에서 작용하는 요인을 밝혀냈다.
즉 개인적 목표에 이르는 통로로서 생산성이 갖는 수단성 내지 효용
성에 대한 작업자의 인식 또는 지각을 중시하고 있다.
② 작업자들은 공통적으로 일정한 목표를 가지고 있으며, 목표성취를 통
해 욕구를 충족시키려 노력하고, 인간의 행동은 합리성과 이익 지향
적·이해관계·목표지향적 의사결정의 결과물이라는 가정에서 목표달
성의 과정을 통로개념으로 설명하고 있다.

(7) Atkinson의 기대이론
개인의 동기는 두 가지 교환작용에 의해 결정되는데, 실행에 따른 성취동
기(적극적 동기)와 미실행을 통한 회피동기(소극적 동기)로 이루어진다. 즉 성공
가능성에 대한 성취동기로 실행이 이루어지지만 실패에 대한 두려움으로 실
행을 회피하려고 한다는 것이다.

(8) Locke & Latham의 목표설정이론
목표설정이란 종업원이 직무를 수행함에 있어 달성해야 할 목표를 분명히
해 주는 것을 말하는데, 목표설정 자체가 인간들의 인지에 영향을 주고 동
기를 유발시킨다고 보았기 때문이다. 즉 인간의 행동은 의식적인 목표와 성
취의도에 따라 결정된다고 보기 때문에 목표와 방향이 명확할수록 도전의식
이 강해지므로 성취동기가 강해진다는 것이다.

(9) E. Berne의 의사거래분석

인간의 내면에는 성숙한 면(어른 수준)과 미성숙(아이 수준)의 두 심리가 동시에 존재하고 있으며, 이러한 자아의 심리가 자극을 받으면 행동으로 연결된다고 보고 있다. 그러므로 관리자는 어느 심리를 지극해야 목표달성에 유용한가를 판단해야 한다.

❏ 내용이론과 과정이론의 구분

구분	해당 이론	
내용이론(욕구이론)	① Maslow의 욕구위계이론(욕구5단계) ③ Herzberg의 동기위생요인(욕구충족이원론) ⑤ Argyris의 성숙 미성숙이론 ⑦ Z이론 (10) Hackman과 Oldham의 직무특성이론 (12) McCoby의 이원론	② Alderfer의 ERG ④ McGregor의 XY론 ⑥ Mcclelland의 욕구론 ⑧ Likert의 관리체제이론 (11) Murray의 명시욕구이론
과정이론(기대이론)	① Vroom의 기대이론 ③ Skinner의 강화(순치, 학습)이론 ⑤ Georgopoulus의 통로목표이론 ⑦ Locke & Latham의 목표설정이론	② Adams의 형평성(공평성)이론 ④ Porter와 Lawler의 업적만족이론 ⑥ Atkinson의 기대이론 ⑧ Berne의 의사거래분석

7. 동기부여의 실제기법

(1) 개인 자율적 동기유발

동기유발이 효과적으로 작용하려면 무엇보다도 중요한 것은 조직 구성원 각자가 긍정적인 업무자세를 확립하고 자기 개발을 위한 노력 등이 있어야 하고 또 경영자는 종업원들이 자발적으로 동기유발을 할 수 있도록 직장 내 분위기 조성이나 제도적 장치를 마련해야 하고 항상 점검해 나가야 한다.

(2) 기존 직무의 재설계

직무 재설계방식은 물질과 같은 외재적 요인보다는 주로 내재적 요인을 증진시키기 위한 방안이다. 직무와 종업원의 내재적 욕구와의 일치를 통해 더욱더 근무의욕을 발휘하도록 지금까지의 직무 자체를 재설계하는 것이다. 구체적으로는 직무충실화와 탄력적 근무시간제 등을 적용하는 것이다.

(3) 성과에 따른 합리적 보상제도

동기를 유발시키기 위해서는 종업원들이 이룩한 공적인 성과에 따라 합리적인 보상체계가 제도적으로 마련되어 있어야 하고 그 보상체계 또한 공정하여야 한다. 이에는 메리트임금제와 인센티브시스템의 도입이 필요하다.

(4) 임파워먼트의 실행

① 임파워먼트(empowerment)라는 용어는 힘(Power)을 얻는 것 또는 부여받는 것으로 힘(power)은 자기 자신이 원하는 무엇을 얻어 낼 수 있는 능력, 타인의 생각과 느낌, 행동에 영향을 미칠 수 있는 능력으로 본다. 또한 임파워먼트의 사전적 의미는 권한부여, 능력개발, 가능성 부여, 허락 등으로 규정하고 있다.

② 또한 임파워먼트(Empowerment)란 하부로의 권한위임과 자율성 부여로 종업원들의 참여의식과 책임감이 증진되어 동기유발을 가져올 수 있다. 부하에게 통제와 감독보다는 자율을, 분화보다는 통합 등을 추구하는 특성이 있다. 힘 실어주기란 말로 표현되기도 한다.

③ 임파워먼트의 종류

    ㉠ 자기 임파워먼트(self empowerment): 개인 스스로가 자신의 부족한 요소를 명확하게 확인하고, 자신에 대해 긍정적인 자기암시를 제공할 수 있는 힘을 갖는 것이다.

    ㉡ 상호작용 임파워먼트(interactive empowerment): 구성원들이 자신의 증대된 파워를 다른 구성원들에게 확산하고 궁극적으로는 조직 전체의 파워를 키우는 과정을 말한다. 이 상호작용 임파워먼트 방법으로 권한의 위양이다. 즉 상대적인 관점에서 리더가 부하에게 파워를 위임하거나 나누어주는 과정을 말한다. 또 다른 하나는 능력함양을 통해 이루어지는데, 다른 사람들의 파워나 능력을 키워주거나 파워와 능력의 이용을 가능하게 하는 것이다. 즉 구성원의 무력감(powerless)을 느끼게 되는 상황이나 요인을 제거해 주거나 자신감을 향상시켜 주는 것이다.

④ 개인 임파워먼트의 5단계

　　㉠ 1단계: 조직에서 개인의 무력감을 유발하는 요소가 무엇인지 파악한다.

　　㉡ 2단계: 자신감 증진을 위하여 무력감 유발요소를 제거하는 임파워먼트를 수행한다.

　　㉢ 3단계: 과업수행 시 자신감을 향상시킬 수 있는 방안들을 수행한다.

　　㉣ 4단계: 개인들이 자신감을 갖게 되었음을 인식한다.

　　㉤ 5단계: 임파워먼트된 개인들이 보다 더 높은 성과목표를 세우고 달성하기 위한 새로운 노력을 기울인다.

Ｃheck Ｐoint

1. 상호작용적 임파워먼트(힘 실어주기 이론)

① 권력은 사람에 대해 지배하는 수단이 아니라 일을 성취하는 힘으로 규정한다.

② 인간을 자아실현적이고 자율적, 규제적 존재로 파악하고 있다.

③ 부하에 권한을 부여하는 분권화를 추구한다.

④ 힘을 부하에게 실어준다는 것은 권력누수를 가져오지 않고 자신의 권력의 확장으로 인식한다.

2. 개인 임파워먼트에 관한 학자들의 정의

① Staples(1990): 힘(power)은 타인에 의해 부여되는 것이라기보다 스스로가 스스로에게 얻어내는 것으로 해석하면서 임파워는 누군가가 힘을 일방적으로 주는 것이 아니라 자기 스스로 힘을 얻고, 힘을 발전시키고, 또 스스로 할 수 있게 하는 것으로 자기 자신의 주체적 행동을 통해 성취되는 능동적 의미로 해석한다.

② Zimmerman & Rappaport(1988); 임파워먼트는 자신의 삶에 대한 통제권과 자율권을 말하며, 더 나아가 자신이 속해 있는 공간에서의 민주적 참여로 설명하고 있다. 따라서 개인의 임파워먼트는 자신에 대한 삶과 환경을 얼마만큼 자율적으로 조정하고 통제할 수 있는지를 말한다.

③ Thomas & Velthouse(1990): 조직구성원의 임파워먼트 구성요소로 자신의 노력이 결과에 미치는 영향으로 보았다, 주어진 직무를 능숙하게 처리할 수 있는 능력, 자신에게 주어진 직무의 의미, 스스로의 판단에 의해 직무행동을 결정하는 것 등을 포괄하면서 임파워먼트는 내재적 과업수행 동기라고 주장하였다.

④ Spreitzer(1995): 임파워먼트를 구성하는 요소는 직무와 개인 자신의 기준이나 이상과의 적합성 고려, 작업수행에서 개인이 나타내는 능력, 자신의 행위에 대한 제어 및 결정, 개인의 노력이 조직성과에 미치는 영향 등 네 가지 요소로 구성된다고 하였다.

8. 동기부여와 직무설계

(1) 직무설계의 개념

직무계획은 직무를 분석, 분류, 평가, 설계하는 것과 직무와 그 직무를 담당하는 사람과의 적합성을 최적화하여 조직의 목표달성을 효율적으로 수행하기 위한 기초가 되는 작업이다. 직무설계의 초기 방향은 테일러리즘의 직무전문화, 단순화, 표준화가 일반적이었으나 산업화가 고도로 진전됨에 따라 그 중점방향은 직무불만족, 노동의 소외, 삶의 질 저하 등의 문제를 해소하기 위해 직무충실 및 확대 등의 새로운 직무설계의 방향으로 보완, 발전하게 되었다.

(2) 직무설계의 목적
① 종업원의 동기부여, 직무만족, QWL 향상
② 원가 절감 및 생산성 향상
③ 재화와 용역의 품질개선
④ 이직비용, 훈련비용의 감소
⑤ 신기술의 수입에 따른 신속한 적응

(3) 직무설계의 접근법
① 전통적 접근방법: 직무전문화

전통적인 직무설계는 테일러의 과학적 관리법에 의해 창안되었는데, 직무수행에 있어서 각 작업요소들을 전문화, 단순화, 표준화시켜 능률과 관리의 합리성을 추구하는 것이다. 이러한 시각은 기본적으로 인간도 기계로 인식하고 동기부여는 경제적 보상에 의해 발생한다고 인식하고 있다. 이러한 전통적인 직무설계는 근로자의 숙련성과 감정 등은 중요시되지 않으며, 기계부품처럼 관리함으로써 호환성을 높이며 관리통제가 쉽다는 관리상 장점이 있다. 반면에 반복직무로 인한 능률성은 증진되지만 직무불만족, 스트레스, 개인욕구의 무시, 인간감정 무시, 몰개성화 등의 문제가 발생되면서 노조의 반감을 사게 된다. 따라서 사회심리학적인 접근방법이 대두되었다. 이 접근법에 대한 이론으로는 스미스의 국부론, 과학적 관리론, 인간관계론, 사회기술적 접근방법이 있다.

② 현대적 접근방법: 전통적인 전문화의 한계 극복

　㉠ 직무확대: 조직의 편제를 횡적으로 분류한 것으로 수평적 전문화라고도 한다.

　㉡ 직무충실: 조직의 편제를 종적으로 분류하여 업무의 난이도 등의 차이를 두고 관리 분야로의 직무변동을 줌으로써 권태감을 해소시킬 수 있다. 수직적 전문화시키는 것이다.

　㉢ 직무순환: 직무순환은 종업원들에게 직무전문화의 결과인 단일 과업만을 수행하도록 하는 것이 아니라, 일정한 기간이 지나면 작업조 내에서 다른 과업으로 이동시킴으로써 능률성의 저조를 극복하도록 하는 것이다.

③ 직무특성이론: Hackman & Oldham의 견해

　㉠ 의의: 직무특성이 직무수행자의 성장욕구 수준에 부합될 때 긍정적 동기가 유발된다. 개인의 성장욕구수준이 직무특성과 심리상태, 심리상태와 성과 간의 관계를 결정하는 변수로 작용한다는 것이다. 즉 직무내용과 자신의 적성 여부와 비교하고 자신의 발전을 예상해 보게 된다.

　㉡ 직무의 특성 요소: 기술적 다양성, 정체성, 직무의 중요성 수준, 직무수행의 자율성, 환류

　㉢ 최고조의 동기부여 발생 조건: 환류와 자율성이 인정되는 가운데 개인의 성장욕구가 강할 때

1. 동기부여의 세 가지 접근법에 해당하지 않는 하나는?
① 전통적 접근법 　　　　　　② 인간관계론적 관계법
③ 인적 자원적 접근법 　　　　④ 목표지향적 접근법

답 ④
해설) 동기부여의 세 가지 접근법은 전통적 접근법, 인간관계론적 접근법, 인적 자원적 접근법이다.

2. 동기부여의 세 가지 접근법 중 가장 오래된 것은 무엇인가?
① 전통적 접근법 　　　② 인간관계론적 관계법
③ 인적 자원적 접근법 　④ 세 가지 모두 비슷한 시기에 출발하였다.

답 ①
해설) 전통적 접근법은 경제인 가설에 기반을 둔 것으로 가장 오래된 동기부여의 접근법으로 보인다.

3. 동기부여의 세 가지 접근법 중 복잡한 인간 가설을 토대로 접근하는 접근법에 해당하는 것은?
① 전통적 접근법 　　　　　　② 인간관계론적 관계법
③ 인적 자원적 접근법 　　　　④ 목표지향적 접근법

답 ③
해설) 동기부여의 세 가지 접근법 중 복잡한 인간 가설을 토대로 접근하는 접근법은 인적 자원적 접근법이다.

4. 욕구단계설, ERG이론, 2요인이론, 성취동기이론 등은 동기부여의 어떠한 이론에 속하는가?
① 과정이론 　　② 상황이론 　　③ 고전적 관리론 　　④ 내용이론

답 ④

해설) 동기부여의 내용이론에는 욕구단계설, ERG이론, 2요인이론, 성취동기이론
등이 있다.

5. 동기부여의 이론은 크게 내용이론과 과정이론의 두 가지의 범주로 나누어 볼
수 있다. 이 중 나머지 셋과 가장 이질적인 하나는?
① 성취동기이론　　② ERG이론　　③ 욕구단계설　　④ 기대이론

답 ④

해설) 기대이론은 동기부여의 과정이론이다. 나머지 셋은 동기부여의 내용이론에
속한다.

6. 욕구 5단계설 중 3단계 욕구는 무엇인가?
① 자아실현욕구　　　　　② 애정과 소속욕구
③ 자기존중욕구　　　　　④ 생리적 욕구

답 ②

해설) 욕구 5단계설 세 번째 욕구는 애정과 소속 욕구이다.

7. 욕구 5단계설을 주장한 학자는?
① 앨더퍼　　② 매슬로우　　③ 매클리랜드　　④ 톰슨

답 ②

해설) 욕구 5단계설은 매슬로우의 이론이다.

8. 욕구 5단계설의 여러 단계 중 가장 고차원적인 욕구 무엇인가?
① 애정과 소속 욕구　　　　　② 자아실현욕구
③ 자기존중욕구　　　　　④ 안전욕구

답 ②

해설) 욕구 5단계설의 가장 고차원적인 욕구는 자아실현 욕구이다.

9. 욕구 5단계설 중 명예나 권력을 요구하는 욕구는 무엇인가?
① 자아실현욕구　　　　　　② 애정과 소속 욕구

③ 자기존중욕구   ④ 생리적 욕구

답 ③

해설) 자기존중 욕구는 명예나 권력을 요구하는 욕구이다.

10. ERG이론의 창시자는 누구인가?
① 매슬로우   ② 프로이트   ③ 앨더퍼   ④ 허즈버그

답 ③

해설) ERG이론의 창시자는 앨더퍼이다.

11. E, R, G에 해당하는 뜻을 순서대로 올바르게 연결한 것은?
① 존재욕구 – 관계욕구 – 성장욕구   ② 성장욕구 – 존재욕구 – 관계욕구
③ 관계욕구 – 성장욕구 – 존재욕구   ④ 성장욕구 – 관계욕구 – 존재욕구

답 ①

해설) E, R, G에 해당하는 뜻은 순서대로 존재욕구 – 관계욕구 – 성장욕구이다.

12. ERG이론에서 타인과의 대인관계나 직장동료 등과의 대부분의 사회생활을 포괄하는 이 욕구는 무엇인가?
① 존재욕구   ② 성장욕구   ③ 실현욕구   ④ 관계욕구

답 ④

해설) 타인과의 대인관계나 직장 동료 등과의 대부분의 사회생활을 포괄하는 욕구는 관계욕구이다.

13. 다음은 매슬로우의 욕구 5단계설에 대한 설명이다. 옳은 것을 모두 고르면?

> ㉠ 매슬로우의 욕구 5단계설은 동기부여의 과정이론에 속한다.
> ㉡ 매슬로우의 욕구 5단계는 생리적 욕구 – 소속욕구 – 안전욕구 – 자기존중욕구 – 자아실현욕구 순으로 구성되어 있다.
> ㉢ 하위단계의 욕구가 충족되지 않아도 상위욕구가 발생될 수 있다.

① ㉠, ㉡   ② ㉡, ㉢   ③ ㉠, ㉢   ④ 없음

답 ④

해설) 매슬로우의 욕구 5단계설은 내용이론에 속하며, 생리적 욕구 – 안전욕구 –
소속욕구 – 자기존중욕구 – 자아실현욕구 순으로 구성되어 있고, 하위단계의 욕구
가 충족되지 않으면 상위욕구가 발생될 수 없다.

14. 2요인이론은 두 가지의 요인으로 욕구들을 구분하게 된다. 두 가지의 요인
을 알맞게 짝지은 것은?
① 생리요인 – 목표요인　　　　　② 위생요인 – 동기요인
③ 관계요인 – 경제요인　　　　　④ 개인요인 – 집단요인

답 ②
해설) 2요인 이론은 위생요인과 동기요인을 통해 욕구들을 구분하는 이론이다.

15. 2요인 이론과 매슬로우의 욕구 5단계설을 비교해 보았을 때, 2요인 이론의
두 단계의 중간에 해당하는 욕구 5단계설의 이론은?
① 자아실현욕구　　　　　　　　② 자기존중욕구
③ 애정과 소속욕구　　　　　　　④ 안전욕구

답 ③
해설) 애정과 소속욕구는 2요인이론의 동기요인과 위생요인의 중간에 위치한다.

16. 브롬의 모티베이션 과정 중 $P = f(M \times A)$이 의미하는 바는?
① 모티베이션은 성과와 능력의 합이다.
② 성과는 능력과 모티베이션의 곱이다.
③ 능력은 모티베이션과 성과의 곱이다.
④ 능력은 성과와 모티베이션의 합이다.

답 ②
해설) 성과(P)는 모티베이션(M)과 능력(A)의 곱의 함수이다.

17. 브롬의 기대이론에 대한 설명으로 옳지 않은 것은?
① 기대는 특정 행위에 특정 결과가 나오리라는 객관적인 확률이다.
② 동기는 1차 수준결과에 대한 유의성과 기대의 곱의 함수이다.
③ 보통 수단성은 – 1부터 1까지의 값을 가지게 된다.
④ 유의성, 수단성, 기대치 중 어느 하나가 0이면 동기는 유발되지 않는다.

답 ①
해설) 기대는 특정 행위에 특정 결과가 나오리라는 주관적인 확률이다.

18. 공정성이론의 논리 전개과정으로 알맞은 것은?
① 불공정성의 지각 - 개인 내의 긴장 - 긴장 감소 쪽으로 모티베이션 - 행위
② 행위 - 불공정성의 지각 - 개인 내의 긴장 - 긴장 감소 쪽으로 모티베이션
③ 개인 내의 긴장 - 긴장 감소 쪽으로 모티베이션 - 행위 - 불공정성의 지각
④ 긴장 감소 쪽으로 모티베이션 - 불공정성의 지각 - 행위 - 개인 내의 긴장

답 ①
해설) 공정성이론의 논리 전개과정은 불공정성의 지각 - 개인 내의 긴장 - 긴장
감소 쪽으로 모티베이션 - 행위이다.

19. 목표설정 과정의 순서로 올바른 것은?
① 의도 또는 목표 - 실제 행위 또는 성과 - 가치와 가치판단 - 정서와 욕망
② 실제 행위 또는 성과 - 정서와 욕망 - 가치와 가치판단 - 의도 또는 목표
③ 정서와 욕망 - 의도 또는 목표 - 가치와 가치판단 - 실제 행위 또는 성과
④ 가치와 가치판단 - 정서와 욕망 - 의도 또는 목표 - 실제 행위 또는 성과

답 ④
해설) 목표설정 과정의 순서는 가치와 가치판단 - 정서와 욕망 - 의도 또는 목표
- 실제 행위 또는 성과이다.

20. 공정성 이론의 논리 중에서 가장 먼저 이루어지는 것은?
① 행위   ② 긴장 감소 쪽으로 모티베이션
③ 개인 내의 긴장   ④ 불공정성의 지각

답 ④
해설) 불공정성의 지각 - 개인 내의 긴장 - 긴장 감소 쪽으로 모티베이션 - 행위의
순서대로 공정성 이론의 논리가 전개된다.

21. 동기부여이론에 대한 설명으로 옳지 않은 것은?
① 동기부여이론은 크게 내용이론과 과정이론으로 구분할 수 있다.
② 공정성 이론에 따르면 상대적으로 많은 보상을 받을 경우에도 불공정성을 지

각하게 한다.

③ 목표설정이론에 따르면 구체적이고 높은 난이도를 가진 목표는 동기를 유발시킨다.

④ ERG이론은 하위욕구를 가지지 않고 상위욕구를 가지는 것이 가능하다.

답 ③
해설) 목표설정이론에서는 도전감을 심어 줄 수 있는 적절한 난이도를 가진 목표가 동기를 유발시킨다고 본다.

22. 강화전략의 원리에서 소극적 강화요인, 강화요인의 철회에 해당하는 것은?
① 적극적 강화　　② 부정적 강화　　③ 소거 ④ 벌

답 ②
해설) 소극적 강화요인, 강화요인의 철회에 해당하는 것은 부정적 강화이다.

23. 강화전략의 원리에서 소거가 해당하는 요인 두 가지를 알맞게 짝지은 것은?
① 적극적 강화요인, 강화요인의 철회
② 적극적 강화요인, 강화요인의 부여
③ 부정적 강화요인, 강화요인의 부여
④ 부정적 강화요인, 강화요인의 철회

답 ①
해설) 소거는 적극적 강화요인, 강화요인의 철회에 해당한다.

24. 부분강화법 중 요구되는 행위가 발생한 경우에도 앞의 강화에서 일정 시간이 지난 이후에 강화요인을 주는 방법은 무엇인가?
① 변동비율법　　② 변동간격법　　③ 고정간격법　　④ 고정비율법

답 ③
해설) 고정간격법은 부분강화법 중 요구되는 행위가 발생한 경우에도 앞의 강화에서 일정 시간이 지난 이후에 강화요인을 주는 방법이다.

25. 강화전략은 어떠한 요인과 어떠한 행위 두 변수를 통해 이루어진다. 이 두 변수를 올바르게 짝지은 것은?

① 강화요인 – 반응행위   ② 강화요인 – 통제행위
③ 사회요인 – 반응행위   ④ 사회요인 – 통제행위

답 ②
해설) 강화전략을 이용하기 위해서 쓰이는 두 가지 변수는 강화요인과 통제행위이다.

26. 여러 가지 강화법 중 종업원들이 정확한 반응을 낼 때마다 강화요인이 뒤따르는 방법을 무엇이라 하는가?
① 고정간격법   ② 변동간격법   ③ 변동비율법   ④ 연속강화법

답 ④
해설) 연속강화법은 종업원들이 정확한 반응을 낼 때마다 강화요인이 뒤따르는 방법을 의미한다.

27. 조직의 동기부여 기법 중 나머지 셋과 가장 이질적인 기법은?
① 메리트 임금제도   ② 개인 임파워먼트
③ 인센티브 시스템   ④ 성과와 보상의 결속 강화

답 ②
해설) 임파워먼트란 권한의 위임을 말한다. 즉 임파워먼트는 권한위양의 의미와 모티베이션의 의미로 개인 임파워먼트는 임파워먼트 기법에 해당하며, 나머지 세 가지는 성과와 보상 프로그램의 기법에 해당한다.

28. 개인 임파워먼트는 크게 몇 단계로 구성되는가?
① 2단계   ② 3단계   ③ 4단계   ④ 5단계

답 ④
해설) 개인 임파워먼트는 크게 5단계로 구성된다.
1단계는 조직에서 개인의 무력감을 유발하는 요소가 무엇인지 파악한다.

2단계에서는 자신감 향상을 위하여 무력감 유발요소를 제거하는 임파워먼트를 수행한다.

3단계에는 과업수행 시 자신감을 향상시킬 수 있는 방안들을 수행한다.

4단계에서 개인들이 자신감을 갖게 되었음을 지각한다.

5단계에서는 임파워먼트된 개인들이 보다 더 높은 성과목표를 세우고 달성하기 위한 새로운 노력을 기울인다.

29. 임파워먼트 두 가지 종류를 알맞게 짝지은 것은?
① 개인 임파워먼트 – 사회적 임파워먼트
② 조직 임파워먼트 – 경영 임파워먼트
③ 개인 임파워먼트 – 상호작용적 임파워먼트
④ 조직 임파워먼트 – 환경 임파워먼트

답 ③
해설) 임파워먼트의 종류는 크게 개인 임파워먼트와 상호작용적 임파워먼트가 있다.

4장 주관식 문제

1. 맥그리거의 X이론에 의하여 전통적인 동기부여의 접근법이 정의되었다면, X이론이 무엇일지 생각해 보고, 그에 대하여 서술하시오.

해설) 1960년대에 미국의 경영학자 맥그리거(D. Mcgregor)가 주장하였다. 조직에서의 인간관 내지 인간에 관한 가설의 유형이다. X이론은 전통이론에 따른 인간관으로 인간은 본래 노동을 싫어하고 경제적인 동기에 의해서만 노동을 하며 명령·지시받은 일밖에 실행하지 않는다는 것. 이 가설에 입각하면 엄격한 감독, 상세한 명령·지시, 상부로부터의 하부에 대한 지배 중시, 금전적 자극 등을 특색으로 하는 관리나 조직이 출현한다.

2. 욕구 5단계설이 갖는 두 가지 큰 의의에 대해서 최소한 한 가지 이상 서술하시오.

해설) 욕구 5단계설이 갖는 두 가지 큰 의미는 경영자들이 인간의 욕구에 대한 체계적인 지식을 갖추고 이를 활용할 수 있게 해 준 것과, 종업원들의 욕구를 충족할 수 있는 조직 구성의 중요성을 일깨워 주었다는 것이다.

3. 앨더퍼의 ERG이론의 탄생 배경을 서술하시오.

해설) 매슬로우의 욕구 5단계설의 문제들을 해결, 극복하기 위해 제시된 이론이다. 정확히는 매슬로우의 이론을 더욱 실증조사와 부합하게 수정한 것이라고 할 수 있다.

4. ERG이론과 욕구 5단계설의 차이를 두 가지 이상 서술하시오.

해설) ・ERG이론과 매슬로우 이론의 차이점
① 좌절 - 퇴행: 매슬로우의 욕구 5단계설에서는 상위욕구로 진행하지 못하는 경우에는 욕구가 그 자리에서 멈추게 되지만, ERG이론은 상위욕구로 진행하지 못하는 경우에는 지금 있는 욕구와 그 하위욕구에 대한 중요성이 커진다는 것을 포함하고 있다.
② 동시 작용: ERG이론은 세 범주의 욕구를 가지는 것으로 각 범주는 5단계 각각의 이론을 두 개 이상 중복해서 가지고 있을 수 있다.
③ 하위욕구 충족 배제: ERG이론에서는 매슬로우의 이론과 달리 하위욕구에서 상위욕구로 넘어가는 개념이 아닌, 인간이 추구하는 목표가 단지 상위욕구인 경우이다. 따라서 하위욕구를 가지지 않고 상위욕구를 가지는 것이 가능하다.

5. 욕구 이원론(2 요인이론)의 주창자는 누구인가?

해설) 허즈버그

6. 욕구 5단계설, ERG이론, 2요인이론의 욕구의 분류에 대해서 서술하시오.

해설)

	욕구 5단계설 (매슬로우)	ERG이론 (앨더퍼)	2요인이론 (허즈버그)	
고차원 욕구(X)	자아실현욕구	성장	동기요인	내재적 요인
	자기존중욕구			
↕	애정과 소속 욕구 (사회적 욕구)	관계	위생요인	↕
	안전욕구	존재		
저차원 욕구(Y)	생리적 욕구			외재적 요인

7. 브룸의 기대이론에서 1차 수준과 2차 수준결과에 대해 설명하시오.

해설) 1차 수준의 경우에는 일 자체와 직접적으로 관련된 것들로 직무성과, 인사이동, 생산성 등이 포함되는 결과이다. 2차 수준의 결과는 일 자체와 간접적인 접촉을 하게 되는 것들로, 1차 수준 결과가 가져올 보상, 승진, 돈 같은 것이 해당하게 된다.

8. 기댓값이 1인 경우와 0인 경우가 각각 어떠한 경우인지 설명하시오.

해설) 1은 일을 반드시 성공시키는 경우이고, 0은 일을 절대로 성공시키지 못하는 경우이다.

9. 브룸이론의 '힘'은 무엇인가?

해설) 동기부여를 뜻한다. 브룸이론에서의 힘은 개인이 이용할 수 있는 여러 행동안 가운데 행위의 방향을 정하는 역할을 한다.

10. 1차 수준결과의 유의성은 모든 2차 수준결과의 유의성과 1차 수준의 결과가 2차 수준의 결과에 대해 가지는 수단성의 곱의 함수라는 브룸의 세 번째 공식이 무엇인지 쓰시오.

해설) $V_j = f(V_h \times I)$

11. 공정성 이론에서 자신의 투입과 산출의 비율인 R이 타인의 R보다 작다면 어떠한 일이 일어나는지 서술하시오.

해설) 자신의 대우가 불공정하다고 느껴 R을 조정하는 방향으로 행동하게 만든다.

12. 여러 가지 강화의 종류 중 '벌'에 대해서 설명하시오.

해설) 벌은 소거에 비해 더욱 강력하게 바람직하지 않은 행위의 빈도를 줄이게
되는 방법이다. 벌은 한 반응에 대해 싫거나 불편한 결과를 주거나, 적극적인 결
과를 제거하는 것으로 실행된다. 벌의 과정에서는 보상의 철회가 존재하는데, 이
는 소거에서의 그것과는 반드시 구분하여야 한다. 소거행위에서 보상의 철회는
이전에는 바람직했으나, 바람직하지 않은 행위가 일어날 경우, 그 행위에 대해서
주어지던 강화요인을 제거하게 되는 것이지만, 벌에서는 보상과 관련이 없는 행
위에서 보상을 철회하는 것이다.
즉 쉽게 말하면 보통 사람들이 알고 있는 벌의 의미와 크게 다르지 않으며, 중
요한 것은 벌을 통해 바람직한 행위를 유도할 수 있다는 것이다.

13. 벌은 한 반응에 대해 싫거나 불편한 결과를 주거나, 적극적인 결과를 제거
하는 것으로 실행된다. 그렇다면 소거는 어떻게 일어나게 되는지 서술하시오.

해설) 적극적인 강화현상을 사라지게 하는 것을 의미한다.

14. 임파워먼트의 촉진방안을 두 가지 이상 서술하시오.

해설) 스트레스 관리, 임금 시스템, 사회적 보상

15. 임파워먼트를 5단계로 나누어 설명하시오.

해설) • 개인 임파워먼트의 5단계

1단계	조직에서 무력감을 유발하는 요소를 파악한다.
2단계	무력감을 유발하는 요소들을 제거하는 임파워먼트 방안을 수행한다.
3단계	과업수행의 자신감을 향상할 수 있는 임파워먼트 방안을 수행한다.
4단계	개인들이 자신감을 갖게 되었음을 지각한다.
5단계	개인들이 좀 더 높은 성과목표를 세우고 이를 달성하기 위한 새로운 노력을 기울인다.

16. 로크가 분류한 과업목표의 속성을 기술하시오.

해설) • 과업목표의 속성
① 목표구체성
② 목표난이도
③ 목표설정 참여
④ 목표설정 피드백
⑤ 경쟁
⑥ 목표의 수락

17. 목표설정의 과정을 설명하시오.

해설) • 목표설정 과정

가치와 가치판단	→	정서와 욕망	→	의도 또는 목표	→	실제 행위 또는 성과

18. 인센티브 시스템에 대해 설명하시오.

해설) 인센티브 시스템은 객관적인 성과지표를 근거로 하여 개인의 성과에 따라 보상이 정해지도록 하는 프로그램이다. 이는 메리트 임금제도와 비슷해 보일 수 있으나, 메리트 임금제도는 주관적인 것을 기준으로 하며, 인센티브는 객관적인 기준으로 산출한다는 점에서 크게 다르다.

제2편
조직의 환경과 문화적 특성

제1절 조직환경

1. 조직환경의 개념 및 의의

(1) 조직은 환경으로부터 에너지, 지식, 정보, 물적 또는 인적 자원 등의 투입을 통하여 생존을 유지하므로 환경과의 상호작용이 필수적인 개방체제이다.

(2) 조직과 환경과의 경계는 뚜렷하며, 조직 경계 밖의 모든 것을 환경이라 한다.

(3) 조직연구에서 개방시스템이 도입된 이후 조직은 환경과의 상호작용을 중시하였고, 조직 환경은 조직의 목적 달성을 위해서 투입물을 제공해 주며, 시스템의 산출물을 소비해 주는 핵심적인 요인으로 인식하게 되었다.

2. 조직환경의 분류

(1) 내부 환경: 조직의 내부환경은 조직경계 안에 있는 것으로서 조직마다 다양하고 독특한 조직분위기(organizational climate)나 조직문화(organizational culture)를 말하며, 조직의 목표, 규모, 문화, 구성원들의 가치관, 역사, 업무절차, 리더십 등 다양한 요소를 포함하고 있다.

(2) 외부 환경: 외부환경은 조직경계 밖의 모든 것을 지칭하는 것으로서 과업환경과 일반환경으로 구성되어 있다. 조직의 외부환경을 과업환경과 일반환경으로 구분하는 근거는 영향력의 범위기준으로서 특정조직에만 영향을 미치는 환경을 과업환경이라 하고, 모든 조직에 비교적 광범위한

영향을 미치는 환경을 일반환경이라 한다. 또한 통제 가능성 기준으로서 조직의 입장에서 어느 정도 통제가 가능한 환경은 과업환경이고, 통제 가능성이 용이하지 않은 환경은 일반환경이라 할 수 있다. 즉 과업환경[3]은 조직의 의사결정에 직접적인 영향을 미치는 요인이 되며, 조직의 단위별 활동에 연결되어 영향을 주는 것(고객, 물자공급, 경쟁조직, 계층과의 관계 등)이며, 일반환경은 개별 단위조직에 직접적인 관계보다는 조직 전체에 미치는 조건(정치·경제·사회문화적·기술적 환경 등)을 말한다.[4] 최근 들어 국제사회의 공통분제인 지구온난화, 북극의 해빙, 공해에 따른 환경오염의 문제와 에너지 및 자원난, 다양한 질병발생, 인구의 고령화나 교육수준의 전반적인 향상, 사무직 근로자의 증가에 따른 인사정책상의 문제 등이 새로운 환경의 도전으로 등장하고 있다.

3. 환경변화의 단계(Emery & Trist)

(1) **정적·임의적 환경**(제1단계): 가장 환경이 단순하고 환경구성요소가 안정되고 변화가 거의 없는 환경을 말한다(완전경쟁시장 상태의 환경 등).

(2) **정적·집약적 환경**(제2단계): 어느 정도의 안정된 환경요소와 요소들의 결합 상태는 일정한 유형으로 조직화되어 있는 상태의 환경이다(불완전 경쟁시장 상태의 환경).

(3) **교란·반응적 환경**(제3단계): 환경의 동태성에 따라 타 조직과의 경쟁과 상호작용이 활발히 이루어지고 있는 환경이다(독과점 상태의 환경).

(4) **격동의 장**(제4단계): 환경의 변화가 매우 심하고 미래 예측이 어렵고 조

---

3) F. E. Kast는 과업환경을 고객, 공급자, 경쟁자, 사회적·정치적 요소, 기술적 요소로 나누고 있다.
　① 고객: 재화와 서비스의 이전에 관계하거나 실제로 사용하는 사람을 말한다.
　② 공급자: 새로운 재료, 설비, 제품의 부품공급자와 노동의 공급자를 말한다.
　③ 경쟁자: 공급자에 대한 경쟁자와 고객에 대한 경쟁자로 나누어진다.
　④ 사회적·정치적 요소: 정부규제, 기업이 속한 산업이나 그 산업의 특정제품에 대한 사회의 인식 및 태도, 노조와의 관계 등이 포함된다.
　⑤ 기술적 요소: 재화와 서비스의 생산에 있어서 그 기업이나 관련 산업의 새로운 기술도입에 따른 대처 및 새로운 기술의 적용에 따른 신제품의 개발과 개선이 여기에 속한다.
4) R. H. Hall은 조직의 일반환경을 기술·법·정치·경제·인구·생태·문화의 일곱 가지로 나누어 설명하고 있다.

직의 대응력을 절실히 필요로 하는 상태의 환경이다.

4. 조직환경의 불확실성

(1) 조직환경이 불확실하지 않다면 조직활동에 큰 장애요소가 없는 것이다. 즉 개방시스템에서의 환경의 중요성은 바로 불확실성에 기인한 것이다. 환경의 불확실성은 조직관리자가 극복해야 할 중대한 문제로 불확실성의 정도에 따라서 조직구조, 조직행위, 전략 및 목표설정이 다르게 시도되어야 한다.

(2) 환경의 불확실성의 개념규명은 조직이 처해 있는 과업환경의 복잡성의 정도(degree of complexity)와 변화의 정도(degree of change)로 가능하다. 환경의 복잡성이란 과업환경을 구성하는 요소의 수의 정도를 말하며, 그 정도에 따라서 매우 복잡한 환경과 단순한 환경으로 그 유형을 나눌 수 있다.

(3) 조직환경에서 변화의 정도란 과업환경이 변화하는 속도의 정도를 말하고, 동태적인 환경과 정태적인 환경으로 나눌 수 있다. 전통적인 조직환경은 단순하고 정태적인 환경이고, 현대적 조직환경은 복잡하고 동태적인 환경이다.

5. 조직의 환경적응전략

(1) Selznick의 전략유형

① **적응적 변화**(adaptive change): 환경변화는 독립변수, 조직은 종속변수로 보고 환경변화에 따라 조직을 적응(안정과 발전추구)해 나가는 전략으로서 환경변화(고객니즈 및 국내외적 경제, 사회 등의 상황변화)에 대응하는 조직개편이 이에 해당된다.

② **적응적 흡수**(cooptation)
  ㉠ 조직의 생존성과 발전을 위해 외부요인을 조직 내로 영입하는 것을 말한다. 즉 조직이 안정과 존속을 유지하고 안정과 존속에 대한 위

협을 회피하고 조직의 발전을 도모하기 위하여 조직의 정책이나 리더십 또는 의사결정기구에 환경의 새로운 요소를 흡수하여 적응하는 과정이다.

ⓒ 외부요인이란 그 조직의 생존에 영향을 줄 수 있는 조직에 속해 있던 인재를 조직의 구성원(임원 또는 이사급)으로 편입(스카우트)시켜 정상적인 생산활동에 참여하기보다는 조직에 대한 위협과 불안정성을 해소시키고 위협조직에 대해 이들의 영향력을 활용하는 전략이다

(2) Scott의 완충전략과 연결전략

① **완충전략**(buffering strategy): 외부조직의 영향을 그대로 수용할 경우 조직의 생존에 위협 또는 소멸위기가 발생할 수 있기 때문에 외부조직의 요구를 수용하고 적응하면서 그 영향력과 파급효과를 최소로 만드는 전략이다. 오늘날의 국제정치 및 경제환경 등의 급변화는 정부의 능동적인 완충전략이 더욱 요구된다.

ⓐ 분류(coding): 환경으로부터 유입되는 수요 또는 요구 등에 대해 분석, 분류하고 투입에 대해 대응할 수 있는 처리 부서를 정하는 것이다.

ⓑ 비축(stock): 조직에 필요한 자원을 평소에 저장해 놓음으로써 환경변화에 대응하려는 것이다.

ⓒ 형평화(leveling): 조직에 대한 투입과 산출이 집중되지 않도록 조절하는 것인데, 특히 조직(체제)에 투입되는 다양한 요구를 균형화시켜 조직이 잘 감당할 수 있는 조직의 생존전략이다.

ⓓ 예측(predicting): 환경변화에 대응하기 위하여 경험을 통해 환경의 영향을 받기 전에 미리 예측하여 준비하는 것을 말한다.

ⓔ 성장(growth): 환경이 필요한 기술요소를 확장하는 것을 말한다.

② **연결전략**(bridging strategy): 어느 한 조직이 조직의 생산성, 생존성과 관련 있는 외부집단과의 관계를 조직이 원하는 방향으로 재구성하는 전략이다. 고객니즈의 다양성과 급변하는 환경변화에 조직의 유효성 증진을 위해 필요한 조치로 외부조직과의 관계를 형성하는 전략방식이다.

㉠ 권위주의: 외부조직을 억압으로 통제하는 방식이다.

㉡ 지원: 중심조직과 외부조직과의 연결방식이 중심조직의 지원을 받는 외부조직의 활동을 통제하는 방식을 취한다.

㉢ 합병: 중심조직이 스스로의 적응능력을 신장시키기 위해 외부 작은 조직들을 흡수하는 방식으로서 외부 경쟁집단의 위협을 해소하기 위함이다(대기업들의 중소기업의 합병).

㉣ 계약: 중심조직이 외부조직에게 중심조직의 해야 할 일을 계약을 통해 위탁하는 방식의 관계이다(제3자 물류 등).

㉤ 경쟁: 중심조직에 속해 있는 조직들의 서비스 질을 높이기 위해 조직의 법적 지위를 바꾸어 외부조직과의 경쟁을 유발하는 방식이다.

제2절 조직문화와 조직분위기

1. 조직문화와 조직분위기

(1) 조직문화의 개념

조직문화란 조직구성원들이 공유하는 가치 및 신념체계·사고방식, 관습, 조직의 지식(Knowledge), 기술(Skill) 등의 복합체로서 조직구성원의 활동지침 및 행위기준을 제시해 준다. 이러한 조직문화는 조직이 활동하는 한 국가의 사회문화·관습·규범의 영향을 받으며 최고관리자의 조직관리 철학과 가치체계, 전략 그리고 구성원들의 특성이 반영된 것이다.

(2) 조직문화의 성격

① 조직에 존재하는 공통적 특징들이 집합적으로 작용한다.

② 조직구조, 동기, 리더십, 의사결정, 커뮤니케이션 등과 상호작용한다.

③ 조직문화는 기술적 용어(descriptive term)이다.

(3) 조직문화의 기능

① 조직의 정체성 확보와 구성원의 행위유도, 사회시스템의 안정성을 제공한다.

② 조직몰입도를 촉진시켜 생산성을 증진시켜 줄 수 있으며, 사회의 신념체계가 바람직하다고 생각하는 조직문화는 대외적으로 조직의 이미지를 제고시킨다.

③ 문화의 동질성으로 의사소통의 경제성이 제고된다.

④ 문화를 통한 공유된 신념과 가치는 조직 구성원들의 일체감이 형성되어 응집력을 강화시키며, 구성원들의 행위에 대한 예측성을 높여준다.

⑤ 위기 발생 시 극복을 위한 방향을 제시해 주며, 특히 장기적인 목표를 수행하는 데 있어서 전략을 구축해 준다.

2. 조직문화의 보존

(1) 개념

① 조직문화: 재사회화를 이루는 틀로써 후속세대에게 전수되어 지속적으로 유지, 보존되는데, 모방과 학습에 의해 전이되기도 한다. 또한 조직에 대한 충성심과 복종을 유발시키고 조직의 생산성과 경쟁력을 좌우하기도 한다.

② 사회화: 사회와 상호작용을 이루는 것을 말하는데, 사회체제에 존재하고 있는 규범, 관습, 가치관 등에 적용하는 과정이다(재사회화는 일차적으로 사회체제와의 관계에서 사회화를 이루고 사회 내의 특정 조직에 속해 있으면서 그 조직의 새로운 지식과 기술을 학습하면서 이루어지는 것을 말하는데, 따라서 엄밀히 말하면 조직문화와의 상호작용은 재사회로 보아야 한다).

③ 문화전수: 문화전수의 핵심과정은 사회화(socialization)인데, 사회화는 문화보존의 수단이면서 문화를 바꾸려는 의식적인 전략수단으로 기능하기도 한다.

(2) 의의

① 조직구성원들은 사회화를 통해 필요한 가치, 능력, 대인관계에 필요한

지식 등을 습득한다(엄밀히 말하면 재사회화). 구체적으로 자기의 역할과 기능행태를 익히고 업무수행능력을 증진시키고 규범과 가치에 적응할 수 있게 된다.

② 사회화는 후속세대나 신참자의 문화변용 또는 문화접변(다른 문화와의 접촉으로 인한 변화현상 또는 변용과정, acculturation)을 일으켜 조직 전체의 문화적 통합성을 유지시킨다.

(3) 신참자가 조직에서 겪는 문화변용의 양태

① **동화**(assimilation): 신참자의 인식이나 가치관이 조직의 문화에 일방적으로 흡수 또는 적응되어 신참자와 조직의 문화적 차이가 사라지는 결과이다(예 어떤 종업원이 조직에 자신의 가치관을 일치시키기 위해 노력했다).

② **격리**(separation): 신참자가 조직문화를 거부하여 자신의 문화를 유지하려 하거나 조직문화에 적응하려는 능력이나 의욕이 없어 그들을 어떤 직무 영역에서 분리 또는 고립시키는 것이다(제재형식을 취한 한직으로의 좌천 등).

③ **탈문화화**(deculturation): 조직의 문화나 신참자의 개인문화 모두 신참자의 행태를 지배하지 못하고 그 영향력을 잃었을 때 나타나는 반응으로서 조직구성원의 문화적 정체성은 모호해진다(예 조직의 문화나 신참자의 문화가 다 같이 그의 행태를 지배하는 영향력을 잃을 때 나타나는 반응).

④ **다원화**(pluralism): 적응과정에서 조직문화와 신참자의 개인문화가 서로 상호 장점을 수용하고 변화를 추구하는 유형이다(예 어떤 구성원이 조직문화의 장점을 배우려는 노력).

(4) 조직문화의 전달과 계승 유형(김호섭 외)

① **조직 구성원의 선발 수단**: 조직 구성원의 선발과정에서 조직의 규범, 가치관, 비전에 부합 또는 적극 수용의지가 있는 사람을 선발하여 조직 내의 마찰과 갈등을 최소화시켜 나간다.

② **교육훈련 방법**: 교육훈련은 조직문화의 적응 내지는 발전의 변화를 유도할 수 있는 가장 효과적인 방법이다(군사문화, 기업문화, 관료문화 등은 모두 교육훈련을 통해 이루어지고 강화된다, 특히 정신교육 등).

③ 조직사회화: 일차 사회체제 내의 사회화 이후 조직 내에 유입된 후 사
    회화를 재사회회, 조직사회화라 할 수 있는데, 조직사회화란 구성원들
    이 역할 수행과정에서 자연스럽게 조직문화를 학습하고 적응해 나가
    는 과정을 의미한다.
④ 보상 시스템: 직무의 종류나 계층에 따라 적절한 평가 시기와 방법을
    정하여 탁월한 업무성과에 대해서는 보상이 주어져야 하며, 일탈자에
    대해서는 제재가 제도적으로 운영되어야 한다.

3. 조직분위기

(1) 조직분위기의 의의

조직분위기란 특정조직을 타 조직과 비교, 구별할 수 있도록 해 주는 조
직의 고유한 특성으로 어떠한 조직이든지 조직 나름대로의 특유한 분위기를
가지고 있다. 또한 이것은 조직의 특성에 대해 구성원들이 비교적 지속적으
로 지각하고 있으며, 조직의 목표와 목표달성의 수단인 조직환경, 정책, 관
행, 조직과정 등에 대한 조직구성원의 지각의 합을 의미한다(김희선).

(2) 조직문화와 조직분위기

조직분위기는 조직문화와 일맥상통하지만 조직문화는 지속성이 있는 반면
에 조직분위기는 비지속성이다. 따라서 조직문화는 변화시키기 어렵지만 조
직문화보다 덜 지속적이며, 변화 가능한 요소이므로 종업원의 동기부여와
관계가 있다.

(3) 조직분위기와 배회경영

사업전략의 일환으로 배회경영이 있는데, 이는 경영자가 종업원들이 무슨
일을 하고 무슨 문제점이 없는지, 무엇이 필요한지 등을 알아내기 위해 여기
저기 배회하면서 종업원들과 함께 시간을 보내는 관리전략 중의 하나이다.

4. 기업문화에 의한 조직변화

(1) 기업문화의 개념

기업문화는 사회체계를 구성하고 있는 여러 조직 중 미시적인 수준의 문화로 기업만이 가지고 있는 다른 여타 조직의 문화와는 구별되는 기업이라는 특정조직의 문화를 말한다. 기업의 문화는 오늘날 기업의 경영활동상의 전략적 수행 및 합병과 다각화, 개인과 집단의 갈등 및 기업 내부의 화합과 커뮤니케이션, 생산성 등에 영향을 미치는 기업경영의 핵심요소라고 할 수 있다. 즉 여타 조직들은 어떤 형태든지 나름대로의 문화를 가지고 있다. 그 중에서도 기업에 존재하는 문화이므로 경영성과, 회사운영 등에 크게 영향을 미친다고 할 수 있다.

(2) 기업문화의 구성 요소

① Schein의 모델: 샤인의 기업문화 모델은 잠재적 단계에 속하는 조직활동에 대한 기본적인 가정들과 가정에서 파생되는 가치관, 가치관이 표출되어 나타나는 가시적인 인공물이나 창작물 등 세 가지로 이루어진다.

② 7S 모델: 기업문화의 요소로서 7S란 리더십 스타일, 관리기술, 전략, 구조, 제도 및 절차, 구성원, 공유가치를 말한다.

(3) 기업문화의 유형결정에 미치는 가치관

① 구성원과 고객의 욕구를 감지하고 그들의 욕구를 충족시키려는 민감성의 정도로 얼마나 노력하는 분위기냐 인지하지 못하거나 무시하는 정도

② 새로운 아이디어를 창출하는 인재를 확보하고 유지관리하려는 태도 및 정도

③ 리스크를 피하지 않고 수용 또는 극복하려는 정도

④ 조직이 구성원의 의견과 입장을 존중하는 정도

⑤ 조직 내 구성원 간 정보교류와 의사소통의 원활화 정도

⑥ 구성원 상호 간 인간관계 정도

(4) 기업문화의 유형

① Deal Kennedy의 유형: 강한 기업문화는 명확한 신념과 구성원에 의한 공유가치, 일상생활에서의 가치구현 및 이를 뒷받침해 주는 제도의 유무 여부에 따라 결정된다.

② Harrison의 유형: 조직의 권한이 집권성 정도 또는 공식화 정도에 따라 관료 기업문화, 권력 기업문화, 행렬기업문화, 핵화 기업문화로 구분했다.

　⑦ 관료적 기업문화: 조직의 운영은 합리적이고 분석적이며, 책임과 역할이 잘 정비되고 질서와 규칙에 의해 조직적으로 움직인다. 종업원들은 정해진 규칙과 역할분담에 따라 기계적으로 움직이므로 목적의식이나 공약수준이 낮고 이기적 경향이 높은 조직문화를 띤다. 이는 단순한 업무를 수행하는 부품조립공장 등에서 볼 수 있다.

　ⓒ 권력적 기업문화: 강한 힘을 가진 실력자나 소수의 핵심인물들에 의해 팀의 프로젝트를 완성하는 문화이다. 이러한 문화는 광고제작 업무에서 나타난다.

　ⓒ 핵화 기업문화: 연구소와 같은 집단에서 볼 수 있는데, 구성원 개인마다 고유의 정체성을 유지하면서도 상호 유연한 관계를 보이고 있는 문화유형이다.

　② 행렬 기업문화: 카리스마가 강한 리더가 지배하므로 다소 비합리적인 요소도 나타나지만 전문기능인력 팀들이 팀을 이루어 목적을 달성해 나가는 특징이 있다. 이러한 기업문화는 수작업 또는 가부장적 중소기업에서 볼 수 있다.

③ Denison의 유형: 데니슨은 기업환경 변화와 기업 행동경향을 중심으로 집단문화와 위계문화, 개발문화와 합리문화로 구분하였다.

④ 이장호의 유형분류

　⑦ 외향적 기업문화(고객지향적 기업문화)와 내향적 기업문화(효율성 중시, 비용절감)

　ⓒ 과업지향적 기업문화(기계적 효율성 강조)와 사회지향적 기업문화(구성원의 사회적 욕구 중시)

ⓒ 획일적 기업문화(동질적 회사 이미지 강조)와 개성적 기업문화(구성원의
   다양성 존중)

ⓔ 위험회피적인 기업문화(신중하고 보수적)와 임기응변적 기업문화(직관에
   의존 임기응변에 능함)

1. 인적 자원을 가장 유효하게 활용하기 위해서는 합리적 차원에서 인적 자원의 특성에 적합한 조직설계와 (　)가 중요하다.
① 직무설계　　② 시간관리　　③ 인생설계　　④ 휴먼네트워크설계

답 ①

해설) 인적 자원을 가장 유효하게 활용하기 위해서는 합리성에 입각해서 인적 자원의 특성에 적합한 조직설계와 직무설계가 중요하다.
② 인적 자원의 효율적 활용을 위해서는 상징적인 측면에서 조직의 유효성에 입각한 조직분위기나 조직문화의 정립도 중요하다.

2. 인적 자원의 효율적 활용을 위해서는 상징적인 측면에서 적합한 조직분위기나 (　)의 정립도 중요하다.
① 조직문화　　② 조직설계　　③ 조직행위　　④ 조직과정

답 ①

3. CI나 기업문화운동을 성공적으로 전개하기 위해서는 (　) 사고에 의해 기획, 인사, 연수, 홍보 등 관련 부서들의 협조와 관련제도들 간의 유기적인 관련성을 존중하도록 해야 한다.
① 기계적　　② 시스템적　　③ 미시적　　④ 거시적

답 ②

해설) 조직의 구조와 과정 및 행위적 특성은 시스템적인 관점에서 서로 유기적인 관련성을 갖고 있다. 따라서 조직의 구조는 개발된 인적 자원의 특성에 적합하게 설계되어야 하며, 직무설계도 인적 자원의 특성에 적합하게 이루어져야 한다.

4. 조직의 목적을 효과적으로 달성하기 위해서는 조직의 구성요소인 인간, 즉 행위적 측면을 고려한 (　)와(과) 과정의 설계가 요청된다.
① 경계　　② 환경　　③ 구조　　④ 기술

답 ③

해설) 조직의 목적을 효과적으로 달성하기 위해서는 조직의 구성요소인 인간, 즉 행위적 측면을 고려한 구조와 과정의 설계가 요청된다.

5. (   )은(는) 조직의 구성요소로서 구성원들의 행위나 상호작용이 질서 있게 이루어지도록 하는 것이다.
① 구조   ② 과정   ③ 환경   ④ 경계

답 ①

해설) ① 구조: 개인과 개인 간에 이루어지는 상호작용이 질서 있게 이루어져 목표달성이 가능하도록 하는 역할을 수행한다.
② 과정: 인간들은 개인으로서 하는 개인행위뿐만 아니라 조직의 목적달성을 위해서 서로 간에 일련의 상호작용을 조직의 과정이라 한다.

6. 조직의 (   )은(는) 개발된 인적자원의 특성에 적합하게 설계될 필요가 있고 나아가서 직무설계도 인적 자원의 특성에 적합하게 이루어져야 한다.
① 기능   ② 경계   ③ 구조   ④ 행위

답 ③

해설) 조직의 구조와 과정 및 행위적 특성은 시스템적인 관점에서 서로 유기적인 관련성을 갖고 있다. 따라서 조직의 구조는 개발된 인적 자원의 특성에 적합하게 설계되어야 하며, 직무설계도 인적 자원의 특성에 적합하게 이루어져야 한다.

7. 조직개발이 효과적으로 실행되기 위해서는 인간중심의 조직변화와 더불어 (   ) 중심의 조직변화가 상호 보완될 필요성이 있다.
① 인적 자원   ② 행위   ③ 구조   ④ 시스템
답 ③

해설) 조직개발의 가정과 조건 – 조직개발이 효과적으로 실행되기 위해서는 인간중심의 경영으로의 변화와 더불어 구조중심의 조직변화가 상호 보완될 필요성이 있다.
8. 조직설계에 유일한 최선의 방법이 있다고 주장하는 (   )적 조직설계이론은 고전이론과 관료제 이론을 포함하는 전통이론과 근대이론을 포함한다.
① 상황론   ② 특수론   ③ 중범위론   ④ 보편론

답 ④

해설) 조직설계의 관점변화

① 보편이론: 유일한 최선의 방안이 존재한다는 시각

② 상황이론: 유일한 최선의 방안이 존재하지 않고 상황과의 적합성이 중요하다고 함.

9. (   ) 이론에 의하면, 유일한 최선의 방안이 존재하지 않고 상황과의 적합성이 중요하다고 한다.

① 구조   ② 행위   ③ 상황   ④ 과정

답 ③

해설) 조직설계의 관점변화

① 보편이론: 유일한 최선의 방안이 존재한다는 시각

② 상황이론: 유일한 최선의 방안이 존재하지 않고 상황과의 적합성이 중요하다고 함.

10. (   )은 조직설계의 기본관점으로 현대적인 입장이다.

① 고전론적 관점   ② 행위론적 관점

③ 상황론적 관점   ④ 관료적 관점

답 ③

해설) 보편이론은 조직을 설계하기 위한 유일한 최선의 방법이 존재한다는 것을 강조하는 반면, 상황이론은 조직의 최적구조가 기술과 환경을 포함한 상황요인들에 의해 달라야 한다고 보는 현대적인 관점이다.

11. (   )은(는) 보편이론보다 최근의 접근법으로서 고전적 조직 또는 시스템 4 조직이 상황요인들에 따라서 최적일 수도 그렇지 않을 수도 있다는 사고에 의존하고 있다.

① 보편이론   ② 근대이론   ③ 상황이론   ④ 전통이론

답 ③

해설) (1) 보편론적 관점: 유일한 최선의 방안이 존재한다는 시각

㉠ 전통이론: 고전이론과 관료제이론은 조직화의 유일한 최선의 방법은 기계적인 것이라는 동일한 결론에 이르고 있다.

㉡ 근대이론: 행위적(시스템4) 이론과 환경적응이론은 조직화의 유일한 최선의

방법이 유기적인 것이라고 주장한다.

(2) 상황론적 관점: 상황이론이 대표적이며, 유일한 최선의 방안이 존재하지 않고 상황과의 적합성이 중요하다고 주장한다. 보편이론보다 최근의 접근법으로서 고전적 조직 또는 시스템 4조직이 상황요인들에 따라서 최적일 수도 그렇지 않을 수도 있다는 사고에 의존하고 있다.

12. (   )은 상황이 단순하고 안정적일 때 적합할 것으로 생각되는 조직구조이다.
① 기계적 조직　　　　　　② 유기적 조직
③ 수평조직　　　　　　　④ 프로젝트조직

답 ①
해설) 기계적 조직에 대한 설명이다.

13. (   )은 고도의 집권화와 공식화로 대변되는 조직으로 인간의 자유재량보다 규칙, 규정, 절차에 따른 통제가 강조되는 수직적 관료제 조직이다.
① 시스템4조직　　　　　　② 적응적 조직
③ 유기적 조직　　　　　　④ 기계적 조직

답 ④
해설) 관료제 조직관, 즉 기계적 조직에 관한 전형적인 설명이다. 나머지 조직들은 반관료제 조직관들이다.

14. 행위적(시스템 4) 이론과 환경적응이론은 조직화의 유일한 최선의 방법이 (　　) 인 것이라고 주장한다.
① 기계적　　　　② 유기적　　　　③ 구조적　　　　④ 과정적
답 ②
해설) 조직설계의 보편론적 관점으로 유일한 최선의 방안이 존재한다는 관점이다.
① 전통이론: 고전이론과 관료제이론은 조직화의 유일한 최선의 방법은 기계적인 구성과 운영이라는 측면에 일치하고 있다.
② 근대이론: 행위적(시스템4) 이론과 환경적응이론은 조직화의 유일한 최선의 방법이 없으며, 다양하게 상황에 따라 변화해야 한다고 주장한다.

15. 만약 종업원이 낮은 성장욕구를 가지고 있다면 (　　)조직과 일상적인 직무설

계(routine job)가 이용되어야 한다.
① 컨틴전시   ② 애드호크라시   ③ 기계적   ④ 유기적

답 ③
해설) 인적 자원의 특성에 적합한 조직과 직무의 특성
① 만약 종업원이 낮은 성취도, 낮은 성장욕구를 가지고 있다면, 기계적 조직과 일상적인 직무설계가 이용되어야 한다. 즉 감독과 통제방식이 유효하다.
② 반대로 종업원이 높은 성취도와 성장욕구를 가지고 있다면, 유기적 조직과 직무충실화가 사용되어야 한다. 즉 자율성을 주어야 한다.

16. 만약 종업원이 높은 성장욕구를 가지고 있다면 (   )조직과 직무충실화가 사용되어야 한다.
① 타율적   ② 관료적   ③ 유기적   ④ 기계적

답 ③
해설) 성취욕구가 낮은 사람에게는 단순 반복직무 - 기계적 조직이 적합하고, 성취욕구가 높은 사람에게는 복잡직무 - 유기적 조직이 필요하다.

17. (   )은 기계적 조직과 대조가 되는 특성을 갖는 조직으로, 직무, 권한, 책임관계의 탄력성, 분권적 결정, 수평적, 인격적 상호작용의 특징을 갖는 유연성이 있는 조직이다.
① 시스템 1조직   ② 관료적 조직
③ 유기적 조직   ④ 계층 조직

답 ③
해설) 기계적인 관료제 조직관에 반대하는 입장을 설명한 것으로 적응적 조직관을 묻는 것이다. 적응적 조직관에는 유기적 조직과 애드호크라시가 있다.

18. 조직풍토란 조직의 다양한 성격에 대한 종업원의 종합적 (   ) 과정을 통해서 형성되는 것이다.
① 태도   ② 학습   ③ 지각   ④ 강화

답 ③
해설) 조직분위기와 조직문화

① 조직풍토(조직분위기): 조직의 다양한 특성에 대한 종업원의 종합적 지각과정을 통해서 형성되는 것으로 객관적인 것이라기보다 주관적이고 상대적인 것이다.
② 조직문화: 조직구성원의 공통된 가치나 신념의 체계이며, 조직구성원의 활동의 지침이 되는 행위규범이 창출된다.

19. (   )은(는) 특정조직을 타 조직과 구별할 수 있도록 해 주는 조직의 고유한 특성을 말하는 것이다.
① 조직분위기   ② 조직문화   ③ 조직변화   ④ 조직목표

답 ①
해설) 조직분위기 또는 조직풍토라고 한다.

20. 인적 자원의 효율적 활용을 위해서는 상징적인 측면에서 인적 자원의 특성에 적합한 조직분위기(풍토)나 (   )의 정립도 중요하다.
① 조직구조   ② 조직과정   ③ 조직문화   ④ 조직행위

답 ③
해설) 인적 자원의 효율적 활용을 위해서는 상징적인 측면에서 인적 자원의 특성에 적합한 조직분위기나 조직문화의 정립이 중요하다.

21. (   )은(는) 조직구성원들의 공유된 가치나 신념의 체계로서 구성원들의 행위기준을 제시함으로써 그들을 결합시키는 접착제 구실을 하는 것이다.
① 조직풍토   ② 조직분위기   ③ 조직구조   ④ 조직문화

답 ④

22. 우수기업에는 기업의 지향가치인 (   )을(를) 분명히 하고, 이를 경영전반에 반영시켜 가시화·제도화하고 있다.
① 태도   ② 이념   ③ 방침   ④ 지침

답 ②
해설) 우수기업의 관리 측면에서의 특성
① 우수기업에서는 기업의 지향가치인 이념을 분명히 하고, 이를 경영전반에 반영시켜 가시화·제도화하고 있으며, 경영진들의 솔선수범, 구성원들에게 전달,

공유, 이념에 따른 구성원의 행동을 유도하고 있다.
② 우수기업에서는 기업의 비전과 꿈을 분명히 제시함으로써 구성원들에게도 장래 비전과 희망을 갖도록 하고 있다.

23. 우수기업에서는 기업의 비전과 꿈을 (   )으로 분명히 제시함으로써 구성원들에게도 꿈과 희망을 갖도록 하고 있다.
① 경영자상   ② 미래상   ③ 인재상   ④ 사원상

답 ②

24. 성숙한 인적 자원이 있는 조직에서 (   )이고 안정적인 풍토와 문화가 있다면 인적 자원의 특성과 부조화가 발생하여 자원의 낭비가 있을 수 있다.
① 진취적   ② 적극적   ③ 보수적   ④ 혁신적

답 ③

25. 우수기업에서는 기업의 핵심적인 가치관에 대해서는 엄격하나 (   )은(는) 방임에 가까운 유연함을 유지하고 있다.
① 조직구조   ② 조직목표   ③ 조직경계   ④ 조직환경

답 ①

26. 우수기업에서는 (   )을 중시하는 가치관이 확립되어 있어 경영진이나 관리자들은 회사의 영업이나 생산과 같은 비즈니스에 밀착해 있다.
① 사무실   ② 현장   ③ 이상   ④ 직관

답 ②

27. 일반환경을 분류하는 경우에 가장 큰 분류 기준이 되는 것은?
① 환경의 규모   ② 조직의 규모
③ 조직에 끼치는 환경의 영향   ④ 피드백 여부

답 ③
해설) 일반환경을 분류하는 경우에 가장 큰 분류 기준이 되는 것은 조직에 끼치

는 환경의 영향이라고 볼 수 있다.

28. 영향력의 범위가 각각 특정 조직에만 영향을 미치는 것과 모든 조직에 영향을 미치는 두 환경을 알맞게 적은 것은?
① 과업환경, 일반환경 　　　　② 조직환경, 미시환경
③ 거시환경, 사회환경 　　　　④ 작업환경, 인사환경

답 ①
해설) 과업환경은 특정 조직에만 영향을 미치고, 일반환경은 모든 조직에 영향을 미친다.

29. 특정 조직에만 영향을 미치고, 어느 정도 통제가 가능한 환경을 무엇이라고 하는가?
① 과업환경 　　② 일반환경 　　③ 조직환경 　　④ 환경변수

답 ①
해설) 과업환경은 특정 조직에만 영향을 미치고, 어느 정도 통제가 가능하다.

30. 조직의 테두리에 영향을 미치는 사회적 제도나 질서, 기본적인 규범 등을 포함하는 일반 환경은?
① 기술적 환경 　　　　② 사회적/문화적 환경
③ 법적/정치적 환경 　　④ 경제적 환경

답 ③
해설) 조직의 테두리에 영향을 미치는 사회적 제도나 질서, 기본적인 규범 등을 포함하는 일반환경은 법적/정치적 환경이다.

31. 과업환경을 분류하기 위해서는 두 가지 척도를 사용하게 되는데, 이 두 가지 척도로 알맞은 것은 무엇인가?
① 변화의 정도 - 복잡성의 정도
② 변화의 정도 - 참여의 정도
③ 조직유효성의 정도 - 조직몰입 정도
④ 조직유효성의 정도 - 성과와 보상 정도

답 ①

해설) 과업환경을 분류하기 위해 사용되는 두 가지 척도는 변화의 정도와 복잡성의 정도이다.

32. 카스트의 과업환경 내용에 속한다고 보기 힘든 것은?
① 고객　　　② 공급자　　　③ 경쟁자　　　④ 최고경영자

답 ④
해설) 카스트의 과업환경에 속하는 내용은 고객, 공급자, 경쟁자, 사회적/정치적 요소, 기술적 요소 등이 있다.

33. 카스트에 의해 분류된 과업환경에서 정부의 규제, 기업이 속한 산업이나 그 산업의 특정제품에 대한 사회의 태도, 노조와의 관계 등을 무엇이라고 하는가?
① 고객　　　② 사회적/정치적 요소　　　③ 기술적 요소　　　④ 경쟁자

답 ②
해설) 정부의 규제, 기업이 속한 산업이나 그 산업의 특정 제품에 대한 사회의 태도, 노조와의 관계 등을 사회적/정치적 요소라고 한다.

34. 과업환경의 분류 중 제4유형에 해당하는 것은 무엇인가?
① 단순/정태적인 환경　　　　　② 복잡/정태적인 환경
③ 단순/동태적인 환경　　　　　④ 복잡/동태적인 환경

답 ④
해설) 복잡/동태적인 환경은 제4유형이다.

35. 조직의 과업환경은 복잡성의 강도와 변화의 정도에 따라 크게 네 가지로 분류할 수 있다. 변화의 정도가 단순하고 복잡성의 정도가 단순할 때 어떠한 조직구조를 활용해야 하는가?
① 매트릭스 조직　　　　　② 프로젝트 조직
③ 제품별 조직　　　　　④ 관료제

답 ④
해설) 매트릭스 조직과 프로젝트 조직은 변화의 정도가 동태적이고 복잡성의 정도가 복잡할 때 유효한 조직구조이다.

36. 다음 중 일반적으로 구분되는 조직의 하위 시스템이 아닌 것은?
① 구조적 관리시스템　　　　　② 기술적 관리시스템
③ 인간적 관리시스템　　　　　④ 관리적 관리시스템

답 ③

해설) 조직의 하위시스템에는 목표/가치 하위시스템, 사회적/심리적 하위시스템, 구조적 관리시스템, 기술적 관리시스템, 관리적 관리시스템이 존재한다.

37. 조직변화에 대한 설명으로 옳지 않은 것은?
① 조직변화의 목표는 조직의 유효성 향상이 있다.
② 조직변화의 종료는 자연적 조직변화와 계획적 조직변화가 있다.
③ 계획적 조직변화란 신경 쓰지 않아도 유연하게 변화는 조직변화를 말한다.
④ 계획적 조직변화의 접근법으로 시스템이론을 들 수 있다.

답 ③

해설) 계획적 조직변화는 조직의 여러 분야에 있어서 조직의 형태와 조직이 바라는 상태 사이에 존재하는 간격이 인식될 때 일어난다.

38. 조직변화에 대표적인 접근법으로 보기 힘든 것은?
① 경영적 접근법　　　　　　　② 관리적 접근법
③ 구조적 접근법　　　　　　　④ 인간적 접근법

답 ①

해설) 조직변화의 대표적인 접근법에는 기술적 접근법, 관리적 접근법, 구조적 접근법, 인간적 접근법의 네 가지가 있다.

39. 조직변화의 접근법 중에서 조직구성원의 행위 및 태도의 변화를 통해서 조직의 변화를 꾀하는 접근법은 무엇인가?
① 기술적 접근법　　　　　　　② 인간적 접근법
③ 구조적 접근법　　　　　　　④ 사회적 접근법

답 ②

해설) 인간적 접근법은 조직구성원의 행위 및 태도의 변화를 통해서 조직의 변화를 꾀하는 접근법이다.

40. 조직변화를 여섯 단계로 나눈다면, 마지막 단계에 해당하는 자극과 반응으로 올바른 것은?

① 압력 - 각성　　　　　　　　② 발견 - 실행

③ 진단 - 인식　　　　　　　　④ 강화 - 수용

답 ④

해설) 조직변화의 여섯 단계 중 가장 마지막 단계는 강화 - 수용 단계이다.

41. 그레이너의 조직변화에서 권력배분의 연속선상에서 중간에 위치하는 것은 무엇인가?

① 위양적 접근　　　　　　　　② 공유적 접근

③ 일방적 접근　　　　　　　　④ 권위적 접근

답 ②

해설) 공유적 접근은 권력배분의 연속선상에서 중간에 위치하며 집단적인 의사결정이나 문제해결을 통해서 변화가 도입되는 것을 말한다.

42. 조직변화의 2단계의 자극은 개입이다. 그렇다면 2단계의 반응은 무엇인가?

① 각성　　　　② 인식　　　　③ 수용　　　　④ 순응

답 ④

해설) 조직변화의 2단계의 반응은 순응이다.

43. 신속한 변화가 필요하며 변화의 주도자가 상당한 파워를 지니고 있을 때 사용하는 변화에 대한 저항의 관리기법으로 올바른 것은?

① 교육과 커뮤니케이션　　　　② 조작과 호선

③ 강압　　　　　　　　　　　　④ 촉진과 지원

답 ③

해설) 명시적/묵시적인 강압은 신속한 변화가 필요하며 변화의 주도자가 상당한 파워를 지니고 있을 때 사용하게 된다.

44. 개인적 저항과 체계적인 저항을 보았을 때 나머지 셋과 가장 이질적인 하나는?

① 기능의 무용화   ② 직업안정 위험
③ 자원의 제약   ④ 심리적 부담, 불안감

답 ③

해설) 자원의 제약은 체계적인 저항을 나타낸다. 나머지 세 가지는 개인적인 저항이다.

1장 주관식 문제

1. (   )는 조직의 목표를 달성하는 데 필요한 전문화된 활동들을 결정하고, 이 활동들을 어떤 논리적인 유형에 따라 집단화시키고 이런 집단화된 활동을 어떤 직위나 개인의 책임하에 할당하는 것을 지칭한다.

답) 구조

2. 정상적인 인간의 퍼스낼리티는 미성숙한 상태에서 성숙한 상태로 전환된다고 말한 학자는 누구인가?

답) 아지리스

3. 유기적 조직이 있고 종업원이 높은 성장욕구를 가지고 있다면 (   )가 상용되어야 한다.

답) 직무충실화

4. 특정 조직을 타 조직과 구별할 수 있도록 해 주는 조직의 고유한 특성을 (   )라고 한다.

답) 조직풍조 또는 조직분위기

5. 기계적 조직과 대조가 되는 특성을 갖는 조직으로 직무·권한·책임관계의 탄력성, 분권적 결정, 수평적·인격적 상호작용에 따라 특정 지어지는 유연성이 있는 조직을 무엇이라고 하는가?

답) 유기적 조직

6. 초일류 기업에서는 기업의 핵심적인 (   )에 대해서는 엄격하나 (   )는 방임에 가까운 유연함을 유지하고 있다. (   ) 안에 들어갈 말은 각각 무엇인가?

답) 가치관, 조직구조

7. 고도의 집권화와 공식화로 대변되는 조직으로, 인간의 자유재량보다 규칙, 규정, 절차에 따른 통제가 강조되는 수직적 관료제 조직은?

답) 기계적 조직 - 기계적 조직과 대조되는 특성을 가진 유기적 조직은 직무·권한·책임관계의 탄력성·분권적 결정·수평적이고 인격적인 상호작용을 존중하는 유연성이 있는 조직이다.

8. ___________는 특정조직을 다른 조직과 구별할 수 있도록 해 주는 조직의 고유한 특성이다.

해설) 조직풍토 또는 조직분위기

9. 조직구성원의 공유된 가치나 신념의 체계를 ___________라고 하며, 이것은 조직구성원들의 행위기준을 제시함으로써 그들을 결합시키는 접착제 역할을 한다.
답) 조직문화

10. 포터 등이 제시한 '과업 - 조직 - 인간'의 적합성 모형에 따르면 유기적 조직이 있고 종업원이 높은 성장욕구를 가진 경우 직무충실화가 상용되어야 한다고 하였다. 직무충실화에 대해 설명하라.

답) 수직적 직무부하라고도 하는 것으로서 직무확대와 더불어 직무설계의 주요한 방법이 되고 있다. 이것은 직무가 질적으로 개선되도록 하는 것으로 보다 높은 수준의 기술과 지식을 필요로 하고 작업자에게 자신의 성과를 계획, 실행, 통제할 수 있는 자주성과 책임을 보다 많이 부여하도록 직무를 재편성하는 것을 뜻한다.

11. 보편이론과 상황이론에 대하여 설명하시오.

답) 조직구조 설계에 관한 설계이론은 보편적 이론과 상황이론으로 나누어 볼 수 있다. 보편이론(universal theory)은 관료제, 과학적 관리론과 같이 조직설계를 위한 유일한 최선의 방법이 존재한다고 여기고, 과업단위 분석을 중요시한다. 이에 반하여 상황이론(contingency theory)은 기술이나 환경과 같은 환경적 요인들에 따라 조직의 최적구조가 달라진다는 이론이다.

12. 조직을 설계하기 위한 유일한 최선의 방법이 존재한다는 것을 강조하는 이론은 무엇인가?

답) 보편이론

13. 조직구조의 설계나 재설계의 경우에 상황요인, 즉 환경, 기술, 규모 등을 고려해야 한다는 입장에서 조직구조의 유일한 최선의 방법이 없다는 입장을 강조하는 이론은 무엇인가?

답) 상황이론

14. 직무를 수행하는 사람에게 의미와 만족을 부여하려고 함과 동시에 생산조직이 그 목표를 더욱 효율적으로 수행할 수 있도록 일련의 작업과 단위직무내용 및 작업방법을 변경하는 것을 무엇이라고 하는가?
답) 직무설계

15. 과업환경과 일반환경의 통제 가능성에 대해 서술하시오.

해설) 과업환경은 어느 정도 통제가 가능하지만, 일반환경은 통제가 불가능하다.

16. 일반환경 중 기술적 환경의 넓은 의미가 어디까지인지 서술하시오.

해설) 단순히 기계 설비뿐만 아니라 전반적인 업무를 수행하는 데 필요한 지식
까지도 포함한다.

17. 과업환경을 변화의 정도와 복잡성의 정도에 따라 네 가지 환경으로 구분하
여 보시오.

해설) • 과업환경의 분류 2

		복잡성의 정도	
		단순하다	복잡하다
		---	---
변화의 정도	정태적이다	단순/정태적인 환경(제1유형)	복잡/정태적인 환경 (제2유형)
	동태적이다	단순/동태적인 환경 (제3유형)	복잡/동태적인 환경 (제4유형)

18. 조직변화의 두 가지 종류에 대하여 비교 서술하시오.

해설) 자연적 조직변화와 계획적 조직변화가 있다. 자연적 조직변화는 특별히 조
직에서 신경 쓰지 않아도 어느 정도 유연하게 변하는 것이고, 계획적 조직변화
는 목적을 가지고 의사와는 상관없이 유도하는 변화를 의미한다.

19. 조직변화의 접근법 중 조직구성원의 행위 및 태도의 변화를 통해서 조직의
변화를 기하는 것을 무엇이라고 하는가?

해설) 인간적 접근법

20. 그레이너의 조직변화의 도입에 관한 방법에서 일방적 권한에 따른 도입, 공
유적 접근, 위양적 접근 세 가지를 구분하여 보시오.

해설) 그레이너의 조직변화의 도입에 관한 방법

일방적 권한에 따른 도입	권력배분의 연속선상에서 한 극단에 위치한다. 최고관리자의 일방적인 선언이나 인사배치, 새로운 기술의 도입이나 조직구조의 개편 등으로 이루어진다.
공유적 접근	권력배분의 연속선상에서 중간에 위치한다. 집단적인 의사결정이나 문제해결을 통해서 변화가 도입되는 것을 말한다.
위양적 접근	권력배분의 연속선상에서 나머지 한 극단에 위치한다. 자료제시, 토의, 감수성 훈련 등과 같은 방법을 통한 변화의 도입을 의미한다.

21. 일반적으로 조직변화의 단계는 다음과 같다.
그렇다면 좌측 괄호 안에 들어갈 것은 각각 무엇이겠는가?

• 조직변화의 단계

	1단계	2단계	3단계	4단계	5단계	6단계
㉠ ( )	압력	개입	진단	발견	실험	강화
㉡ ( )	각성	순응	인식	실행	조사	수용

해설) ㉠ 자극, ㉡ 반응

22. 저항의 관리기법 중 명시적/묵시적 강압의 장점과 단점을 서술하시오.

해설) 장점: 신속하고 어떠한 저항도 극복이 가능함
단점: 주도자에 대한 반감으로 위험이 따름

23. 변화에 대한 저항을 관리하는 기법들 중 조작과 호선에 대해서 상세히 설명하시오.

해설) 조작은 타인에게 영향력을 행사하기 위해서 은밀하게 노력하는 의미를 말한다. 정보의 선택적 제공, 선전, 의도적인 구성 등 여러 가지 방안을 통해서 변화에 대해 조직 구성원들의 최대한의 지지를 얻을 수 있게끔 하는 것이다. 호선의 경우는 지나치게 반발하는 어떠한 개인에게 적당한 지위를 부여하는 것으로, 대개 변화의 설계과정이나 실시단계에서 그에게 바람직한 역할을 부여하는 것으로 사용된다. 그렇게 함으로써 저항이나 부정적인 태도를 바꾸어 준다.

제1절 커뮤니케이션과 관리자

1. 의사소통의 개념

의사소통, 의사전달은 정보의 상호교류 과정으로서 전달자와 피전달자 간의 생각, 의견 등을 교환하는 것을 말한다. 즉 사람의 의사나 감정의 소통 등을 말하는 것으로 흔히 커뮤니케이션(Human Communication)이라고도 한다. 주로 의사소통은 기업이나 회사 활동 등 모든 조직에서 중요하게 취급되어 있으며, 상사와 부하 사이, 동료 간의 의사전달은 조직분위기와 직결되기 때문이다. 일반적으로 직제상의 공식적인 의사소통도 중요하지만 인간관계 형성과 조직분위기에 영향을 크게 미치는 비공식적인 커뮤니케이션도 매우 중요한 위치를 차지한다.

2. 의사소통의 종류

(1) 공식적 의사전달: 공문서, 명령, 지시, 각종 보고 등을 말하며, 기타 공식적 통로와 수단에 의해 전달된다.

① 하향식 의사전달: 명령, 지시, 훈령, 규칙 등

② 상향식 의사전달: 문서보고, 내부결제, 제안제도, 직원의견조사 등

③ 수평적 의사전달: 계층조직에 있어서 동일한 수준에 있는 개인 또는 집단 간에 행해지는 의사소통으로서 회람, 회의 등이다.

④ 대각적 의사전달: 동일한 계층과 상하관계가 없는 타 부서와 구성원 간의 의사전달을 말하며, 특히 계선과 막료 간의 의사전달을 말한다.

(2) 비공식적 의사전달에는 소문과 풍문 등으로 주로 비공식 조직에 의해
조장되며, 때로는 공식적 권위를 파괴하기도 한다.

3. 의사전달의 기능

(1) 조정수단

조직의 목표달성을 위해서는 정보의 교환이 이루어져야 하고, 문제점에
대해 조정이 가능하다. 이를 위해서는 의사전달이 활성화되어야 하는데, 의
사전달은 조직 내의 막힌 흐름을 조정해 주는 기능을 한다.

(2) 합리적 의사결정 수단

원활한 의사전달은 의사결정과정에서 내용적 · 절차적 합리성의 추구가
가능하다.

(3) 구성원의 사기증진

조직 내에서의 원활한 의사전달, 즉 일방이 아닌 쌍방향과 상향식 의사전
달이 보장되면 구성원의 사기가 앙양되어 대내 민주성이 증진된다.

(4) 통솔기능

동물과는 구별되게 인간은 언어, 문자와 같은 수단으로 의사전달이 가능
하므로 조직을 통솔할 수 있다. 즉 리더십을 통한 조직운영이 가능해진다.

4. 의사전달망의 유형

(1) **원형**: 구성원들 간에 계급과 서열이 명확하지 않은 조직에서의 의사전
    달 형태이며, 중심인물이 없는 자유방임형 상태에서 나타난다.
(2) **Y형**: 의사의 흐름과정에서 중심인물은 없지만 그런대로 의사의 흐름을
    리드하는 리더가 존재하며, 계선과 참모의 구분이 없는 조직에서 흔히
    볼 수 있는 유형이다.
(3) **바퀴형**: 구성원 사이에 중심인물이 존재하고, 그를 중심으로 유도되며

정보수집과 문제해결이 신속함이 장점이다.

⑷ **직선형**: 연쇄형 및 쇠사슬형이라고도 하며, 구성원들 간의 의사전달이 연결되어 있지 않은 유형으로서 수직형과 횡형이 있다.

⑸ **상호연결형**: 완전연결형 전체경로형이라고도 하며, 구성원 사이에 정보교환이 원활하며, 바람직한 유형에 해당된다. 문제해결속도는 느리지만 의사소통 속도는 제질 빠르다.

◻ 의사전달 유형 비교

유 형 효용성	원형	Y형	바퀴형	직선형		상호연결형
				수직형	횡 형	
문제해결속도	느림	빠름	빠름	빠름	느림	느림
정확성 · 단순문제	낮음	높음	높음	낮음	낮음	높음
복잡한 문제	높음	낮음	낮음	낮음	낮음	높음
만족감	높음	낮음	낮음	낮음	낮음	높음

(출처: 유영옥)

원형   Y형   바퀴형   직선형   상호연결형

5. 의사전달의 원칙

⑴ **일관성**: 의사전달의 내용과 목적이 통일적이어야 의사소통이 원활해진다.

⑵ **명료성**: 전달하려는 내용 등이 상대방의 입장에서 명확해야지만 수용할 수 있거나 이해하기 용이하다.

⑶ **적시성**: 전달내용이 시기적으로 적합해야 한다는 것이다.

⑷ **적정성**: 정보 및 전달내용이 양적으로 너무 과다하면 수신자가 관리하기가 용이하지 않아 의사소통에 문제가 발생한다.

⑸ **분배성**: 정보 및 전달내용이 적정하게 상황과 시기에 맞게 분배되어

있어야 한다.

(6) 관심과 수용성의 원칙: 전달자에 대해 수신자가 관심을 가지고 있어야
하며. 수용의 여지가 있어야 한다는 원칙이다. 그렇지 않으면 수신자
의 거부의지로 의사소통의 장애가 발생한다.

6. 의사전달의 장애요인

(1) 구성원의 가치관과 준거기준의 차이
(2) 지위 및 지리적인 격차
(3) 적절치 못한 언어와 문자사용
(4) 지나치게 많은 양의 정보 등
(5) 전달자의 은폐, 의식적 비밀유지, 불신과 편견
(6) 인간관계의 부족과 표현능력의 한계
(7) 조직의 집권성, 경직성, 할거주의, 의사전달 채널의 한계, 필요 이상의
한 개인에게만 정보가 집중되는 현상 등

7, 소시오메트리와 소시오그램

(1) 개념

소시오메트리(sociometry)란 인간관계나 집단의 구조 및 동태를 경험적으로
기술하거나 측정하는 이론과 방법들을 말한다. 소시오그램은 소시오메트리
에서 표현하기를 원하는 인간 사이의 관계나 집단의 구조를 도표로 표시한
것이다. 대표적인 학자로 모레노를 들 수 있다.

(2) 모레노의 견해

조직은 집단 구성원 사이에서 끊임없이 변화하는 견인과 반발의 역학적
긴장체계이며, 개인의 자발성의 특성과 문화적 역할에 대한 학습의 정도에
따라 상대적으로 안정된 구조를 만들어 낸다고 보았다. 이는 자발적으로 노
력하거나 역할연기의 진단과 훈련으로 안정된 인간관계를 형성시키려는 집

단요법이 개발되었다. 또한 견인과 반발의 강도와 특성을 분석, 측정하기 위한 기법이 마련되었다. 이와 같이 인간관계나 집단의 분석에 적용되는 기법으로, 면식 테스트, 소시오메트릭 테스트, 자발성 테스트, 상황 테스트, 역할연기 테스트 등이 있다.

(3) 소시오메트릭 테스트

인간관계와 집단구조의 분석기법으로 많이 사용된다. 이 측정방법은 특정 상호작용 상황에서 어느 한 개인이 다른 구성원에 대한 선택과 거부의 행동을 테스트 하는 것이다. 테스트에서 나온 정보는 일정한 약속(선택관계는 실성, 거부표시는 파선)에 따라 공간적으로 도표화된다. 이러한 자기표현을 도표로 시각화 한 것을 소시오그램이라 하며, 개인의 행동특성과 집단의 구조특성이 시각적으로 구체화된다.

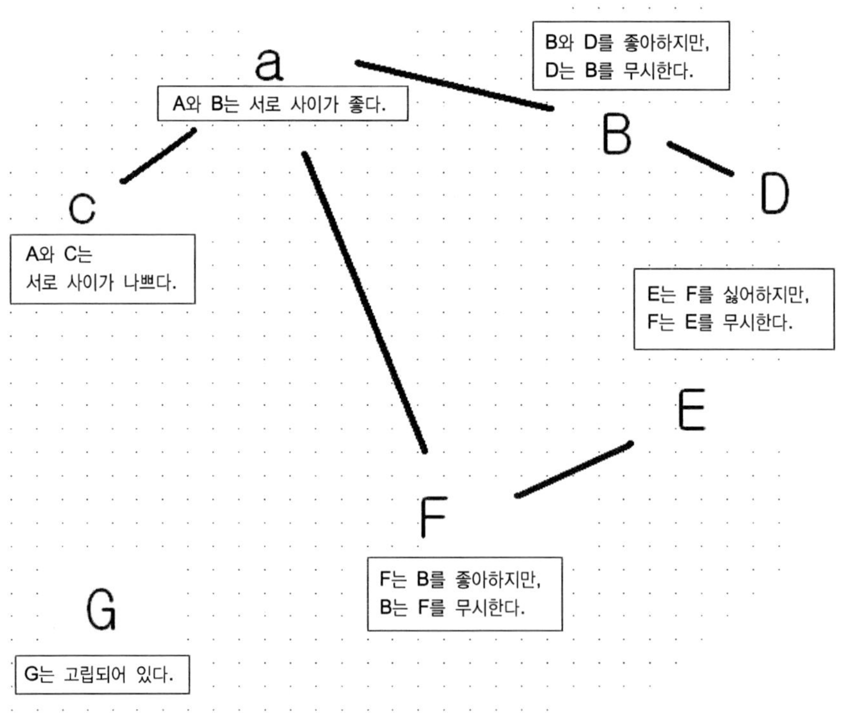

(자료: cafe.daum.net/sschildsc34)

제2절 의사소통 제도

1. 제안제도

(1) 개념

조직의 운영이나 작업의 수행에 필요한 여러 가지 개선안을 일반 종업원으로 하여금 제안하도록 하고, 그것을 심사하여 우수한 제안에 대해서는 적절한 보상을 하는 제도로 인간관계를 기초로 한 사기앙양의 한 방법이다.

(2) 대두배경

① 인간관계론이 이론적 배경이 되었다.

② 1880년 스코틀랜드의 조선기술자인 W. Denny가 투서를 목적으로 시작하여 종업원들의 의견을 경영에 반영시킨 것이 계기가 되었다.

③ 우리나라에서는 제안규정이 정부에 제정(1973년)됨으로써 시작되었다.

(3) 제안대상

① 에너지 절약 등 예산과 경비절감의 방안　　② 업무능률 향상 방안

③ 전반적인 관리개선 사항　　　　　　　　　④ 고객서비스 개선 사항

⑤ 기타 경영문제 등 그 범위는 매우 넓고 다양하며 창의적인 제안내용을 대상으로 하고 있다. 제안은 주로 하위직 종업원의 제안에 역점을 두고 운영되고 있다.

(4) 제안제도의 조건

① 자유롭게 제안할 수 있어야 한다.

② 채택된 제안에 대한 충분한 보상체계

③ 제안의 처리 및 심사에 있어서의 신속성과 공정성 유지

④ 제도의 취지에 대한 충분한 커뮤니케이션

(5) 제안제도의 장단점

① 장점: 사기증진, 업무 개선(능률성 확보)과 예산절약, 종업원의 창의력 및

직무의욕 고취, 하의상달 촉진, 참여의식·일체감·소속감 도모 등
② 단점: 제안채택은 각종 특혜 및 보상이 주어지므로 경쟁유발로 인한 갈등 초래 가능성, 가시적인 예산절감 및 기술적인 면에 집중, 제안심사의 공정성과 객관성 시비 발생, 친분관계 및 소속 감독자의 부하 제안에 대한 영향력 발휘 가능성, 경영자 또는 감독자의 충분한 지지와 지식 및 기술이 결여, 완전하고 종합적인 방침 및 계획 부족, 적절하지 못한 보상으로써 제안의 의욕 상실, 제안심사의 결과 통지 및 처리의 부당한 지연, 관리자. 종업원의 관심이나 주지에 적절한 장려 또는 홍보의 불충분, 종업원의 제안작성에 대한 조력 부족 등을 들 수 있다.

2. 인사상담제도

인사상담제도는 제안제도 등과 마찬가지로 인간관계론에 이론적 배경을 두고 있으며, 의사소통과 연계된다. 즉 종업원들의 인사문제 등 애로사항에 대해 인사권을 가진 자 또는 위임받은 자로부터 전문적인 조언을 받고 문제해결에 도움을 주는 제도이다.

3. 고충처리제도

(1) 고충처리제도의 개념

고충처리제도는 근로자들이 직장생활에서의 애로사항이나 현장에서의 불만사항을 수시로 호소하게 함으로써 이를 근로자 측 대표와 사용자 측 대표로 구성되는 고충처리위원회에 의뢰하고 그들의 협력으로 개인고충을 해결하도록 하기 위한 제도이다. 인사상담제도가 주로 인사상의 애로사항을 건의하는 것이라면 고충처리제도는 개인 애로사항을 주로 건의하게 된다.

(2) 고충처리제도의 목적

① 종업원의 각종 불만과 갈등의 해소 및 사기앙양
② 조직에 대한 안정감 유지 및 조직에 대한 신뢰증진

4. 직원사기조사

(1) 사기의 개념

사기는 근무의욕과 직결되는 요소로 인적 자원관리 측면에서 매우 중요하게 다룬다.

(2) 사기조사의 방법

① **통계적 방법**: 노동이동률(이직률), 개인 생산량의 변화, 사고율, 결근율 및 지각률과 같은 근태기록, 고충 불평의 빈도 등을 통해 사기수준을 측정할 수 있다.
② **태도조사**: 종업원들의 심리적 감정적 상태를 조사하는 방법으로 면접법, 질문지법, 참여관찰법 등이 있다.

제3절 의사결정과 관리자

1. 의사결정의 의의

의사결정이란 의사결정자가 어떤 목적을 설정하고 그 목적을 달성하기 위한 행동의 선택과정으로 그에 관한 자료를 수집하여 분석함으로써 그것을 달성하기 위한 행동을 결정하게 된다. 따라서 구체적인 행동으로 의사결정이란 목표설정 이후 여러 대안 중에서 목표달성에 가장 합리적인 대안을 선택하는 과정(process of choosing among alternative courses of action)으로 정의된다. 의사결정을 단순한 선택의 의미라기보다는 여러 단계를 포괄하는 과정으로 이해하는 것이 일반적이다. 여러 대안 중에서 조직목표 달성에 최적안을 찾는 과정을 의사결정의 분석이라 하며, 분석의 기준은 능률성, 효과성 등 분석자의 가치판단에 따라 다르게 적용될 수 있다.

2. 의사결정인의 유형

(1) **합리적 경제모형**(합리모형): 인간의 전지전능을 가정하며, 경제적으로 합
    리적인 의사결정자는 완전한 합리성에 의해서 경제성에 입각하여 이
    익을 극대화하는 모든 가능한 대안들을 탐색·평가할 수 있다고 가정
    한다. 이를 뒷받침해 주는 근거가 체제분석, 비용편익분석 등 여러 분
    석기법을 동원하므로 가능하다고 본다.
(2) **관리모형**(만족모형): 인간은 여러 가지 판단 및 능력의 한계 때문에 모든
    대안을 인식할 수도 없고, 또 모든 대안들의 결과가 어떠하리라는 것
    도 알 수가 없어서 의사결정자는 완전히 합리적이라기보다는 '제한된
    합리성(bounded rationality)' 아래에서 의사결정을 내리지 않으면 안 된다
    는 것이다. 따라서 결정자가 만족할 만한 수준에서 결정하게 되는 만
    족모형으로 사이먼과 마치가 주장했다.

3. 의사결정의 단계

(1) **문제의 인지 및 목표의 설정**: 최초 문제의 상황을 인지·인식하고, 이를
    토대로 문제를 해결하도록 목표를 설정한다.
(2) **자료·정보의 수집 및 분석**: 목표달성을 위한 관련 자료·정보를 광범하
    게 수집하고 분석한다.
(3) **대안의 탐색과 평가**: 목표의 달성을 위해 필요한 대안(수단)을 탐색하고
    일정한 기준을 토대로 비교 분석·평가한다.
(4) **최종대안의 선택**: 목표의 효율성·효과성 등을 판단하여 합리적인 대안
    을 선택한다.

4. 의사결정의 유형

(1) 개인적 의사결정과 집단적 의사결정

의사결정의 주체가 개인이냐 집단이냐에 따라 분류된다. 집단의사결정은
개인의사결정보다 정형적인 결정의 경우에는 개인보다는 집단의사결정이 효
과적이다. 집단은 개인보다 훨씬 더 리스크(risk)가 따를 수 있는데, 이는 집

집단양극화(group polarization) 현상으로 설명된다. 집단양극화란 집단에서 구성원들이 원래 선호하던 방향으로 자기의 입장을 극단적으로 추구하는 경향을 말한다.

(2) 정형적 결정과 비정형적 결정

① **정형적 결정**: 문제해결에 대한 정책결정의 선례가 있으며, 반복적·관례적·일상적인 정책결정을 의미한다.

② **비정형적 결정**: 정형적 결정과 대비되는 개념으로서 상황이 구조화되어 있지 않고 자주 반복되지 않거나 새롭게 직면하는 문제, 문제의 구조가 명확하지 않은 경우의 정책결정을 말하며, 비반복적·비관례적·비일상적·비정형적인 특성을 지닌다. 비정형적 의사결정에서는 의사결정상황이 독특해서 정형적 의사결정에서와 같이 사전에 결정된 기준과 절차가 없는 결정이다.

(3) 전략적 결정과 전술적 결정

① **전략적 결정**: 조직의 목표달성을 위한 상위목표의 결정으로서 거시적·추상적·포괄적인 내용을 포함하는 결정을 말한다. 기업에서는 주로 외부문제에 관련된 것으로, 기업이 생산하려고 하는 제품의 믹스와 판매하려고 하는 시장의 선택에 관한 것임.

② **전술적 결정**: 전략적 결정을 실제 실천으로 실행하기 위한 수단적·기술적 결정을 말하며, 문제해결 방안 등 미시적이고 구체적 내용이 포함되는 결정에 해당된다.

③ **관리적 의사결정**: 최대의 과업능력을 산출하기 위해서 기업의 자원을 조직화하는 문제에 대한 의사결정으로, 조직기구에 관한 결정과 자원의 조달과 개발에 관한 결정을 포함함.

④ **업무적 의사결정**: 기업자원의 전환과정에 있어서의 효율을 최대로 하기 위한 의사결정으로 현행 업무의 수익성을 최대로 하는 것을 목적으로 하고, 각 기능 부분 및 제품라인에 대한 자원의 배분, 업무의 일정계획화, 통제활동 등을 그 내용으로 함.

1. 커뮤니케이션의 가장 중요한 주체는?
① 경영자　　　　② 관리자　　　　③ 외부인　　　　④ 종업원

답 ②
해설) 커뮤니케이션의 가장 중요한 주체는 관리자이다.

2. 공식적인 경로를 가지는 커뮤니케이션에 해당하지 않는 것은?
① 하향적 커뮤니케이션　　　　② 수평적 커뮤니케이션
③ 상향적 커뮤니케이션　　　　④ 대각선 커뮤니케이션

답 ④
해설) 공식적인 경로를 가지는 커뮤니케이션은 크게는 수직적/수평적 커뮤니케이션, 좁게는 하향적/상향적/수평적 커뮤니케이션으로 분류한다.

3. 조직에서의 위계수준이 같은 구성원이나 부서 간의 의사소통을 무엇이라고 하는가?
① 상향적 의사소통　　　　② 하향적 의사소통
③ 쌍방향적 의사소통　　　　④ 수평적 의사소통

답 ④
해설) 수평적 의사소통은 조직에서의 위계수준이 같은 구성원이나 부서 간의 의사소통을 말한다.

4. 공식적 커뮤니케이션에 대한 설명으로 옳지 않은 것은?
① 위계질서가 잡혀 있는 경우 수평적 커뮤니케이션은 원활하게 이루어진다.
② 하급자가 상급자와 정보를 교류하는 모든 행위는 상향적 커뮤니케이션에 해당한다.
③ 하향적 커뮤니케이션을 지시적 커뮤니케이션이라고도 한다.
④ 상향적 커뮤니케이션을 확인하는 것으로 조직의 목표달성을 위한 행동이 취

해졌는지를 알 수 있다.

답 ①

해설) 위계질서가 정확히 잡혀 있거나, 위계가 너무 많아 복잡한 조직이나 지나치게 거대한 조직인 경우 수평적인 커뮤니케이션은 원활이 이루어지지 못하는 일이 많다.

5. 일반화된 커뮤니케이션 네트워크의 종류로 보기 힘든 것은?
① 쇠사슬형　　② 수레바퀴형　　③ 그물형　　④ 완전연결형

답 ③

해설) 커뮤니케이션 네트워크의 종류는 쇠사슬형, 수레바퀴형, 원형, 완전연결형의 네 가지가 존재한다.

6. 커뮤니케이션 네트워크의 종류 중에 커뮤니케이션이 공식적인 명령계통에 따라 아래로만 흐르는 고층 조직에서 흔히 발견되는 커뮤니케이션 유형은 무엇인가?
① 수레바퀴형　　② 원형　　③ 쇠사슬형　　④ 완전연결형

답 ③

해설) 쇠사슬형의 권한의 집중도가 가장 높고, 그 다음이 수레바퀴, 원형, 마지막으로 완전연결형이 가장 낮은 집중도를 가지게 된다.

7. 커뮤니케이션 네트워크와 조직행위에 대한 다음 설명 중 옳지 않은 것은?
① 권한의 집중도가 가장 낮은 커뮤니케이션 네트워크는 완전연결형이다.
② 커뮤니케이션 네트워크에서 원형은 집단의 만족도가 높은 편에 속한다.
③ 의사결정의 속도가 가장 빠른 커뮤니케이션 네트워크는 쇠사슬형이다.
④ 커뮤니케이션 속도는 쇠사슬형이 가장 빠르다.

답 ④

해설) 커뮤니케이션 속도는 완전연결형이 가장 빠르다.

8. 집단구성원 간의 호의와 비호의의 관계를 기초로 하여 사용하는 집단의 분석 기법은?
① 매트릭스　　② 네트워크　　③ 소시오매트리　　④ 그레이프 바인

답 ③

해설) 호의와 비호의라는 두 가지 관계를 통해 비공식적 커뮤니케이션이 흐르는 것이라고 볼 때 소시오메트리 기법은 비공식적 커뮤니케이션 체계의 분석기법으로 사용하는 것이 가능하다.

9. 소시오그램에서 어떠한 선도 이어지지 않은 사람을 무엇이라고 하는가?
① 고립된 사람　　② 파당　　③ 스타　　④ 연락자

답 ①

해설) 소시오그램에서 고립된 사람은 어떠한 사람에게도 호의, 비호의를 받지 못하는 사람이다.

10. 소시오그램에서 화살표를 가장 많이 받고 있는 사람을 무엇이라고 하는가?
① 파당　　② 스타　　③ 고립된 사람　　④ 연락역할

답 ②

해설) 소시오그램에서 가장 많은 화살표를 받고 있는 사람을 스타라고 한다.

11. 소시오그램에서 연락역할에 해당하는 사람이 가지는 특징은 무엇인가?
① 모든 이들의 대표가 된다.
② 보통 공식적으로도 리더일 확률이 높다.
③ 최고경영자에 해당한다.
④ 최말단 직원에 해당한다.

답 ②

해설) 연락역할에 해당하는 사람은 주로 파당간의 역할을 하게 되며, 보통 비공식적인 리더이며, 공식적으로도 리더일 확률이 높다.

12. 다음 (　) 속에 적합한 것은?

비공식적 커뮤니케이션의 체계 또는 경로를 (　　)이라고도 부른다.

① 소시오메트리　　② 그레이프바인　　③ 개념적 틀　　④ 카운슬링

답 ②

해설) 비공식적 커뮤니케이션의 경우에도 어느 정도의 연결된 관계를 표시해 볼

수 있는데, 이러한 경로를 그린 것을 그레이프바인이라고 한다.

13. 커뮤니케이션의 활성화 방안으로 옳지 못한 것은?
① 전달자가 수신자 입장에 서서 커뮤니케이션을 해야 한다.
② 사후검토와 피드백을 사용한다.
③ 커뮤니케이션을 자유로운 시기에 할 수 있도록 한다.
④ 반복적인 전달이나 병행경로를 이용한다.

답 ③
해설) 커뮤니케이션의 유효성을 높이기 위해서는 효과적인 시기를 설정해야 한다.

14. 다음 (   ) 속에 적합한 것은?

> (   )은/는 문제에 대해 확인하는 것으로 시작되며, 문제는 현재 상태와 바람직한 상태에 차이
> 가 있을 때 발생한다.

① 소시오메트리　　② 의사결정　　③ 집단양극화　　④ 그레이프 바인

답 ②
해설) 의사결정은 문제의 인식, 대체안의 탐색 및 평가, 대안 선택, 실행, 결과평가 순으로 진행된다.

15. 의사결정 순으로 올바른 것은?
① 문제의 인식 – 대안 모색/평가 – 대체안 선택 – 결과 평가
② 문제의 인식 – 대안 선택 – 대안 모색/평가 – 실행 – 결과 평가
③ 문제의 인식 – 대안 선택 – 실행 – 결과 평가 – 대안 모색/평가
④ 문제의 인식 – 실행 – 대안 선택 – 대안 모색/평가

답 ①
해설) 의사결정의 순서는 문제의 인식 – 대안 모색/평가 – 대안 선택 – 실행 – 결과평가이다.

16. 의사결정자의 여러 가지 설정 중 가장 이상적인 의사결정자는 누구인가?
① 관리인 모형　　　　　　　② 합리적인 경제인 모형
③ 사회인 모형　　　　　　　④ 고립된 모형

답 ②

해설) 합리적인 경제인 모형은 가장 이상적인 의사결정자이다. 이는 경제성을 중시하는 모형으로서 경제성 추구는 과학적인 기법을 동원하여 대안을 결정한다.

17. 의사결정에 있어서 인간의 두뇌에는 실제적으로 어느 정도 한계가 있기 때문에 최적의 선택을 한다는 것이 거의 불가능에 가깝다는 것에 착안하여 사이먼이 정립한 모형은?
① 합리적 경제인 모형   ② 기업인 모형
③ 관리인 모형   ④ 사회인 모형

답 ③

해설) 사이먼은 애덤 스미스의 합리적 경제인 모형을 비판하고 실제적인 모형을 정립하기 위한 시도로 관리인 모형을 제시하였다.

18. 의사결정자 중에서 관리인 모형에 해당하는 속성이 아닌 것은?
① 모든 대체안을 모색하는 것은 불가능
② 대체로 이상적인 의사결정자
③ 대체안의 결과에 대해서 불완전한 지식을 소유
④ 평가의 불완전성과 평가체계의 변이성

답 ②

해설) 관리인 모형은 이상적인 의사결정자가 아닌 현실적인 의사결정자이다.

19. 집단의사결정의 장점이라고 보기 힘든 것은?
① 일의 전문화   ② 커뮤니케이션의 기능의 수행
③ 구성원들의 상호작용   ④ 갈등을 촉진

답 ④

해설) 갈등을 촉진하는 것은 집단의사결정의 장점이라고 보기 힘들다.

20. 집단의사결정의 장점으로 옳지 않은 것은?
① 구성원 전체 의견을 반영할 수 있다.
② 많은 지식을 이용할 수 있다.
③ 커뮤니케이션 기능을 수행할 수 있다.

④ 결단력 있는 의사결정을 할 수 있다.

답 ④

해설) 집단의사결정은 합의를 전제로 하므로 신속하고 결단력 있는 결정을 할
수 없다.

21. 비정형적 의사결정의 특징으로 옳은 것은?
① 의사결정 계층은 주로 하위층이다.
② 일상적이고 보편적인 문제를 다룬다.
③ 시장과 기술이 안정되고 일상적이며 구조화된 문제해결이 많은 조직에서 많
이 발생한다.
④ 해결안을 문제가 정의된 이후에 창의적으로 결정한다.

답 ④

해설) 나머지는 모두 정형적 의사결정의 특징이다.

22. 비정형적 의사결정의 특징으로 올바르지 못한 것은?
① 문제는 독특하고 참신하다.
② 창의적인 결정이 이루어진다.
③ 주로 종업원들에게서 일어난다.
④ 결정사항이 일반적이지 못하고 복잡하다.

답 ③

해설) 주로 종업원들에게 일어나는 의사결정은 정형적 의사결정이다.

23. 의사결정의 분류 성격이 나머지와 다른 하나는?
① 확실성 의사결정   ② 전략적 의사결정
③ 불확실성 의사결정   ④ 위험 의사결정

답 ②

해설) 전략적 의사결정은 나머지 셋의 분류와는 다른 의사결정으로, 전략적/관리
적/업무적으로 분류되는 의사결정이다.

24. 의사결정 중 확실하지도, 불확실하지도 않은 의사결정을 무엇이라 하는가?
① 확실성 의사결정   ② 불확실성 의사결정
③ 확률 의사결정   ④ 위험 의사결정

답 ④
해설) 위험 의사결정은 확실하지도, 불확실하지도 않은 의사결정을 의미한다.

25. 조직의 하위계층이 내리는 의사결정으로 묶인 것은 무엇인가?
① 확실성 의사결정 – 위험 의사결정
② 정형적 의사결정 – 업무적 의사결정
③ 위험 의사결정 – 비정형적 의사결정
④ 전략적 의사결정 – 불확실성 의사결정

답 ②
해설) 정형적 의사결정과 업무적 의사결정은 조직의 하위계층이 내리는 의사결정이다.

26. 토론리더의 자질 중 토론을 유도할 수 있어야 한다는 것은 어떠한 의미인가?
① 토론의 본질을 유도해야 한다.
② 토론을 할 수 있도록 상황을 만들어야 한다.
③ 토론이 활성화되도록 유도해야 한다.
④ 토론이 종료되는 지점을 찾을 수 있도록 유도해야 한다.

답 ②
해설) 토론을 유도한다는 것은 토론을 할 수 있는 상황을 만드는 것을 의미한다.

1. 커뮤니케이션 네트워크 중 점이 5개인 완전연결형 네트워크를 그리시오.

2. 커뮤니케이션을 활성화하기 위해서 사용 가능한 주체와 객체의 노력에 대해서 서술하시오.

해설) 감정 이입, 적절한 언어의 사용, 사후검토와 피드백, 중복성, 효과의 시기 설정, 신뢰적인 분위기의 조성, 정보흐름의 규제 등

3. 조직에서의 커뮤니케이션을 인체의 신경계와 비교하여 서술하시오.

해설) 인체의 신경계가 원활하지 않다면 인체를 제대로 움직일 수 없듯이, 조직에서의 커뮤니케이션이 원활하지 않다면 조직을 제대로 운용하는 것이 불가능하다.

4. 상향적 커뮤니케이션의 중요성과 의의를 서술하시오.

해설) 상향적 커뮤니케이션은 그 가운데 성과와 관련해서 통제목적을 위한 정보를 제공하는 것이 중요한 기능으로, 상향적 커뮤니케이션을 확인하는 것으로 조직의 목표달성을 위한 행동이 취해졌는지를 알 수 있다.

제1절 집단의 의의

1. 집단과 집단역학의 개념

(1) 집단(group)의 개념

조직의 공동의 목적을 달성하기 위하여 일정 기간 동안 상호작용이나 상호의존 관계를 형성하고 구성원 간 지속적이고 유기적인 유대관계를 가지는 둘 이상의 개인들의 집합체 또는 모임을 집단이라 한다. 집단은 그 자체가 조직인 경우도 있고, 몇 개의 집단이 조직을 이룰 경우에는 소집단으로 존재한다.

(2) 집단역학(group dynamics)의 개념

집단의 현상으로 집단 구성원들 간 상호작용에서 나타나는 행동, 또는 현상과 다른 집단과의 관계 등에 의해 나타나는 동태적인 현상을 말한다. 또한 학문적으로는 집단 전체의 행동을 변화시키는 방법을 발견하고자 하는 연구 분야로 사회심리학이라 한다.

(3) 집단의 형성 이유

사회기관의 한 부류로서의 집단은 사람들의 일시적 관계나 행동과는 달리 일정 범위 내에서의 인간 사이의 지속적이고 상호작용관계로 이루어진다. 인간은 지속적으로 욕구를 충족시킬 수 없을 때 집단을 이루고 싶어 하고 그 집단을 통해 만족하려하는 속성이 있기 때문이다. 따라서 개인이 어떤 욕구를 충족하기 위해 타인과 공동목표를 설정하여, 그 목표달성을 향해 계속적으로 협력할 때 비로소 집단이 형성되고 존속된다고 할 수 있다. 이렇게 일정 기간 동안 계속적인 타인과의 협력 과정에서 상호간에 준수해야 할 집단규범이 형성되고, 그 규범에 의해 집단의 질서가 유지된다. 집단규범에 의한 집단질서는 집단의 공동목표를 향한 계속적인 협력과정에서 사람들은 동일집단의 구성원이라는 동료의식을 가지게 되며, 이로써 집단과 외부사회 간의 구별을 의식하게 된다. 이러한 의식은 집단문화를 형성하고 타 집단의 문화의 모방, 전수, 변화의 과정 등을 겪게 된다.

2. 집단의 역할

(1) 다양한 구성원의 욕구충족과 집단성과의 시너지 효과

조직에서 집단은 구성원들의 협력적, 조직적인 행동을 수행하는 장이자 조직형성의 기초단위이다. 또한 구성원 개인과 조직을 연결하는 교량역할을 하여 구성원의 다양한 욕구를 충족시켜 주는 역할을 한다. 그리고 집단의 활동은 개인의 활동보다 성과 면에서 훨씬 더 큰 시너지 효과를 발휘한다.

(2) 환경 변화의 대응과 조직 유효성 제고

경영환경의 불확실성에 대해 조직의 유연성과 신속한 대응력을 필요로 하는 오늘날의 조직환경으로 집단 수준의 능력이 부각되면서 조직 행위를 위한 사회 분석의 단위로서 집단 이해와 집단 역학을 응용한 활성화가 조직유효성 제고를 위한 기초로서 인식되고 있다.

3. 집단의 형성과 성장 단계

(1) 집단형성의 요인
① 안전욕구 충족: 집단에 소속됨으로써 개인은 고립감, 소외감을 극복하고 외부 위협으로부터 안전을 추구하는 욕구충족의 이유로 집단을 형성한다.
② 지위: 인간은 어느 집단에 소속되어 자신의 지위를 차지하고 또 높이고자 집단을 형성하게 되며 집단의 소속감은 자기 존중의 욕구를 만족시켜 준다.

③ 자아실현: 집단형성의 요인으로 개인은 집단에 참여하여 성취감·성장
  가능성의 욕구를 충족시키려는 자아실현에서 비롯된다.
④ 목표달성 및 문제해결: 공식집단을 형성하여 목표를 효율적으로 달성하
  고자 한다.
⑤ 사회적 욕구충족: 개인적으로 충족시킬 수 없는 사회적 욕구의 충족을
  위하여 집단을 형성하기도 한다. 즉 사회적 본능으로 설명이 될 수 있
  는데, 인간은 동질성이 있는 사람들끼리 어울리기를 원하고 그리고 그
  집단에서 자신의 만족을 추구하는 속성이 있다.

(2) 성장 단계
① 형성 단계: 집단구성원들이 서로를 탐색하고 집단의 목적 달성을 위한
  초기의 규칙을 설정하는 시기로 상호 이해관계의 차이로 목표와 실현
  방법에 대한 갈등이 발생하고 이를 해결하기 위한 리더의 필요성이
  공감되고 리더를 선출한다.
② 갈등 단계: 형성 단계에서 내재된 집단 내의 갈등이 본격적으로 가시화
  내지는 확대되는 시기로 구성원이 리더의 통제에 대한 저항이 크면
  해체, 수용이 되면 갈등해소로 집단은 유지된다.
③ 규범 단계: 집단 구성원들이 바람직한 집단행동의 양식에 따라 보편적
  인 인식과 기대를 갖게 되는 시기로 집단 구성원의 정체성이 확립되
  는 시기이다.
④ 실행 단계: 규범단계에서 집단의 안정성이 추구되었고 이 단계에서는
  구성원들이 집단의 성과 달성에 관심을 갖게 되는 시기로 자원 투입
  과 인력보충 등의 지원이 확대되어야 한다.
⑤ 변신 단계: 집단목적이 달성되어 집단을 해산하거나 추후 새로운 역할
  과 작업을 찾고 모색하는 시기이다.

4. 집단구조의 구성 요소

(1) 집단 역할

① **역할의 개념**: 집단에서 특정한 직위를 가진 사람이 집단을 위한 일련의 행위로서, 집단에서 역할은 과업행위와 관련된 기대로 개인의 인격적인 것을 포함하지 않는다. 그리고 집단 내의 개인의 역할은 매우 다양하다.

② **역할정체성(role identity)**: 역할정체성이란 역할이 주어진 행위의 범위 또는 상대방 역할과의 차이점이라 할 수 있다. 이 정체성은 역할에 상응하는 태도와 실제적인 행동에 의하여 형성되며, 상황과 요구되는 행동의 변화에 따라 역할이 바뀔 수 있다.

③ **역할지각(role perception)**: 역할 수행자가 역할구조 속에서 자신의 위치를 정확하게 판단하고 인식하는 능력을 말하며, 특정 위치에서 역할의 내용을 정확히 인식할 때 생겨난다.

④ **역할기대(role expectation)**: 개인의 역할에 대해 다른 사람이 갖는 기대를 말하며 역할 기대의 차가 크면 집단의 응집력도 낮아지고 불신감이 발생하여 조직활동에 저해가 된다.

⑤ **역할모호성(role ambiguity)**: 조직의 규모가 확대되고 구조의 복잡성, 급속한 조직의 성장 등으로 잦은 재조직화가 요구되고, 신기술의 창조, 사회구조의 변화 등으로 개인이 자신이 수행해야 할 역할에 대해 혼란과 잘 모르는 등의 정보결핍에서 발생하는 현상을 말한다.

⑥ **역할갈등(role conflict)**: 어떤 개인이 상황에 따라 두 역할을 수행해야 하는 경우 어떤 역할을 수행해야 할지 발생하는 갈등을 말한다.

(2) 지위

① **지위의 개념**: 타인에 의해서 집단 구성원에게 주어진 사회적 위치 또는 서열을 의미하며, 집단 자체의 기준에 의하여 결정되는 종합적 평가로서 집단의 수직적 분화를 반영한다.

② **지위의 분류**: 지위는 조직에서 공식적 권력의 정도를 차별화하기 위하여 부여하는 공식적 지위와 개인의 기술, 경험 등 특성에서 비롯되는

구성원의 인식에 의한 비공식적 지위가 있다.

③ 지위 불일치: 특정 지위와 그에 대한 적절한 대우를 받지 못하고 있다고 인식하는 것을 말한다. 즉 책임과 권한의 불일치라고도 할 수 있다.

(3) 집단규범(Group Norms)

집단의 구성원들에 의해 공유되고 인정된 비공식적 행동의 기준을 말하며, 구성원을 집단의 목표에 일치되도록 외적인 통제력을 가지고 구성원의 개인행동에 영향을 미친다. 또한 집단의 목적달성과 정체성 확립, 구성원의 동질성 유지 및 존속 기능을 한다.

제2절 집단의사결정

1. 개념

집단의사결정이란 개인의 결정과는 구별되는 것으로 집단의 목적을 달성하기 위해 일정한 기준에 의한 다수의 구성원의 집합체가 결정을 하는 것을 말한다.

2. 집단의사결정의 장점

① 어떤 문제를 해결할 때 개인보다 집단구성원들이 더 많은 지식과 정보를 가지고 있다.

② 집단은 개인보다 문제정의 및 대안 도출, 예상되는 결과에 대한 평가 등에 대해 보다 광범위한 시각을 가진다.

③ 집단의사결정에 많은 참여자들이 일반적으로 그 결정에 대해 동의하였기 때문에 의사결정비용은 증가될지 모르지만 외부비용인 집행비용은 감소한다.

④ 의사결정에 관련된 정보의 교환이 촉진된다.

3. 한계점

① 개인차원의 의사결정보다 집단의 의사결정은 합의로 가는 과정이 쉽지 않으므로 시간 등의 의사결정비용이 많이 든다.
② 소수의 영향력 있는 참여자에 의해 결정방향이 정해질 수 있다.
③ 집단의사결정이 반드시 합리적일 수는 없으며, 절충과 합의이므로 그릇된 방향으로의 결정이 될 수 있다. 즉 다수의 의견이 소수 정당한 의견을 무시할 수 있다.
④ 집단사고의 함정에 빠질 수 있다. 즉 응집력이 높은 집단의 의견일치에 대한 압력으로 인하여 각 개인의 비판적 의견을 억누르게 되는 경향을 말한다.

4. 집단의사결정의 효율화 방안

(1) 집단사고의 최소화

여기서 집단사고(group thinking)는 집단 내의 사회적 압력 때문에 빚어지는 판단능력(비판적 평가능력)의 저하현상을 지칭한다. 응집성이 강한 조직의 경우 흔히 만장일치에 대한 환상 때문에 구성원들이 획일적이고 기계적인 사고를 하는 것이다. 집단사고가 크면 의사결정이 합리적으로 이루어지지 않을 수 있다. 따라서 집단사고는 위와 같은 부정적 결과를 가져오므로 이를 최소화하기 위한 노력이 필요하다.

(2) 의사결정기법의 개발과 적용

① **명목집단법**(nominal group technique, NGT): 실질적인 집단구성도 아니며, 구성원들 상호 간의 대화나 토론이 이루어지지 않는다. 즉 아이디어 서면 작성, 아이디어 제출 및 전체 아이디어 기록, 구성원 토의, 투표 후 결정 순으로 진행된다. 이 방법의 특징은 참석자들로 하여금 초기에 서로 대화를 하지 않는다는 것이다. 그렇게 함으로써 집단의 각 구성원들이 진실로 마음속에 생각하고 있는 바를 끄집어내려는 것이다.

② **델파이법**(Delphi technique): 정해진 숫자의 전문가들의 독립적인 의견을 설문지 등 기타의 양식에 의해 우편 등으로 수집, 요약해서 결과를 전문가들에게 배부한 다음에 또 다른 질문을 제시, 반복하여 일반적인 합의가 이루어질 때까지 지속하는 방법이다.

③ Brain－Storming과 Brain－Writing: Brain Storming(집단토론기법, 자유토론기법)은 정책과 관련한 전문가가 처음부터 한자리에 모여 자유로운 토론을 통해 미래를 예측하여 결론에 도달하는 전문가의 주관적 판단 기법이다. Brain－Writing은 브레인스토밍을 좀 더 개선한 방식으로서 전문가들이 쪽지를 통해 자신의 의견을 제시하고, 그 의견들을 종합하여 미래를 예측하는 기법이다. 브레인스토밍은 한자리에서 얼굴을 맞대고 토론이 이루어지므로 고도의 전문가의 의지에, 그렇지 못한 참여자들이 압도당할 수 있는 경우를 방지할 수 있다.

〈보충학습〉 델파이 기법

(1) 델파이

① 개념

   ㉠ 델파이(Delphi)기법은 문제와 관련된 전문지식을 가진 전문가들이 서로 만나지 않고 설문지를 통하여 자기 주관적 경험과 지식에 의해 의견을 제시하는 비과학적·질적 기법이다. 설문지는 반복적으로 실시하여 예측의 결론에 이르도록 한다.

   ㉡ 집단적 문제해결 방식 가운데 성격, 이념, 가치관 등의 대립을 회피하는 기법이다.

② 성립배경: 1950년대에 미공군성(RAND 연구소)에서 체계적으로 연구, 개발되었다.

③ 특징

   ㉠ 설문지 응답전문가는 각각 격리된 장소에서 익명으로 이루어진다.

   ㉡ 질문을 여러 차례 반복하고 응답결과관리는 통제된 환류방식을 취

한다.

ⓒ 응답결과를 통계처리(중앙값, 분산도, 도수분포 등)하고, 결과를 재질문 시 알려주어 응답 시 참고하도록 한다. 이렇게 반복함으로써 어느 한 결론에 도달하게 된다.

④ 장점

㉠ 응답자들의 익명성 때문에 다른 전문가의 영향을 받지 않고, 자신의 의견을 솔직히 진술할 수 있다. 따라서 결론의 왜곡을 방지할 수 있다.

㉡ 응답결과에 대해 통제된 환류과정을 반복함으로써 참여자들이 목적과 주제에 대해 관심을 제고시킬 수 있어 비교적 좋은 응답을 기대할 수 있게 된다.

㉢ 한자리에 모이지 않고 결과가 비공개 처리되므로 오류에 대한 수정이 용이하여 위험부담을 최소화시킬 수 있다.

⑤ 단점

㉠ 설문 응답자들의 전문성과 관심 등이 부족하다면 좋은 결과를 기대하기 어렵다.

㉡ 설문내용의 의도적 방향에 따라 응답이 결정되는 한계가 있다.

㉢ 다수결론에 따라 소수 의견이 무시되고, 다수 의견이 정확한 결론이라는 보장이 없다.

㉣ 설문방식에 있어서 반복의 장점도 있지만 반복으로 인해 자신의 정확한 의견을 표시하지 못할 수도 있다.

(2) 정책델파이

① 개념 : 전통델파이는 미래 예측으로 한정되지만 정책델파이는 전통델파이의 미래 예측 결과를 토대로 정책결정자와 전문가들의 의견을 종합하여 정책결정에 활용한다.

② 내용 및 특징

㉠ 익명성의 관리(선택적 익명성) : 정책델파이에 참여하는 전문가들은 전

통델파이에 참여했던 전문가들의 일부가 참여하거나 초기에는 익명
성으로 시작되어 정책대안들에 대한 논쟁이 표면화되고 나면, 참여
자들이 모두 공개되고 정책담당자들과 함께 토론을 하게 된다.

ⓛ 참여자의 전문성과 관심, 통찰력 여부: 참여자들이 비전문성과 관심
부족 또는 통찰력이 부족한 대상자들이라면 진행과 결정에 한계가
발생한다. 따라서 선정의 신중성이 고려되는 기법이다.

ⓒ 의도적 갈등 조성: 정책델파이는 참여자들의 합의를 중시하지만 어
느 한 전문가의 주장에 영향을 받아 쉽게 결론이 이루어지는 것을
방지하기 위하여 의견의 갈등을 의도적으로 조성한다.

ⓔ 의견 차이 부각 및 통계처리: 종합된 의견의 통계처리도 결론의 객
관성과 신중성을 고려하여 의도적으로 불일치나 갈등이 유발되는
부분에 대해서 초점을 맞춘다.

ⓜ 정책델파이는 전통델파이의 약점을 보완하기 위한 것으로 전통델파
이의 특징이라 할 수 있는 질문의 반복과 회람, 통제된 환류라는
원칙을 가지고 있다.

제3절 집단의 종류

1. 공식 조직과 비공식 조직의 의의

(1) 공식 조직의 개념

법률·규칙·직제에 의하여 조직화되고 조직의 목표달성을 위하여 제도
화된 인위적·의도적·법적 조직(집단)을 의미한다.

(2) 비공식 조직의 개념

공식조직과는 대조된 개념으로서 인간의 사회심리학적 측면에서 동질성과
집단의 성향이 같은 구성원들의 자발적, 자생적으로 형성된 조직을 말한다. 비
공식조직은 반드시 공식조직하에 존재하며, 각종 사모임 등이 이에 해당한다.

(3) 비공식 조직의 형성요인

① 개인적·인간적 욕구의 발현

② 공식조직의 비인격성·비인간성에 대한 문제 해결

③ 공식조직으로 해결하지 못하는 문제해결을 위한 필요성 증대(계층조직
의 한계)

④ 공식적 관계와 현실적 관계 사이의 갭이 존재

⑤ 공식조직 내 혈연·지연, 취향, 속성 등을 중심으로 한 모임 성격

2. 비공식 조직의 순기능과 역기능

(1) 순기능

① 조직에 대한 귀속감·안정감·만족감으로 사기와 생산성 향상에 기여
한다.

② 개인적 욕구불만의 배출구로서 갈등을 해소해 주는 역할을 한다.

③ 공식조직이 갖는 경직성을 완화시킬 수 있으며, 비공식적 의사전달의
통로로서의 역할을 한다.

④ 구성원 간의 지식 및 경험의 공유와 협조로 업무에 도움이 된다.

⑤ 개인에 대한 비공식조직의 규범성과 영향력은 구성원의 현실적인 행
동기준·규범을 확립하여 준다.

⑥ 조직의 리더나 관리자의 명령·능력의 결함을 보완하는 역할을 해 준다.

⑦ 비공식조직을 통한 각종 정보를 획득시켜 리더십을 강화시켜 줄 수 있다.

(2) 역기능

① 인간의 배타적인 감정으로 비공식 조직 간이나 비공식 조직과 공식
조직 간의 갈등으로 조직운영에 부정적인 작용을 할 수 있다.

② 개인적 불만을 비공식 조직을 활용하여 집단적 불만으로 확대시켜 공
식조직의 기능에 부담을 줄 수 있다.

③ 각종 루머의 발생지가 되고, 비공식적 의사전달로 인한 정보의 왜곡
등이 초래된다.

④ 비공식 조직이 인사문제나 조직운영에 압력단체화할 우려와 정실행위
　 가 만연될 우려가 있다.

3. 소집단

(1) 개념

소집단이란 상호 대면적이고 직접적으로 의사전달을 하는 제한된 수(일반
적으로 15명 이내)의 소규모의 인간집단을 의미한다. 비공식집단이 소집단은
아니며 공식집단의 경우도 규모와 여러 가지 특징을 기준으로 소집단으로
보는 것이다.

Kreitener에 의하면 집단이란 특정의 공동목표를 달성하기 위하여 상호의
존적인 관계에서 상호작용하는 두 사람 이상의 집합체로 본다.

(2) 소집단의 특징

① 대면적인 관계를 가진다.

② 구성원 간의 사회적 상호의존작용이 행하여진다.

③ 구성원 상호 간에 개인적인 인상이나 인지를 공유한다.

④ 깊고 광범한 의사전달이 이루어진다.

⑤ 강한 집단의식을 공유한다.

⑥ 집단규범이 형성되며, 집단규범에 대한 동조행위가 고도로 발달된다.

⑦ 안정감·귀속감·일체감 등의 심리적 욕구를 충족하는 기능을 한다.

(3) 소집단의 유형별 내용

① 공식적 집단

　 ㉠ 영속적 공식집단: 상설위원회, 최고관리층, 막료집단, 부(部), 과(課) 등

　 ㉡ 임시적 공식집단: 임시위원회, 작업반 등

② 비공식적 집단

　 ㉠ 수평적 집단: 동일한 조직단위 내의 동일한 지위의 구성원으로 결
　 　 속되는 경우

ⓒ 수직적 집단: 동일한 조직단위 내의 상이한 지위의 구성원으로 결속되는 경우

ⓒ 혼성적 집단: 상이한 조직단위 간의 동일·상이한 지위의 구성원으로 결속되는 경우

(4) 소집단의 기능

① **공식적·조직적 기능**: 소집단은 조직의 공식적 목표를 달성하는 데 기여하는 공식적 기능을 수행한다.

② **심리적·개인적 기능**: 소집단은 구성원의 심리적·개인적 욕구를 충족시키는 비공식적 기능을 가진다.

③ **다양적·혼합적 기능**: 소집단은 공식적·조직적 기능과 심리적·개인적 기능을 혼합적으로 수행할 수 있다.

(5) 소집단의 연구

① **소집단의 연구경향**: 19세기 무렵의 초기연구는 사회는 제1차 집단으로부터 제2차 집단으로, 공동사회로부터 이익사회로 이행되고 있다고 하여 소집단의 중요성을 간과한 소극적 연구에 그쳤다. 1930년대 이후부터 소집단에 관한 연구는 본격화되었으며, 소집단의 중요성이 강조되어 오고 있다.

② **소집단의 연구특징**: 소집단의 연구는 순기능에만 초점을 둔 연구이며, 그 역기능 및 통제문제에 대한 연구가 결여된 점이 특징이다.

③ **사회측정이론**: 집단 내에서의 개인 상호 간의 감정상태와 관심도 및 호악(好惡)관계를 파악하고 사회집단의 구조를 양적으로 측정하여 집단구조, 집단발전 내지는 사회적 관계의 측정과 분석을 기하려는 것이다.

④ **집단역학론**: 집단에는 공식적 집단과 비공식적 집단이 있는바, 집단 및 그 구성원의 행동을 규정하는 집단역학적 문제의 분석 및 실험적인 연구를 하는 이론이 집단역학론이다. 이 이론은 집단저변에 흐르는 추상적인 원리들을 형성하고 나아가 집단의사와 집단행위에 영향을 주기 위한 기술을 고안하는 데 목적이 있다.

제4절 집단에서의 갈등과 갈등관리

1. 의의

갈등이란 조직 내의 의사결정과정 또는 조직활동에서 발생하는 구성원 간의 의견 차이 또는 조직과 인간 사이에서 나타나는 불일치 현상을 말한다.

2. 갈등의 형태

(1) 개인적 갈등: 개인의 심리적 갈등으로서 조직목표와 개인목표와의 불일치 또는 구성원 간의 의견 차이, 조직문화에의 부적응 등으로 나타나는 내면적 또는 심리적 혼란현상을 말한다.

(2) 대인적 갈등: 구성원 간의 부조화 현상으로 나타난다.

(3) 문화적 갈등: 이질적인 문화 사이에서 발생하는 충돌현상을 말한다. 특히 문화지체 발생, 문화수용 강요 시는 저항 등을 초래한다.

(4) 역할 갈등: 상황이 두 가지의 역할을 하도록 만들었을 때 어느 한 가지 기능을 선택해야만 하는 경우에 발생한다.

(5) 의사결정갈등: 목표달성의 대안 선택기준이 애매하여 합리적 의사결정이 이루어지지 못하는 경우에 발생한다.

3. 갈등의 유형

(1) 개인적 갈등(Miller & Dollard)

① 접근 - 접근 갈등: 개인에게 두 가지 원하는 대안 중에서 반드시 하나만을 선택해야만 하는 경우(예 휴가와 성과금)

② 접근 - 회피 갈등: 하나는 원하는 대안, 나머지 하나는 원하지 않는 대안이 제시되고, 그중 하나를 선택해야만 하는 경우로서 바라는 대안을 선택할 경우에는 거기에 따른 불이익이 상존하는 문제가 있다(예 승진하는 대신 격오지로의 발령).

③ 회피－회피 갈등: 두 가지 바람직하지 않은 대안이 제시된 상태에서의
하나를 반드시 선택해야만 하는 경우(예 좌천이냐 징계냐의 선택 문제)

(2) 복수 의사주체 간의 갈등

조직이나 집단의 복수 주체 간에 나타나는 갈등으로서 조직 간 갈등과 조
직 내 갈등이 있다.

(3) 조직구조적 갈등(Pondy)

① 협상적 갈등: 부족한 자원의 경쟁에서 발생하는 갈등

② 관료제적 갈등: 계층제적 구조에서 발생하는 상하 간의 갈등

③ 체제적 갈등: 상하관계가 아닌 계층제의 횡적 구조계층에서 발생하는
갈등

④ 마찰적 갈등: 갈등으로 인한 결과가 조직구조 변화와는 무관한 갈등

⑤ 전략적 갈등: 갈등으로 인한 결과가 조직구조의 변화를 초래하는 갈등

4. 갈등의 원인

(1) 사이몬(H. A. Simon)과 마치(J. G. March)의 견해

① 제한된 자원에 대한 상호의존성과 공동결정의 필요성

② 목표 및 현실에 대한 인식의 차이

(2) 로빈스(S. P. Robbins)의 갈등의 구조적 원인

① 과업상의 상호의존성과 과업의 일방적 의존성

② 고도의 수평적 분화와 낮은 공식화

③ 한정된 자원의 공용과 자원획득 경쟁

④ 평가기준과 보상체계의 차이

⑤ 다수 참여적 의사결정

⑥ 구성원들 간의 이질성

⑦ 지위의 불일치

⑧ 역할불만과 갈등

⑨ 의사소통의 왜곡 등

(3) 폰디(pondy)의 갈등의 잠재적 원인
① 자원의 희소성, 부족으로 인한 자원획득 경쟁과 갈등
② 타 부서 활동의 통제과정에서 발생하는 자율권의 침해로 인한 갈등
③ 문제해결에 대한 인식의 차이

(4) 개인적 갈등의 원인
① 비수락성: 정책결정자가 대안선택 후의 결과를 파악하고 있지만 만족하
   지 못하여 수락하기 어려울 때의 갈등
② 비비교성: 정책결정자가 대안선택 후의 결과를 알고 있지만 최선의 대
   안을 결정하기 위한 기준이 없어 비교하지 못할 때의 갈등
③ 불확실성: 대안선택으로 인한 결과에 대한 예측이 불가능할 때의 갈등

(5) 복수 의사 주체 간의 갈등 원인
① 목표와 이해관계의 차이
② 목표에 대한 인지와 태도의 차이
③ 의사소통의 한계
④ 공동참여 결정시 자원배분상의 갈등
⑤ 지위와 권한(통솔)의 부조화

5. 갈등의 기능

(1) 순기능
① 조직의 활성화 계기 마련으로 조직발전에 기여한다.
② 갈등 해결을 위한 노력 등은 조직의 학습화로 문제해결능력을 신장시킨다.
③ 갈등해결은 조직의 결속력 강화의 새로운 계기로 작용
④ 조직 리더의 조직관리 능력 배양 기회를 제공한다.
⑤ 갈등은 조직 내의 갈등을 관리하고 방지할 수 있는 방법을 학습할 수
   있는 기회를 제공한다.

(2) 역기능

① 구성원들의 심리적 불안 조성으로 결속력을 약화시킨다.

② 조직목표 달성과 갈등 해소 방안 모색과의 전치가 발생한다.

③ 구성원 간, 조직 간 반목과 배타감정을 초래한다.

④ 갈등해결로 인해 조직성과나 목표달성에 제약을 가져오고, 통제기능의 저하와 사기를 저하시킨다.

⑤ 갈등은 조직의 안정성, 조화성, 통일성을 깨뜨리고, 조직이나 개인의 창의성이나 진취성을 질식시킬 수 있다.

⑥ 갈등은 조직 내의 작은 문제에만 집착하도록 하기 때문에 환경의 영향을 무시할 수 있다.

6. 갈등 해결 전략

(1) Simon과 March의 집단 간 갈등관리전략

① 문제해결: 기본적인 목표에 대한 합의는 이루었으나 수단에 대한 의견의 불일치가 발생할 경우에 객관적 자료와 정보수집을 통해 문제를 해결하게 된다.

② 설득: 전략적인 상위목표가 정해진 상태에서 전술적인 하위목표 간의 의견불일치를 제거하는 방법이다.

③ 협상: 갈등 당사자 간의 직접적 해결방법으로서 이해관계의 양보와 획득이 동시에 이루어지는 조정의 일종이다.

④ 정략: 갈등 당사자 외에 제3자의 지지와 같은 개입을 통한 문제해결 방식이다(언론, 시민단체의 도움). 정치적 타결이라고도 한다.

(2) 재미슨(D. W. Jamieson)과 토마스(Thomas)의 전략

① 회피: 갈등상황을 직접 해결하는 방식이 아니라 벗어나려는 전략으로서 가치의 상실 또는 목적달성이 불가능하다고 판단될 때 나타나는 행동양식이다.

② 수용: 개인적 오류를 인식하였거나 조정, 화합 등으로 상대방의 의견

을 받아들이는 것으로 상대방의 의견에 동조하는 것이다.

③ 타협: 극단적인 갈등을 피하고 그럭저럭 만족한 수준에서 협상하는 것을 말한다.

④ 협력: 각자 자신의 이익이 예상될 때 목표를 위한 제휴방식으로서 연합이 이에 해당된다.

⑤ 강제: 타협은 힘의 균형상태에서 가능하지만 강제는 영향력의 불균형 상태에서 자신의 의견을 관철시키기 위한 힘의 행사이다.

(3) 루탄스(Fred Luthans)**의 해결방법**(리더의 갈등관리)

① **승자-승자**(win-win) **방법**: 개인 간의 양 당사자가 모두 이익을 얻는 방법으로 토마스 전략 중 협력, 협동의 방법에 속한다. 이를 위해서는 무엇보다도 건전한 판단력과 우호적인 분위기가 중요하다. 이는 협상의 목적과 유사하다.

② **패자-패자**(lose-lose approach) **방법**: 개인 간의 양 당사자가 모두 손해를 보는 방법으로 토마스의 문제해결방법 중 회피에 해당된다.

③ **승자-패자**(win-lose approach) **방법**: 개인 간에 상대방을 누르고 자기의 의견을 관철하는 전략으로 이기려는 경쟁심을 자극시키는 순기능적 측면도 있으나, 협력을 통한 갈등의 해결이 아니라 상대방의 저항이 고려되어야 한다.

제5절 갈등관리방법으로서의 협상과 그 전략

(자료: 윤종설)

1. 협상의 개념

협상이란 공동의 문제를 안고 있는 둘 이상의 의사결정주체가 자신들의 목적을 달성하기 위해 서로의 이해관계를 표현하면서 복합적인 이해사안을 주고받는 교환을 통하여 서로가 모두 만족스러운 결과를 가져오기 위한 상호 간의 전략적 조우과정이라고 할 수 있다.

2. 협상의 구성요소

① 협상에서는 둘 이상의 의사결정주체나 당사자가 반드시 존재해야 한다.

② 협상에서의 당사자들의 이해관계는 상반되거나 경쟁적이면서도 상호 보완적이고 협조적인 특징을 가지고 있다. 협상은 경쟁적이지만 조정을 통하여 공동이익을 찾도록 노력하는 행위이며, 그럴 경우에 협상의 효용성은 더욱 커진다.

③ 협상에서 일방이 얻게 되는 협상결과는 상대방에 의존하게 된다. 협상으로 인한 자원의 배분과 교환은 자신의 입장만 주장한다면 이루어질 수 없으며 상대방의 입장을 고려하여 상호 의사가 교차하는 수준에서 결과가 나온다.

④ 협상과정은 불완전한 정보 속에서 상대방의 입장을 탐색하는 상호 모색을 근간으로 하는 정보의존을 특징으로 한다. 협상은 상대방의 의도, 전략, 최대양보선 등에 대한 정보의 탐색과 자신의 정보에 대한 적절한 누출과 통제를 기본활동으로 하기 때문에 정보는 중요한 요소가 된다.

⑤ 상대방으로 하여금 자신이 바라는 대안 쪽으로 다가오도록 하는 협상력이 매우 중요한 요소이다.[5]

3. 협상의 동기

(1) 정확성

협상과정의 동기에 대하여 신중한 분석을 함으로써 협상당사자의 동기들을 파악하고, 그러한 동기에 따른 수요가 무엇이며, 그중에서 가장 우선시되는 수요가 무엇인지 정확하게 찾아내어야 한다. 협상 상대방의 욕구를 보다 신중하고 정확하게 찾아낼 때 정확한 타협점에 이르게 되며, 이행에 있어서 보다 적극적으로 상대방의 동기를 유발시킬 수 있다.

---

5) 협상력은 협의로는 협상국면의 전개과정에서 협상의도를 실현시키기 위하여 협상에 직접적으로 관련되는 요소들을 종합적으로 활용하는 능력을 의미한다. 따라서 국력이나 협상당사자의 경제력과 같은 요인은 광의의 협상자원에는 포함되지만 협상과 직접 관련되지는 않기 때문에 개별 협상에서는 협상의 환경을 구성하는 요소로 처리하여 다루는 것이 보다 적절하다.

(2) 공평성

협상자들은 자신의 수익의 절대치에 관심을 둘 뿐만 아니라, 동시에 자신의 수익의 상대치에 대해서도 관심을 두어야 한다. 즉 자신의 수익과 상대방의 수익을 비교하고 이번 협상과 과거협상도 비교하여야 한다. 협상과 관련된 쌍방수익의 비율이 상대적으로 공평하게 되면, 심리적으로 평형을 찾게 되어 심적으로 우호적 관계를 유지하게 된다. 반대로 불공평하다는 생각이 들게 되면 내심으로 불만이 생기게 된다. 바로 이러한 개인적 심리와 사회적 심리가 존재하기 때문에 협상자들이 협상과 관련된 문제를 처리할 때는 모두에게 공평한 감이 들도록 노력해야 하고, 공평함의 기초 위에 협상이 진전되도록 해야 한다.

(3) 기대감과 동기부여

상대방이 만일 그것에 동의하여 만족하게 될 수 있다고 생각하면, 합의도출에 적극성을 띠게 될 것이다. 따라서 바람직한 타협점에 이르기 위해서는 부단한 동기부여가 필요하다. 즉 동기부여란 사람들에게 협상을 위한 어떠한 행위에 대하여 긍정하거나 추종하도록 하는 정신적·물질적 기재이며, 이러한 행위가 상대방에게 정당하다고 받아들여질 때 협상을 성공적으로 이끌어 낼 수 있다.

협상상대방이 협상에 순리적으로 임하도록 하는 주요한 요인은 수요의 동기를 유발하도록 하는 것이기 때문에 이를 위해 상대방의 심리적 동기를 부단히 강화하도록 유도해야 한다. 예를 들면 협상 초기단계에서 서로가 매우 잘 융합되는 협상분위기를 만들어 상대방이 계속 같이 협의하도록 해야 하고 협상과정에는 상대방이 먼저 발언하게 하거나 상대방의 발언을 진심으로 경청하여 상대방에 대한 존경심을 보여줌으로써 호감을 가지고 협조하도록 해야 하며, 협상이 마지막 단계에 이르면 합리적인 선에서 적절하게 양보함으로써 상대방이 이득을 볼 수 있다고 판단하게 하고 성취감을 주도록 해야 한다.

4. 협상의 유형

(1) 배분적 협상과 통합적 협상

협상의 유형을 협상이 놓인 상황조건의 차원에서 보면 배분적 협상 (distributive negotiation)과 통합적 협상(integrative negotiation)으로 나눌 수 있다. 일반적으로 협상은 일방의 이익을 상대방의 손실로 생각하게 되는데, 이러한 경쟁적 교환관계는 협상자 간 이익과 손실이 정확하게 상쇄되는 zero-sum game이 된다. 이와 같은 이해관계에서의 협상을 배분적 협상이라 하며 배분적 협상에서는 상호 경쟁적이며 상대방에 대한 불신과 의심이 팽배하고 협상의 결과가 승자와 패자로 엇갈리기 쉽다. 이와 달리 협상을 새로운 가치나 이익창조의 과정으로 보아 협상 당사자 간에 상호 이해관계를 충분히 인식하고 우선순위를 양보함으로써 협상을 nonzero-sum game 혹은 win-win game으로 이끌어 갈 수 있는데 이러한 유형의 협상을 통합적 협상이라 할 수 있다. 통합적 협상이 가능하기 위해서는 공동이익 또는 결합이익을 발견하고 이를 실현시킬 수 있는 과정이나 절차를 개발할 수 있어야 한다.

(2) 양자 협상과 다자간 협상

협상당사자의 수에 의해 양자 협상과 다자간 협상으로 그 유형을 살펴볼 수 있다. 양자협상이란 협상주체의 수가 둘인 경우로 협상일방집단은 내부에 이견이 없는 하나의 동질체라고 본다. 양자협상은 다시 협상의제의 수에 따라 양자 간 단일의제협상과 양자 간 다수의제협상으로 세분할 수 있다. 다자간 협상이란 협상 주체가 3개 이상인 경우를 말하며 이 경우도 의제의 수에 따라 세분할 수 있다. 또한 양자 협상에서 일방의 협상집단이 내부에서 의견이 일치되지 않아 분열될 경우 그 하위집단이 다시 하나의 협상 주체가 되어 다자간 협상의 형태를 띠기도 한다.

(3) 당사자 협상과 중재협상

이해당사자들은 협상을 통하지 않는 경우보다 협상을 통하여 더 많은 것을 얻을 수 있다고 생각할 경우 협상을 할 충분한 동기를 가지게 되고 자발적으로 당사자 간 협상을 하게 된다. 이러한 당사자 간 협상은 협상의 기본이며 바람직한 유형이라 할 수 있으며, 직접적 동기에 의한 자발성으로 인해 성공의 가능성이 높아진다고 할 수 있으나 당사자 간 힘의 균형과 분쟁쟁점의 명확화 등이 전제조건으로 되어야 한다. 또한 다자간 협상이나 다수의제협상의 경우에는 당사자 간 협상으로 문제를 해결하기가 쉽지 않다. 이에 당사자 간 협상의 보완적 장치로 분쟁당사자 간의 동의 아래 제3자가 개입하는 형태로 협상이 진행될 경우 이를 중재(Mediation)협상이라 한다. 중재협상이란 분쟁당사자들이 모두 동의하는 중립적이고 객관적인 제삼자를 중재자(mediator)로 선정하여 협상과정에 관여하게 하는 기법이며, 중재자는 대안을 제시하거나 어떠한 결정도 내릴 권한이 부여되지 않는다. 중재의 주목적은 당사자들이 자발적으로 문제해결을 위한 노력을 하고, 그 결과로서 받아들일 수 있는 대안을 찾을 수 있도록 도와주는 것이다. 중재는 특히 쌍방간 감정의 대립이 심하고 의견의 차가 극명하게 드러나 스스로는 대화를 할수 없는 상황에 처해 있는 분쟁의 경우 유용하게 사용될 수 있다. 중재촉진자(facilitator)[6]처럼 중재자들도 우선적으로는 분쟁당사자들이 합의점을 찾을수 있도록 당사자들의 감정을 관리하고 의사교환이 효과적으로 이루어지도록 돕는 역할을 하지만, 분쟁당사자들이 대안을 찾지 못하여 중재가 더 이상의 진전이 없을 때 중재자는 조심스럽게 몇 가지 대안을 제시할 수 있다. 그리고 중재가 미로를 헤매고 있거나 서로의 주장을 굽히지 않고 있을 때 개별면담(caucus)을 통하여 개개 당사자들이 가지고 있는 이해(interests)를 파악하고 합의 가능한 대안을 협의하여 중재시간을 축소할 수 있다.

---

6) 분쟁당사자들의 회합에서 의사교환이 원활히 일어나고 정보가 제대로 전달될 수 있도록 촉진하는 기법으로 구체적인 결정을 원할 때 사용된다.

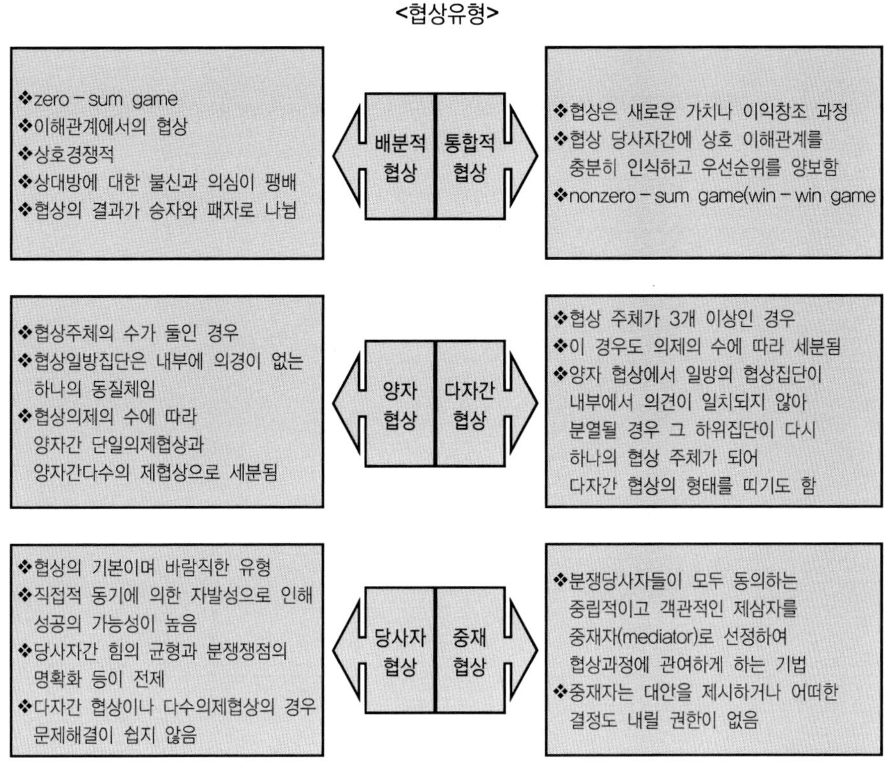

5. 협상과정

협상과정을 광의로 보면 갈등의 인식, 협상을 위한 준비, 사전 협상, 본협상, 협상의 산출과 결과 평가, 그리고 그 다음 차례의 협상에서 논의될 문제의 인식 등 순환과정으로 인식할 수 있다. 반면 협의의 협상과정이란 보통 본 협상이라고 불리는 단계로서 협상당사자가 제안을 서로 교환하는 상호작용 과정을 말한다.

<협상 과정 도식화>

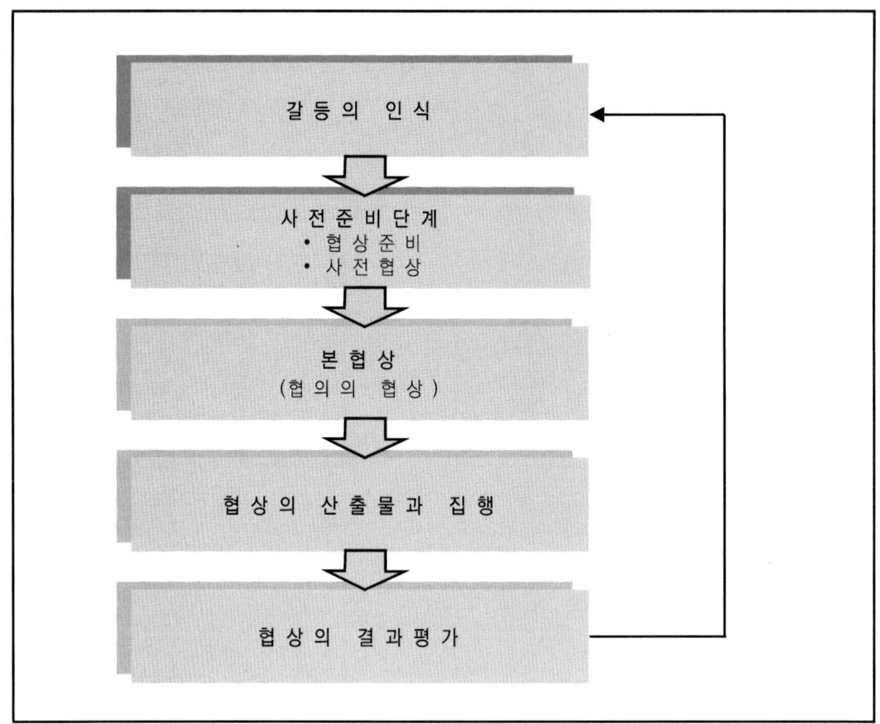

6. 협상전략

(1) 협상전략의 개념

협상전략이란 협상을 유리하게 진행하기 위해서 협상을 어떻게 전개할 것인가 하는 방향과 수단적 목표를 말한다. 전략이란 한정된 자원을 활용하여 문제해결을 꾀하는 사고방식의 조합을 말하므로, 협상전략도 당연히 한정된 자원을 활용하여 상대와의 협상을 함에 따라 문제해결을 꾀하는 것이 전제가 된다.

(2) 협상전략의 요건

① 상황의 객관적 분석에 기인하여 전체를 통합하여야 하며,

② 전략목표를 기초로 하는 장기적 전망

③ 전략내용은 명확하고 이해하기 쉬워야 한다.

④ 전략은 어떤 구체적인 행위를 의미하므로 혹시 그 행위가 제대로 이루어지지 않는 경우 차선의 대응책을 준비해야 한다.

(3) 협상전략의 기본원칙

협상전략의 기본원칙은 협상이 다양한 환경적 차이를 배경으로 장시간에 걸쳐 사람에 의해 행해진다는 점에서 어떠한 협상에서도 반드시 명심하여야 할 성공적 요소들이 있다. 이러한 성공적 요소들은 가능한 한 체계화하여 실제 협상에 적용시킬 수 있도록 방법론적 전략을 구축하는 기본전제가 되는 것이 협상전략의 기본원칙이다. 이러한 원칙으로는 크게 다음 5가지로 요약된다.

① 문화적 자각의 원칙(문화적 차이 활용의 원칙)
② 눈높이 협상의 원칙(상대방의 입장에서 협상을 전개함)
③ 흥미유발의 원칙(상대방의 협상에 대한 관심과 흥미를 갖도록 함)
④ 당근과 채찍의 원칙(협상이 난항에 빠질 경우, 상호 이해와 절충이 어려울 경우 사안에 따라 적절한 전략을 구사함)
⑤ 자기확신의 원칙은 상대방을 설득하기 전에 자기확신을 갖는 것이며, 신의성실의 원칙이나 투명성의 원칙과 부합하는 원칙이다.

(4) 협상전략의 유형

협상전략은 크게 입장협상전략, 원칙협상전략, 문제해결식 협상전략으로 구분하여 설명할 수 있다.

① 입장협상전략: 자신의 입장만을 중시하여 자신의 주장이 정의로운 해결이라 믿고 입장에 집착하여 택한 전략을 입장협상전략이라 할 수 있다. 협상과정에서는 어떤 이슈에 관하여 반드시 구체적인 입장을 취해야 한다. 하지만 자기의 입장만 주장하게 되면 당사자 간 관계가 악화될 수 있으며 효율적인 이익의 배분도 어렵게 된다.

② 원칙협상전략: 입장협상전략에 대한 대안으로 원칙협상전략은 일방적 입장에 대한 집착을 지양하고 주관적·인간적인 입장을 탈피하여 객관적이고 이슈 중심적인 이해관계에 초점을 맞추어 협상을 진행하는

전략이다. 원칙협상전략의 특징은 다음과 같다.

· 갈등문제로부터 사람을 분리시켜 생각한다.

· 입장이 아닌 이해관계에 초점을 맞춘다.

· 합의를 이루려고 하기 전에 상호이득을 가져오는 대안들을 개발한다.

· 협상결과를 객관적인 기준에 입각하여 판단한다.

③ 문제해결식 협상전략(Win-Win협상전략): 갈등이라는 문제를 파악하여 해결을 위한 대안을 강구하고, 이러한 대안의 결과를 가능한 한 정확하고 상세하게 추정하여, 그러한 결과 중에서 최선이라고 판단되는 대안을 공동으로 선택하면서 문제에 접근하는 방법이다. 이는 합리적이면서 결합이득의 증대를 위해 동일체를 강조하는 방안으로서 Win-Win 협상전략이라 할 수 있다.

<협상전략의 유형>

입장협상전략	원칙협상전략	문제해결식협상전략
자신의 입장만을 중시하여 자신의 주장이 정의로운 해결이라 믿고 입장에 칩착하여 택한 전략	일방적 입장에 대한 집착을 지양하고 주판적·인간적인 입장을 탈피하여 객관적이고 이슈 중심적인 이해관계에 초점을 맞추어 협상을 진행하는 전략	갈등이라는 문제를 파악하여 해결을 위한 대안을 강구하고 이러한 대안의 결과를 가능한 한 정확하고 상세하게 추정하여, 그런한 결과 중에서 최선이라고 판단되는 대안을 공동으로 선택하면서 문제에 접근하는 방법

1. 집단에서 구성원들이 자신의 의견을 표출하는 경우 자신이 주장하던 정도의 의견보다 더 극단적인 자신의 입장을 추구하는 경향을 무엇이라 하는가?
① 집단양극화
② 집단응집화
③ 리더십의 전제화
④ 구조의 엄격화

답 ①
해설) 집단양극화는 집단의사결정에서 나타나는 현상이다.

2. 집단사고의 부정적인 결과로 올바르지 못한 것은?
① 탐색 제한
② 적은 생각
③ 문제점 부각
④ 극단성

답 ③
해설) 집단사고의 부정적인 결과에는 문제점을 무시한다는 것이 있다.

3. 집단사고의 부정적인 결과 중 집단사고는 대체안의 탐색을 한정된 수로 제한하기 때문에 정확한 탐색을 하기 어렵게 한다는 것은 어떠한 것에 해당하는가?
① 적은 생각
② 조언 무시
③ 탐색 제한
④ 극단성

답 ③
해설) 탐색 제한은 집단사고의 부정적인 결과 중 하나이다.

4. 집단사고의 최소화 방안으로 올바르지 못한 것은?
① 제안 활성화
② 직접 비판
③ 비판적인 평가자
④ 문제점 무시

답 ④
해설) 문제점 무시의 경우에는 집단사고의 부정적인 결과 중 하나에 해당한다.

5. 개인의 의사결정을 통해 집단적인 의사결정을 이루어 내는 방법은?
① 명목집단법　　　　　　　　② 델파이법
③ 토론리더의 훈련　　　　　　④ 최고경영자의 현장방문

답 ①
해설) 명목집단법은 개인의 의사결정을 통해 집단적인 의사결정을 이루어내는
방법이다.

6. 명목집단법의 과정 중 개인이 조용히 그리고 혼자서 제시되는 문제에 대해
생각해 보고 아이디어를 구상하여 놓는 것은 몇 번째 단계에 해당하는가?
① 1단계　　　② 2단계　　　③ 3단계　　　④ 4단계

답 ①
해설) 명목집단법의 1단계는 개인은 조용히 그리고 혼자서 제시되는 문제에 대
해 생각해 보고 아이디어를 구상하여 놓는다는 것이다.

7. 미국의 랜드연구소(RAnd Corporation)에서 개발한 의사결정기법이다. 우선 한
문제에 대해서 전문가 몇 명의 독립적인 의견을 수집하고, 이 의견을 요약하여
다시 전문가들에게 배부한 다음에 전문가들의 일반적인 합의가 도출될 때까지
전문가들끼리 논평하게끔 하는 방법을 무엇이라고 하는가?
① 명목집단법　　　　　　　　② 델파이법
③ 집단사고 결정법　　　　　　④ 전략적 의사결정

답 ②
해설) 델파이법은 미국의 랜드연구소(RAnd Corporation)에서 개발한 의사결정기
법이다. 델파이법은 우선 한 문제에 대해서 전문가 몇 명의 독립적인 의견을 수
립하고, 이 의견을 요약하여 다시 전문가들에게 배부한 다음에 전문가들의 일반
적인 합의가 도출될 때까지 전문가들끼리 논평하게끔 하는 방법이다.

8. 토론집단법의 성격을 보았을 때, 토론집단법과 가장 유사하다고 볼 수 있는
집단법은?
① 명목집단법　　　　　　　　② 델파이법
③ 상호작용집단법　　　　　　④ 전략적 의사결정

답 ③

해설) 상호작용집단법은 토론집단법이라고도 한다.

9. 조직에서의 갈등의 의미로 중요한 것은?
① 조직의 와해를 만들 수 있다.
② 갈등 후에 더욱 좋은 상황을 반드시 만들어 낸다.
③ 내적인 좌절을 겪는다.
④ 수평적인 위치의 사람끼리 싸움이 일어난다.

답 ③

해설) 특별히 조직에서의 의미는 내적인 좌절을 겪는다는 것이다.

10. 갈등의 종류가 나머지 셋과 이질적인 하나는?
① 직장 상사와 부하의 말다툼　　　② 최고경영자와 노조와의 협상 결렬
③ 관리자와 종업원들의 다툼　　　④ 종업원끼리의 경쟁

답 ④

해설) 종업원끼리의 경쟁의 경우에는 비교적 수평적인 갈등을 겪고, 나머지의 경우는 수직적인 형태의 갈등을 겪게 된다.

11. 전통적인 갈등의 관점이 아닌 것은 무엇인가?
① 갈등의 역기능만을 인정한다.
② 갈등은 반드시 해결해야 하는 것이다.
③ 관리자는 갈등을 조절할 줄도 알아야 한다.
④ 관리자는 갈등을 제거하는 능력을 가져야 한다.

답 ③

해설) 전통적인 갈등의 관점에서는 관리자가 갈등을 조절하는 것이 아닌 관리자의 갈등을 제거하는 능력이 있어야 한다.

12. 행위론적 입장에서 갈등에 대한 관점으로 옳은 것은?
① 갈등은 부정적인 말들과 상통한다.　　② 갈등의 순기능을 인정한다.
③ 갈등을 촉진한다.　　　　　　　　　④ 갈등의 순기능을 인정하지 않는다.

답 ②

해설) 행위론적 입장에 있는 사람들은 인간의 사회적인 면을 깊이 알고 있기 때문에, 갈등은 불가피한 것이라는 것을 인정하고 순기능을 강조하였다.

13. 상호작용주의적 관점의 가장 큰 의의는 무엇인가?
① 갈등의 순기능을 인정하였다.
② 갈등을 제거하는 데 탁월한 이론을 세웠다.
③ 갈등을 쉽게 조절하는 방법을 정립하였다.
④ 갈등을 촉진시키기도 한다.
답 ④

해설) 상호작용주의적인 갈등의 관점에서는 갈등을 촉진시킨다는 것에 가장 큰 의의가 있다.

14. 상호작용주의적 관점을 행위론적 관점과 비교했을 때 차이점으로 볼 수 없는 것은 무엇인가?
① 갈등의 상대적인 필요성을 인지한다.
② 기능적인 대립을 조장한다.
③ 갈등의 관리방법에는 갈등의 해결과 자극 둘 다 존재한다.
④ 갈등의 관리를 모든 관리자의 주된 책임이라고 생각한다.

답 ①

해설) 상호작용주의적인 관점은 갈등의 절대적인 필요성을 인지했다.

15. 토론을 통한 타협으로 서로 합의점에 도달하는 방법을 무엇이라고 하는가?
① 문제제기   ② 협상   ③ 상위목표의 도입   ④ 조직구조의 개편

답 ②

해설) 토론을 통한 타협으로 서로 합의점에 도달하는 방법을 협상이라고 한다.

16. 상위목표의 도입에 있어서 상위목표는 어떠한 것을 지칭하는가?
① 조직의 유효성에 있어서 가장 중요한 목표
② 자신이 하고 있는 목표보다 달성이 어려운 목표
③ 집단들이 힘을 합치지 않고서는 해내기 힘든 목표
④ 단순한 목표가 아닌 복잡한 목표

답 ③

해설) 상위목표는 집단들이 힘을 합치지 않고서는 해내기 힘든 목표를 말한다.

17. 자원의 증대를 통해서도 갈등을 해결할 수 있지만, 이는 현실적이지 못하다. 그 이유는?
① 자원의 양이 한정되어 있는 경우가 많기 때문에
② 자원의 증대를 통하여 더 큰 갈등을 불러일으키기 때문에
③ 더 큰 조직의 개입을 부를 수 있기 때문에
④ 자원의 분배를 어렵게 하기 때문에

답 ①

해설) 자원의 증대방법이 현실적이지 못한 이유는 자원의 양이 한정되어 있는 경우가 많기 때문이다.

18. 자칫 지나친 갈등을 유발해 위험할 수 있으나, 갈등을 쉽게 촉진할 수 있는 방법은 무엇인가?
① 구성원의 이질화   ② 경쟁의 조성
③ 커뮤니케이션   ④ 조직구조의 개편

답 ③

해설) 커뮤니케이션을 잘 이용하면 갈등을 쉽게 촉진할 수 있다.

19. 다음 중 집단 간 갈등의 결과 나타날 수 있는 현상이라 볼 수 없는 것은?
① 리더십의 민주화   ② 조직과 구조의 엄격화
③ 응집력의 증가   ④ 적대감의 증가

답 ①

해설) 집단 간 갈등이 심해지면 전체적인 방법을 인정하게 되어 리더십의 요구를 증대시킨다.

20. 갈등의 여러 가지 관리기법 중 나머지 세 가지와 가장 이질적인 하나는?
① 구성원의 이질화   ② 문제해결   ③ 협상   ④ 자원의 증대

답 ①

해설) 구성원의 이질화는 갈등의 촉진에 해당한다. 나머지 세 가지는 갈등의 해결에 해당한다.

21. 갈등의 관리기법 중 나머지 셋과 이질적인 하나는?
① 커뮤니케이션　　　　　　　② 구성원의 이질화
③ 경쟁의 조성　　　　　　　　④ 자원의 증대

답 ④
해설) 자원의 증대는 갈등의 해결기법이다. 나머지 세 가지는 갈등의 촉진 기법이다.

22. 갈등의 해결방법에 대한 설명 중 옳지 않은 것은?
① 문제해결 기법의 경우 집단들이 상이한 가치체계를 갖는 복잡한 문제를 해결하기는 어렵다.
② 협상은 조직 간에 일어난다기보다는 개인 간의 문제를 해결하기 위해서 일어난다.
③ 현대에 성공적인 집단 간 해결방법으로 상위목표의 도입이 주목받고 있다.
④ 자원이 부족한 경우 단순히 자원을 늘려주는 것으로 갈등을 해결하기도 한다.

답 ②
해설) 협상은 개인 간에 일어난다기보다는 조직 간의 문제를 해결하기 위해서 일어난다.

23. 조직에서 인정되지 않는 영향력 수단을 이용하여 조직에서 인정되지 않는 목적을 달성하려고 하는 영향력의 관리를 무엇이라고 하는가?
① 조직구조 개편　　② 조직정치　　③ 외부인 개입　　④ 목표 재설정

답 ②
해설) 조직정치는 조직에서 인정되지 않는 영향력 수단을 이용하여 조직 외적인 자신의 이해관계의 목적을 달성하려고 하는 영향력의 관리를 의미한다.

24. 조직정치의 개념에 대한 설명으로 옳은 것은?
① 권력은 정태적 개념이고, 정치는 동태적인 개념이다.
② 조직에서의 정치나 권력은 좋지 않은 것이다.

③ 정치적 활동은 조직의 유효성의 하위적 정화를 가져온다.
④ 조직정치란 개인 또는 집단의 이기주의를 보호하기 위해 필연적으로 발생되
는 행위이다.

답 ①
해설) ② 조직에서의 정치나 권력은 나쁜 것이 아니며, 조직활동의 근간을 이룬다.
③ 정치적 활동이 반드시 조직의 유효성의 하위적 정화를 가져오지는 않는다.
④ 조직정치란 개입 또는 집단의 이기주의를 보호하기 위해 고의적으로 발생되
는 일련의 행위이다.

25. 다음 중 조직정치를 야기하는 요인으로 볼 수 없는 것은?
① 관리자의 권력욕구가 강하다.
② 조직구조가 피라미드 형태를 가진다.
③ 주관적인 성과기준이 결여되어 있다.
④ 하위 구성원의 수용에 대한 욕구가 강하다.

답 ③
해설) 객관적인 성과기준이 결여되어 있을 경우 조직정치를 야기하게 된다.

26. 조직정치가 과도하게 만연하는 경우 경영자의 통제방법으로 옳지 않은 것은?
① 직무충실화에 힘쓴다.
② 조직목표와 개인목표를 조화시킨다.
③ 개방과 신뢰의 조직분위기를 조성한다.
④ 최고경영자의 모범을 보인다.

답 ①
해설) 정치적인 행위 중에 한 가지는 사단을 구축하려는 과정에서 생기기 때문
에, 직무순환을 이용하면 이러한 사단을 구축하는 것을 미연에 방지하는 것이
가능하다.

제3편

조직운영과 관리

조직의 운영

제1절 권위와 권력

1. 권위와 권력의 개념 및 의의

(1) 권위는 정당성을 바탕으로 조직목표달성을 위한 영향력, 힘의 행사를 말한다(직책은 그 자체의 권위를 보유). 또한 명령에의 복종이 자유의사에 기인하는 자발적이고 합리적인 정당성에 근거를 두는 자율성이 중시된다.

(2) 권력은 정당성보다는 상대방을 복종시키는 일방적, 물리적 수단을 동원하며, 권력을 사회적 관계에서 행위자가 저항을 물리치고 자신의 의지를 관철시킬 수 있다고 인식한다.

(3) 권력(power)과 권위(authority)는 모두 인간을 복종시키는 힘으로서 공통점을 지니고 있으나, 권력은 사람들이 그 정당성을 승인하여야만 비로소 권위가 되는 것이다.

2. 권위의 특성 및 기능

(1) 권위의 특성: 정당성, 자발성, 공식성, 사회성, 장기성, 권력의존성
(2) 권위의 기능: 책임의 강제기능, 전문성 확보기능, 조정의 촉진기능

3. 권위의 이론적 고찰

(1) **명령권리설**(하향적 권위설): 상급자가 하급자에게 일방적으로 명령할 수 있는 권리(주로 계층제에서의 직책 또는 직위에 속해 있는 고유권한으로부터 나옴)

(2) **수용권설**(상향적 권위설): 상급자의 권위를 하급자가 어느 정도 수용하느

냐에 따라 권위가 좌우되는 상향성 권위(계층제의 직위와는 상관없이 상관의 개인속성에 의해 수용 여부가 결정되고, 그 수용 여부가 권위의 강도를 규정함)

4. Simon의 권위의 수용기준

① 신뢰의 권위: 어떤 개인이 대상자의 전문성과 경륜, 인격, 지식 등을 신뢰함으로써 그 사람의 의견을 비판 없이 수용할 경우의 권위(조직적 차원의 행정적 권위와 개인적 차원의 전문적 권위로 구분)
② 동일화(일체화)의 권위: 조직의 귀속감과 일체감, 동질감, 충성심으로 수용시키는 권위
③ 제재적 권위: 제재를 수단으로 하는 권위
④ 정당성의 권위: 조직의 규칙, 규범으로부터 나오는 합법적인 권위

5. French와 Raven의 대인관계 권력유형

① 보상적 권력(Reward power): 복종의 대가에 따른 보상이 주어지는 경우
② 강요적 권력(Coercive power): 대상자를 처벌할 수 있는 경우
③ 합법적 권력(Legitimate power): 계층상의 직책에 부여된 기능으로부터 나오는 경우의 권력
④ 준거적 권력(Referent power): 상급자와 자신의 특성의 일체감 또는 유사성을 인정하고 자신의 보상심리 충족과 모방심리로 인해 수용되는 권력(일종의 카리스마)
⑤ 기타 전문기술과 지식, 정보능력에 대한 수용 등에 의한 권력행사(정보의 독점력 등)

6. 권위의 수용

(1) Barnard의 수용이론과 무차별권
① 수용가능의 조건: 전달내용의 명확, 조직목표와 개인목표의 조화 및 일치, 전달내용에 따른 대응능력을 보유

② **무차별권**: 상급자의 명령을 하급자가 아무 이견이나 비판 없이 수용되는 경우를 말한다.

(2) Simon의 수용권

① 상대방의 결정에 대한 수용조건

　㉠ 상대방 결정의 정당성(장점)을 검토한 후 정당성이 인정되어 수용하는 경우

　㉡ 정당성을 검토하지 않고 수용하는 경우

　㉢ 검토한 결과 장점이 나타나지 않은 경우에도 따르는 경우

② **권위의 수용범위**: ㉡과 ㉢의 경우로서 상대방의 결정에 대해 검토하지 않거나 자신에게 장점으로 작용하지 않음을 알면서도 따르는 경우를 말한다. 자아의식과 비판의식이 높은 사람일수록 수용권의 영역(범위)은 좁아진다고 주장하였다.

Check Point

1. **힘 실어주기 이론**

　① 권력은 사람에 대해 지배하는 수단이 아니라 일을 성취하는 힘으로 규정한다.

　② 인간을 자아실현적이고 자율적, 규제적 존재로 파악하고 있다.

　③ 부하에게 권한을 부여하는 분권화를 추구한다.

　④ 힘을 부하에게 실어준다는 것을 권력누수를 가져오지 않고 자신의 권력의 확장으로 인식한다.

제2절 리더십이론

1. 리더십의 개념

① 리더십이란 조직의 목표를 효율적으로 달성하기 위한 관리능력 등을 포함한 제반 조직운영에 관한 개념을 포함하며, 현실 지향적인 관리자의 개념과는 구별된다.

② 1930년대 인간관계론과 60년대 후기인간관계론(동기부여이론)의 영향을
받아 리더십 이론의 중요성이 관심을 갖게 되었다.
③ 리더십은 권위를 바탕으로 자발적인 복종과 비공식관계하에서도 작용
하지만 헤드십은 계층제 구조에서 권력을 바탕으로 공식적 관계를 중
심으로 명령과 복종 사이의 관계에서 작용된다.

2. 리더십의 특성

① 목표 및 미래지향적 관심과 비전을 제시할 수 있는 안목과 능력 소유
② 리더와 추종자 간의 상호관계 중심
③ 환경을 중시하며, 구성원을 이끄는 능력과 조직 내외적 상황의 관리 능력
④ 조직의 일체성 강조, 동기부여 적극 활용, 권위와 상징의 지배수단 소유
⑤ 평소보다 위기상황일 때에 리더는 선악 구별 기준이 명확한 이원적
세계관을 지니며, 타인의 의사나 충고를 무시하는 성향을 보임
⑥ 리더는 공식, 비공식 조직 어떤 조직이나 모두 존재
⑦ 리더의 유형은 비고정성이며, 상황에 따라 가변성과 신축성을 보임

3. 리더십의 역할

① **진단적 기능**(diagnostic function): 리더는 집단을 위하여 상황을 규정·진단
한다.
② **처방적 기능**(prescriptive function): 리더는 규정된 상황을 해결하기 위하여
집단이 취해야 할 행동을 처방해 주거나 집단을 대표하여 취할 수 있
는 행동을 제시하는 기능을 갖는다. 그들은 집단의 목적에 이바지할
수 있는 방식으로 문제가 해결되도록, 행동계획을 고안해 내야 한다.
③ **동원기능**(mobilizing function): 리더는 그들이 주도하는 집단에 대한 상황
규정과 그들이 처방한 행동계획에 대하여 집단의 전폭적인 지지 또는
유력한 지지를 획득해야 한다.

리더십 대체물 접근법

1. 의의
   ① Kerr와 Jermier는 리더십 대체물 접근법을 주장하였는데, 리더십을 필요 없게 만들거나 리더십의 중요성을 감소시키는 기능을 하는 상황적 요인으로 대체물과 중화물을 제시하였다.

2. 대체물과 중화물
   ① 대체물: 리더 존재 자체를 약화시키는 요인으로서 부하 및 조직의 특성, 과업과 같은 상황요인이다.
   ② 중화물: 리더가 취한 행동의 효과를 감소 내지는 희석시키는 상황요인을 말하며, 구성원의 응집력이 너무 강하거나 리더가 구성원들에게 적절한 보상을 주지 못하고 리더가 좌지우지 못하는 조직의 보상체계를 중화물이라 한다.

4. 리더십 이론의 발전과정

(1) 특성론 또는 자질론(1940 ~ 1950년대)

리더에 대한 초기 연구로서 리더의 특성 또는 자질을 중심으로 연구하고 구분하였다(단일적 자질론 - 자질의 고정성 개념, 성좌적 자질론 - 상황에 따라 자질의 가변성 강조).

(2) 행동론(1950 ~ 1960년대)

리더의 자질보다는 행동유형에 관심을 둔 연구관점으로서 오하이오 주립대학과 미시간 대학의 연구에서 활발히 진행되었다.

① Blake와 Morton의 행동유형(관리격자이론): 과업(생산)과 구성원(인간관계)을 기준으로 한 리더십 유형으로서 조직발전(전술)을 참조

② R. Likert의 관리체제이론($\mathrm{I} \sim \mathrm{IV}$): 전술

(3) 상황론(1960 ~ 1970년대)

리더의 자질과 행동에 맞춘 이론이 아니라 당시의 상황에 따라 적용되는 리더십이 다르다는 입장이다. 즉 상황에 적절한 리더십 유형이 조직의 효과성을 증진시킨다는 관점의 이론이다.

① Fiedler의 상황이론(상황적응모형)
　㉠ 개념
　　㉮ 리더십의 효과성을 높이기 위해 조직에서의 3가지 상황(리더와 부하와의 관계, 과업상황 또는 업무구조, 리더의 지위와 권력)에 따라 리더의 행태는 달리 적용해야 한다고 보는 이론이다.
　　㉯ LPC(Least Preferred Co-worker, 가장 좋아하지 않는 동료에 대한 척도)에 의해 인간관계 지향적 리더십과 과업지향적 리더십으로 구분하여 상황변수에 따른 적용을 강조
　㉡ 유형
　　㉮ 인간관계 지향적 리더십: 리더가 처해 있는 상황이 유리하지도 불리하지도 않은 경우에 효과적
　　㉯ 과업지향적 리더십: 상황이 매우 유리하거나 불리할 경우에 효과적
　㉢ 특성: 자기 맘에 들지 않는 동료를 부정적으로 보는 리더는 LPC 점수가 낮고 과업지향적 리더십의 형태이며, 반대로 관대하게 평가하는 리더는 점수가 높은 인간관계 지향적 리더십의 유형이라 할 수 있다.
　㉣ 상황변수: 상하관계, 업무배분구조의 명확성, 지위와 권위의 수용 여부, 직위와 권력의 일치 여부 등
② Hersey와 Blanchard의 상황이론: 3차원 리더십
　㉠ 개념: 리더의 효과성을 상황과 연계시켜 주장하면서 부하의 업무성숙도에 따라 적용되는 리더십을 다르게 보고 과업중심형과 인간중심형 리더십으로 분류하였다.
　㉡ 유형
　　㉮ 과업중심형: 부하의 성숙도가 낮은 경우(목표, 역할 등의 지시형태)
　　㉯ 인간중심형: 부하의 성숙도가 중간 정도 또는 그 이상일 경우로서 중간 정도일 경우에는 배려와 지원으로 부하의 능력을 극대화하도록 유도하는 유형

ⓒ 유형의 세분화(과업중심형: ㉮와 ㉯, 인간중심형: ㉰와 ㉱)

㉮ 지시형 리더십: 능력도 없고 의지도 없는 경우

㉯ 제시형 리더십: 능력은 없고 의지는 있는 경우

㉰ 참여형 리더십: 능력은 있지만 의지가 없는 경우

㉱ 위임형 리더십: 능력과 의지가 있는 경우

③ Reddin의 3차원 리더십: 크게 과업지향형과 인간관계형의 구분하에 4가지의 유형으로 세분하고 상황에 따라 리더의 형태가 다르게 나타난다고 보았다.

㉠ 헌신형: 과업지향형

㉡ 관계형: 인간관계형

㉢ 분리형: 과업과 인간관계를 모두 고려하지 않은 유형

㉣ 통합형: 과업과 인간관계를 모두 고려하는 중간형태의 유형

④ R. House와 Evans의 통로 · 목표유형

㉠ 개념: 부하의 목표달성에 이르는 진로(통로, 수단)의 다양성과 상대적 유용성에 따라 리더의 효과성이 다르게 결과한다고 보았다. 즉 통로란 부하의 목표(보상)를 달성해 줄 수 있는 경로(리더의 행위)로서 리더가 이것들을 부하에게 명확하게 제시해 주어야 리더의 효과성이 증진되는 것이다(보상에 대한 약속, 신뢰).

㉡ 유형

㉮ 지시적 리더십: 부하의 모호한 역할상황과 능력 부족, 낮은 공식성의 조직 등에 적용되는 유형으로서 조직의 활동계획 설정, 조정, 통제 등을 직접 리더가 수행한다.

㉯ 지원적 리더십: 직무의 권태감 등의 해소와 목표달성에 대한 자신감을 불러일으키는 리더형태이다.

㉰ 성취지향적 리더십: 부하의 목표달성의 의지는 높지만 비정형적 과업 수행 시 자신감을 갖도록 성공에 대한 확신을 부여하고 일종의 선동방식을 활용하는 유형이다.

㉱ 참여적 리더십: 비정형적 과업을 수행하는 경우에 부하들의 참

여를 통해 과업과 역할에 대한 재구조와 확인, 문제점 발굴 등
을 통해 성과를 제고시키는 유형이다.
⑤ Vroom – Jago의 상황이론
　ㄱ 개념: 다양하게 경합되어 있는 상황의 경우 상황에 따라 적합한 의
사결정방식을 적용하여 조직의 성과를 높일 수 있다는 이론이다.
　ㄴ 리더의 양태
　　㉮ 자신의 정보로 단독적인 결정
　　㉯ 부하의 정보로 단독적 결정
　　㉰ 문제를 공유하고 부하의 개별적 정보로 단독적 결정
　　㉱ 문제를 공유하고 부하와 집단적 정보로 단독적 결정
　　㉲ 문제를 공유하고 부하와 집단적 정보로 집단적 결정

5. 일반적 유형의 리더십 비교

변 수　　　　유 형	민주적	전통적	자유방임적	카리스마적
리더와 성원 간의 관계	우호적	수동적	무관심	복종 강조
집단의 특성	강한 응집력, 안정적	구성원의 이동성, 공격적	개인적, 냉담적	추종력 · 응집력 강함.
리더 부재 시 성원의 태도	변화 작음.	안도감과 부적응	불만족	불안정

6. 최근의 리더십 이론

(1) **변혁적 리더십**(전환적 리더십, Transformational Leadership)
① 개념: 변화지향적이며, 조직의 생존과 환경적응을 중시하는 개방적 리
더십으로서 탈관료제와 불안정한 상황변화에서 적실성이 높으며, 조직
의 개혁을 추구하는 신공공관리론적 리더십의 특성을 가지고 있다.
② 내용
　ㄱ 조직구성원들의 높은 실적과 관여를 유인하는 장치를 강조

  ⓛ 임무에 대한 미래의 비전을 제시하여 자신감을 불어넣는다.

  ⓒ 도덕적, 모범적 행동으로 존경과 신뢰를 얻는다.

  ⓔ 개인의 다양성과 창의성을 존중하고 지원한다.

  ⓜ 조직과 개인의 공생적 관계를 형성한다.

  ⓗ 구성원들 사이의 신뢰를 구축한다.

③ 특성: 리더는 비전을 제시하고 상징적 행동과 유인, 지적 자극, 인격적
 대우, 부하의 자율성 인정과 동시에 헌신을 요구, 조직구성원의 공공
 선 지향 유도, 현상타파적 등

(2) **교환적 리더십**(Transactional Leadership)

① 개념: 리더와 부하 간의 거래, 교환관계를 중심으로 조직이 운영되는
 리더의 유형이다. 즉 부하와 리더와의 관계가 리더는 복종과 추종에
 대한 대가로 승진이나 물질적 보상 등을 제공하고, 반대로 부하는 리
 더로 인정하고 복종함으로써 대가를 원하는 관계로 리더십이 형성된다.

② 특성: 변혁적 리더십과는 대별되는 형태로서 안정과 능률지향적이고
 기술구조나 기계적 관료제에 나타날 수 있으며, 안정적 환경에서 볼
 수 있는 리더의 유형이다.

❏ 변혁적 리더십과 거래적 리더십의 비교

변혁적 리더십(전환적 리더십)	거래적 리더십(교환적 리더십)
• 리더가 영감을 소유하고 비전을 제시 • 추종자에 대해 지적인 자극을 유도하고 고무시킴. • 조직에 대한 도덕성의 강조로 자발적 참여유도 • 조직관: Y론적 관리 • 조직발전(OD)에의 리더십 • 리더십의 특징: 카리스마, 리더의 솔선수범, 공동가치 추구, 조직문화 중시, 권한위임과 창의성 중시, 개인적 배려와 구성원의 능력개발 기회제공, 조직목표를 위한 지적 고무와 자극, 변화지향적 리더십	• 리더와 추종자는 거래를 통한 관계 • 리더는 추종자(지지자)의 지지의 대가로 추종자의 요구를 수용하고 신속한 보상으로 대처 • 규율을 중시하며, 룰을 통한 리더와 구성원 간의 교환관계로 조직이 유지 • 리더십의 특징: 명령과 보상유지, 안정지향적 리더십(자유방임적 리더십은 아님)

(3) 지식정보사회의 리더십

변화의 담당자, 잠재력 고양, 총명한 리더보다는 파급효과를 지닌 비전과

집합적 행동력을 가진 인간지능의 결합 자체로 규정한다(D. Tapscott).

(4) 조직리더십

① 조직리더십의 개념: 조직구성원들, 추종자, 부하 등이 그들의 리더의 비전을 공유하고 추종할 수 있도록 만드는 리더 자신에게 독특하게 배태되어 있는 개인의 능력과 역량을 개인리더십이라고 개념 정의한다면, 조직리더십은 '조직의 외생적, 내생적 자극에 반응하면서, 조직의 비전, 전략 및 목표의 공유와 조직에 몰입할 수 있도록 만드는 조직 그 자체에 독특하게 배태되어 있는 조직의 능력과 역량(capacity)'으로 정의할 수 있다. 여기서 말하는 '외생적 자극'이란 정부 조직이 직면하고 있는 세계화, 개방화, 정보 및 지식네트워크화 등과 함께 불확실성과 복잡성이 증가하고 있는 외부환경에서의 주어지는 도전이고, '내생적 자극'이란 조직 내에서 발생하는 변화에 대한 저항 및 갈등, 조직구조와 과정의 변화에 대응하기 위한 새로운 조직구조와 규범 등과 같은 내부환경에서 발생하는 압박요인들이라 할 수 있다.

② 조직리더십 구축조건

㉠ 조직구조적 조건: 조직리더십이 조직구조와 조직의 집합적 가치나 규범에 이상적으로 구축되기 위해서는 지식패러다임에 적합한 조직설계를 통한 조직구조를 형성해 나가야 한다.

㉡ 조직학습적 조건: 조직구성원이 조직 내·외의 지식 및 정보를 발굴하고 입수한 다음, 조직 내에서 공유하고 일상적 업무에 적용하고 새로운 지식을 창출하는 한편, 이를 조직 전체에 보급해 조직 자체의 성장, 발전, 능력을 증가시킬 수 있도록 조직 자체의 지속적인 학습활동을 하게 하는 것이다.

㉢ 조직공유예술적 조건: 조직은 조직 내·외적으로 서로 다른 이해관계자들을 가지고 있다. 그러므로 지속성 있는 조직혁신과 높은 조직성과를 유지하고, 조직의 다양성을 확보하기 위해서는 이해당사자들과의 다양한 공유의 기술(sharing skills)들을 활용해야 한다.

(5) 문화적 리더십

① 개념: 1980년대 민간기업의 조직문화 연구가 활발히 진행되면서 발전
하였으며, 사회문화적 맥락에서 리더의 특성을 파악한다. 즉 리더의
역할과 철학 및 가치관에 따라 조직문화가 형성되고 변화한다는 보고
는 리더의 적극적인 솔선수범의 행동을 중시한다.

② 특성: 조직 및 개인의 규범·가치·신념의 강화, 상징활용과 구성원에
대한 자신감 부여, 상호존중과 권한위임, 조직문화 유지 노력, 공동체
의식 강화, 모험감수 등

③ 학자들의 견해: 학교문화 등에 적용되는 성직자, 교육자의 모습(Sergiovanni),
규범이나 신념 등의 강화 및 각종 의식을 통한 구성원의 유도(Deal과
Perterson), 문화관리 및 창달자로서의 학습리더의 모습(Schein)

(6) 도덕적 리더십

① 개념

　　㉠ 변화지향적 리더십의 일종으로서 조직목표와 부합되는 비전을 제시
하며, 확고한 리더의 윤리와 철학에 대한 신뢰를 바탕으로 추종자
들로 하여금 조직에 적극적으로 헌신하고 참여하도록 유도한다.

　　㉡ 리더의 도덕적 행위와 비전, 상호신뢰를 통한 공동목표 및 가치추
구, 카리스마(위광적), 변혁적, 개방적 리더십 등의 특징을 종합적으
로 가지고 있다.

② 특징: 미래지향적, 헌신, 참여를 바탕으로 한 공동체 의식 강화, 평등
과 배려, 존중, 구성원의 능력개발 중시, 정의와 청렴성, 신뢰 등

(7) 창조적 리더십

① 창조적 리더십이란 새 시대·새 사조에 맞는 분위기를 형성하려는 리
더십뿐만 아니라 현대사회의 모순과 부조리를 극복하여 인류의 위기
를 구제할 수 있는 새로운 형의 리더십이라 볼 수 있으며, 인간화를
지향하는 새로운 유형의 리더십이다.

② 창조적 리더십은 지도자가 새로운 가치와 상징을 만들어 내거나 다른

집단으로부터 새롭고 바람직한 가치를 자기집단에 도입하여 창조하는 경우의 유형이다.

③ 현대 기능사회의 병리를 진단하고 치유할 수 있는 새 가치와 기술을 창조하여 집단에 주입시킴으로서 인간화를 지향한 여건 조성을 창출할 수 있는 리더십으로 볼 수 있다.

1. 기본적인 권력획득전략 중 자신과 대적하려는 자들이 연합을 세우는 것을 방지함으로써 자신이 상대적으로 우월한 위치에서 권력을 독점하는 전략을 무엇이라고 하는가?

① 권력자와의 유대
② 외부전문가 고용
③ 의사일정의 통제
④ 분할 후 지배

답 ④

해설) 분할 후 지배는 자신과 대적하려는 자들이 연합을 세우는 것을 방지함으로써 자신이 상대적으로 우월한 위치에서 권력을 독점하는 전략을 의미한다.

2. 권력행사를 원하는 부서에서 자신들의 행위에 대해 동조하는 전문가를 초청하는 것으로 권력획득에 도움이 되는 전략을 구축하는 것을 어떠한 권력획득전략이라고 하는가?

① 권력자와의 유대
② 외부전문가 고용
③ 분할 후 지배
④ 의사일정의 통제

답 ②

해설) 외부전문가 고용은 권력행사를 원하는 부서에서 자신들의 행위에 대해 동조하는 전문가를 초청하는 것으로 권력획득에 도움이 되는 전략을 구축하는 것이다.

3. 개인권력의 유형과 원천을 고려하는 경우에 권력행사자에게 특별한 자질이 있어 권력수용자들의 모범이 될 때 획득할 수 있는 권력은 무엇인가?

① 보상적 권력
② 강압적 권력
③ 합법적 권력
④ 준거적 권력

답 ④

해설) 준거적 권력은 권력행사자에게 특별한 자질이 있어 권력수용자들의 모범이 될 때 획득할 수 있는 권력을 의미한다.

4. 권력수용자에게 보상의 의미를 갖는 상황에서 보상을 통해 권력을 획득하는
권력은 어떠한 것인가?
① 보상적 권력   ② 강압적 권력
③ 합법적 권력   ④ 준거적 권력

답 ①
해설) 보상적 권력은 권력수용자에게 보상의 의미를 갖는 상황에서 보상을 통해
권력을 획득하는 것이다.

5. 권력행사자에게 특별한 자질이 있어 권력수용자들의 모범이 될 때 획득할 수
있는 권력은 무엇인가?
① 보상적 권력   ② 강압적 권력   ③ 합법적 권력   ④ 준거적 권력

답 ④
해설) 준거적 권력은 권력행사자에게 특별한 자질이 있어 권력수용자들의 모범
이 될 때 획득할 수 있는 권력이다.

6. 프렌치(J. R P. French)와 레이븐(B. H. Raven)이 제시한 권력의 원천에 대한
다음 설명 중 옳지 않은 것은?
① 보상적 권력은 바람직한 개인권력의 원천은 아니다.
② 합법적인 권력은 대부분 지위에 의해 일어나는 권력이다.
③ 권력의 다섯 가지 원천은 각각 독립된 것이다.
④ 준거적 권력은 권력행사자에게 특별한 자질이 있어 권력수용자들의 모범이
될 때 획득한다.

답 ③
해설) 권력의 다섯 가지 원천은 각각 독립된 것이 아니라 복합적으로 존재하게 된다.

7. 권력의 수용자와 행사자가 만족스러운 관계를 이루어내기 위해 수용자가 행
사자를 따르는 과정에서 이루어지는 것은?
① 내면화   ② 동일화   ③ 순종   ④ 합리화

답 ②
해설) 순종은 보상과 벌을 피하기 위해서 생겨나고, 내면화는 행사자에 의해 유

도된 수용자의 행위가 행사자의 가치관과 일치되는 것을 통해 수용자가 따르게
되는 과정에서 이루어진다.

8. 영향력의 과정 중 보상을 받거나 벌을 피하기 위해서 수용자가 행사자를 따
르는 영향력을 무엇이라 하는가?
① 순종   ② 동일화   ③ 내면화   ④ 변화

답 ①
해설) 순종은 보상을 받거나 벌을 피하기 위해서 수용자가 행사자를 따르는 영
향력을 의미한다.

9. 영향력의 과정의 순서를 올바르게 나타낸 것은?
① 순종 – 동일화 – 내면화   ② 순종 – 내면화 – 동일화
③ 내면화 – 동일화 – 순종   ④ 내면화 – 순종 – 동일화

답 ①
해설) 영향력의 과정은 순종 – 동일화 – 내면화이다.

10. 일상적인 영향력 전략 중 가장 이질적인 하나는?
① 비위를 맞춰 줌   ② 상   ③ 차단   ④ 합리화

답 ③
해설) 차단의 경우에는 타인에 의해 부정적인 영향력 전략이다. 나머지 세 가지
는 비교적 긍정적인 영향력 전략에 해당한다.

11. 조직에 있어서 악영향을 미칠 수 있는 사단을 미리 방지하는 방법은 어떤
것인가?
① 직무순환   ② 최고경영자의 모범
③ 개방과 신뢰의 분위기   ④ 성과에 대한 객관적인 기준

답 ①
해설) 직무순환을 통하면 사단을 미리 방지할 수 있다.

12. 어떠한 목표나 목표들의 달성을 향하도록 의사소통과정을 통해서 개인 간에

영향력을 행사하려는 시도, 공동목표를 달성하는 데 사람들이 따라오게끔 영향력을 행사하는 것 등을 나타내는 것은 무엇인가?
① 갈등　　　② 목표설정　　　③ 리더십　　　④ 경영 모범

답 ③
해설) 문제의 전자는 플레이시먼, 후자는 쿤츠에 의한 리더십의 정의이다.

13. 직위권력에서 나오는 공식적 영향력에 바탕을 둔 리더를 무엇이라고 하는가?
① 스타　　　② 공식리더　　　③ 비공식리더　　　④ 연락역할

답 ②
해설) 공식리더는 직위권력에서 나오는 공식적 영향력에 바탕을 둔 리더를 의미한다.

14. 전략적 상황이론에 해당하지 않는 것은?
① 환경의 불확실성을 처리할 때
② 여러 상황을 통합할 때
③ 작업흐름의 중심성이 낮을 때
④ 활동의 대체성이 낮을 때

답 ②
해설) 전략적 상황이론은 환경의 불확실성을 처리할 때, 작업 흐름의 중심성이 낮을 때, 활동의 대체성이 낮을 때가 된다.

15. 일차원적 관점을 가지고 리더십을 종업원중심적과 직무중심적 리더십으로 구분하여 연구한 학자는?
① 리커트　　　② 피들러　　　③ 허쉬　　　④ 브룸

답 ①
해설) 리커트는 효율적인 작업집단을 구축하기 위한 노력에 일차원적인 관점을 집중하는 사람을 종업원중심적인 리더십으로 구분했고, 뒤의 성과는 조금 낮더라도 관리자 자신의 일에 충실히 일하는 사람을 직무중심적 리더십이라고 구분하였다.

16. 일차원적 관점으로 분류된 리더십 중, 나머지 세 가지와 이질적인 한 가지는?
① 민주적 리더십　　　　　　　② 직무중심적 리더십
③ 전체적 리더십　　　　　　　④ 자유방임적 리더십

답 ②
해설) 민주적/전제적/자유방임적 리더십은 의사결정의 위치에 따라 분류된 리더
십이고, 직무 중심적/종업원 중심적 리더십은 관리자의 성격에 따른 리더십이다.

17. PM 구조에서 P와 M이 의미하는 바를 각각 정확히 기술한 것은?
① P－성과 M－물질　　　　　　② P－통과 M－유지
③ P－성과 M－유지　　　　　　④ P－통과 M－물질

답 ③
해설) P는 성과, M은 유지를 나타낸다.

18. 얼마나 많은 양의 노력을 통해 바람직한 리더를 만들 수 있는지 알려주는
지표는 무엇인가?
① 고려와 구조　　　　　　　　② 매니지얼 그리드
③ 리커트 척도　　　　　　　　④ PM 주조

답 ②
해설) 매니지얼 그리드를 통하면 얼마나 많은 양의 노력을 통해 바람직한 리더
를 만들 수 있는지 알 수 있다.

19. 이차원적인 관점에 해당하는 리더십의 측정이 아닌 것은?
① 고려와 구조　　　　　　　　② PM
③ 매니지얼 그리드　　　　　　④ 수직쌍 연결이론

답 ④
해설) 이차원적인 관점은 고려와 구조, PM, 매니지얼 그리드 등이 있다.
－ 일차원적인 관점
 1. 민주적 · 전체적 · 자유방임적 리더십: 타넨바움(R. Tannenbaum)과 슈미트(W.
  H. Schmidt)는 리더십의 유형을 전체적 리더와 민주적 리더를 양극으로 해서
  리더의 행위 유형을 나타내고 있다.

2. 종업원 중심적·직무 중심적 리더십: 리커트(R. Likert)는 리더십을 종업원 중심적인 리더십과 이와 대조적인 직무중심적 리더십으로 구분하였다.

- 이차원적인 관점
1. 고려와 구조주도
고려란 리더와 그의 집단성원들 사이의 관계에서 우정, 상호신뢰, 존경, 온정 등을 표시하는 행위를 말한다. 구조주도에서 구조란 직무나 인간을 조직화하는 것을 말한다.
2. PM이론
P기능이란 집단에서 목표달성이나 과제해결을 지향하는 기능이다. M기능은 집단의 자기보존 또는 집단의 과정 그 자체를 유지·강화하는 기능을 말한다.
3. 매니지얼 그리드이론
블레이크와 머톤은 매니지얼 그리드를 만들어서 리더가 지향할 수 있는 방향을 두 가지 차원으로 구분하였다. 횡축에는 생산에 대한 관심(과업)의 정도를 파악할 수 있도록 9등급으로 나누고, 또 종축에도 인간에 대한 관심의 정도를 파악할 수 있도록 역시 9등급으로 나누고 있다.

20. 리더를 분류해 보기 위해 실시하는 테스트로 적당한 것은?
① LPC 검사　　② PM 검사　　③ 관심 조사　　④ 종업원 설문
답 ①
해설) LPC 조사를 통해서 리더를 쉽게 분류해 볼 수 있다.

21. 집단의 상황이 리더에게 미치는 호의가 중간인 정도에 가장 일을 잘하는 리더는 어떠한 타입의 리더인가?
① LPC 점수가 낮은 리더
② LPC 점수가 높은 리더
③ LPC 점수가 측정 불가능한 리더
④ LPC 점수가 의미 없는 리더

답 ②
해설) LPC 점수가 높은 리더는 리더에게 미치는 호의가 중간인 정도에 가장 일을 잘한다.

22. 피들러(F. Fiedler)의 리더십 상황이론에 대한 설명으로 옳지 않은 것은?
① 리더십의 유효성은 리더와 집단성원의 상호작용 스타일과 상황의 호의성에 따라 결정된다.
② 구조화가 잘되어 있는 과업일수록 상황의 호의성은 높아진다.
③ 리더를 종업원 지향적 리더와 과업지향적 리더로 분류하였다.
④ LPC 점수가 높을수록 과업지향적인 리더가 될 확률이 높다.

답 ④
해설) LPC 점수가 높을수록 종업원지향적인 리더가 될 확률이 높다.

23. 하급자들이 열심히 일하게 동기부여가 가능한 리더의 행위를 연구하는 이론은 무엇인가?
① PM 이론   ② 매니지얼 그리드 이론
③ 수직쌍 연결이론   ④ 경로 - 목표 이론

답 ④
해설) 경로 - 목표 이론은 하급자들이 열심히 일하게 동기부여가 가능한 리더의 행위를 연구하는 이론이다.

24. 고려와 구조의 개념을 발전시켜서 정립된 이론으로, 허시와 블랜차드에 의해 발달한 이론이 있다. 이 이론의 두 축은 무엇으로 구성되는가?
① 과업행위와 관계행위   ② 과업행위와 인사행위
③ 인사행위와 경영행위   ④ 경영행위와 관계행위

답 ①
해설) 허시와 블랜차드의 모형의 두 축은 과업행위와 관계행위이다.

25. 다음 (   ) 안에 적합한 것은?

허시와 블랜차드는 상황변수로 특히 (   )를 강조하게 되는 리더십의 상황모형을 제시하였다.

① 과업구조   ② 상황의 호의성
③ 부하의 성숙도   ④ 리더 - 구성원 관계

답 ③

해설) 허시와 블랜차드는 고려와 구조의 개념을 이용하여 리더의 행위를 과업행위와 관계행위 두 가지 차원을 축으로 한 네 가지의 분면으로 분류한 다음, 여기에 상화요인으로 구성원의 성숙도를 추가하였다.

26. 종전까지의 리더십을 교환적인 리더십이라 지칭하며, 이들과의 차이를 강조하는 리더십은 무엇인가?
① 개인 리더십　　　　　　　　② 공식 리더십
③ 집단 리더십　　　　　　　　④ 변혁적 리더십

답 ④

해설) 변혁적 리더십은 종전까지의 리더십을 교환적인 리더십이라 지칭하며, 이들과의 차이를 강조하였다.

27. 변혁적 리더십의 과정의 순서로 올바른 것은?
① 리더의 행위 - 추종자의 지각 - 성과 - 모티베이션
② 리더의 행위 - 추종자의 지각 - 모티베이션 - 성과
③ 성과 - 추종자의 지각 - 모티베이션 - 리더의 행위
④ 성과 - 모티베이션 - 리더의 행위 - 추종자의 지각

답 ②

해설) 변혁적 리더십의 과정은 리더의 행위 - 추종자의 지각 - 모티베이션 - 성과이다.

28. 리더가 구성원들을 스스로 판단하고 행동에 옮기며 그 결과도 책임을 질 수 있는 일종의 셀프리더로 만드는 리더십은?
① 셀프리더십　　　　　　　　② 슈퍼리더십
③ 카리스마 리더십　　　　　　④ 교환적 리더십

답 ②

해설) 자율적 리더십은 부하들을 자기규제와 자기통제를 통해서 자신을 이끌어 나가며, 리더는 감시와 관리, 조정, 통제 등의 업무에서 벗어나 부하들이 자기규제와 자기통제 능력을 가질 수 있도록 촉진하고 지원하는 과정이다. 특히 리더가 구성원들을 스스로 판단하고 행동에 옮기며 그 결과도 책임을 질 수 있는 일

종의 셀프리더로 만드는 리더십을 슈퍼리더십이라고 한다.

29. 효과적인 리더십을 갖출 수 있도록 하기 위해 조직은 리더십 교육훈련 프로그램에 투자를 하여 리더를 양성하는 기법에 해당하는 것은?
① 임파워먼트　　　　　　　② 솔선수범
③ 그리드 훈련　　　　　　　④ 인재육성형 리더십

답 ③
해설) 그리드 훈련은 오늘날 가장 훌륭한 리더십 교육훈련 프로그램으로 알려져 있다.

30. 현대 기업에서의 리더는 구성원들의 업무를 보다 자율적으로 수행할 수 있도록 어느 정도 보조를 해 주는 리더를 어떠한 리더상이라고 지칭하는가?
① 인재육성형 리더　　　② 코칭　　　③ 팔로우십　　　④ 셀프리더십

답 ②
해설) 코칭은 현대 기업에서의 리더는 구성원들이 업무를 보다 자율적으로 수행할 수 있도록 어느 정도 보조를 해 주는 리더상을 의미한다.

31. 설명 - 시범 - 실행 - 교정의 네 가지 과정을 거치는 리더십의 한 분류는 무엇인가?
① 셀프리더십　　　② 코칭　　　③ 슈퍼리더십　　　④ 팔로우십

답 ②
해설) 코칭은 설명 - 시범 - 실행 - 교정의 네 가지 과정을 거쳐서 이루어지는 리더십의 한 분류이다.

32. 구성원들의 잠재능력을 진단, 능력을 촉진하고 자극을 주어 최종적으로는 구성원들에게 도전적인 업무를 제시하는 리더형은 무엇인가?
① 플레이시먼의 리더십　　　　　② 슈퍼리더십
③ 인재육성형 리더　　　　　　　④ 변혁적 리더십

답 ③
해설) 인재육성형 리더는 구성원들의 잠재능력을 진단, 능력을 촉진하고 자극을

주어 최종적으로는 구성원들에게 도전적인 업무를 제시하는 리더이다.

33. 리더십의 유효성을 높이는 방향으로 리더의 영향력을 따르게 되는 조직구성
원들의 특성 및 행동방식을 무엇이라고 하는가?
① 매니지얼 그리드　　　② 코칭　　　③ 팔로우십　　　④ 셀프리더십

답 ③
해설) 팔로우십은 리더십의 유효성을 높이는 방향으로 리더의 영향력을 따르게
되는 조직구성원들의 특성 및 행동방식을 의미한다.

1장　주관식 문제

1. 조직의 커뮤니케이션이 많아질수록 일어나는 부작용을 한 가지 이상 서술하시오.

해설) 조직의 구성원 간의 갈등이 지나치게 증가할 수 있다.

2. 집단의사결정의 장점에 대해 서술하시오.

해설) ① 많은 지식, 사실, 관점의 이용, ② 구성원들의 상호작용, ③ 일의 전문
화, ④ 구성원들의 전체 의견 반영, ⑤ 커뮤니케이션 기능의 수행 등

3. 전략적, 관리적, 업무적 의사결정의 특징을 서술하시오.

해설) ・전략적/관리적/업무적 의사결정의 특징

전략적 의사결정	최고경영층	총 자원을 제품시장의 여러 기회에 할당하는 것
관리적 의사결정	중간관리층	자원의 조직화, 조달, 개발
업무적 의사결정	하위관리층	주요 기능 분야에 자원을 할당하고 일정계획을 수립하는 것

4. 집단 사고가 가져올 수 있는 부정적인 결과들에 대해 논하시오.

해설) 집단사고의 부정적 결과

① 탐색한계: 집단사고는 대체안의 탐색을 한정된 수로 제한하기 때문에 정확한 탐색을 하기 어렵게 한다.

② 재검토 방해: 상황이 변해서 재검토가 필요한 경우에도 집단사고는 이를 방해하게 한다.

③ 고정 관념: 집단 구성원들에 의해 한번 굳어진 집단사고는 더 나은 안이 있는지 찾아보게 하지 않는다.

④ 조언 무시: 집단사고가 한번 굳어지면 외부인이나 전문가의 조언을 들으려고 하지 않는다.

⑤ 극단성: 집단사고를 가지고 있는 구성원은 자신들과 같은 방향을 가지는 정보에는 지나치게 호의적이고, 자신들과 다른 방향을 가지고 있는 정보에는 지나치게 비회의적인 태도를 보인다.

⑥ 문제점 무시: 집단사고를 통해 결정된 의사결정에 문제가 있다 하더라도 이를 무시해 버린다.

5. 갈등의 순기능에 대해서 논하시오.

해설) 갈등을 통해 조직구성원들의 동기부여를 하고, 발전을 기대할 수 있다.

6. 협상에 비해 상위목표의 도입이 갖는 장점을 서술하시오.

해설) 협상과는 달리 상위목표의 도입을 통한다면 윈윈 전략으로 갈 수 있는 길이 열려 있으며, 또한 상위목표의 도입이 실패한다 하더라도 어느 쪽에도 손해가 없기 때문에 매우 좋은 갈등의 해결법이 될 수 있다.

7. 피라미드 구조가 어째서 조직정치를 야기하는지 서술하시오.

해설) 승진의 폭이 좁아지는 구조인 피라미드 구조에서는 조직에서 권력에 대한 경쟁을 하지 않을 수 없게 만든다. 즉 권력에 대한 경쟁은 조직의 정치를 만들어 내며, 이는 대부분의 기업조직이 가지고 있는 구조이기 때문에 어떤 면에서 보면 불가한 현상이라고 볼 수 있다.

8. 전략정치활동을 하는 데 있어서 가져야 할 윤리적인 점에는 무엇이 있는지 한 가지 이상 서술해 보시오.

해설) 일반적인 전략정치활동의 윤리적 지침

① 공리주의적 결과의 기준: 권력정치행위가 조직 내외의 사람들로 하여금 적당한 만족을 얻도록 해야 한다. 최대다수 최대의 행복론이 적용된다.
② 개인 권리의 기준: 권력정치 행위는 모든 관계자의 권리를 존중해야 한다. 개인의 모든 의사표현을 존중하는 것 또한 포함된다.
③ 분배적 정의의 기준: 권력정치행위는 정의의 법칙에 준거하여 이루어져야 한다. 권력을 쟁탈하는 경우에는 공평하고 공정하게 다루어야 한다.

9. 일상적인 영향력 전략에는 어떠한 것이 사용될 수 있는지 두 가지 이상 제시해 보시오.

해설) 일상적인 영향력 전략: 단순지시, 칭찬과 비위맞춤, 상법제도, 이익의 교환, 차단과 연합 등

10. 경영자가 조직정치를 통제할 수 있는 방향에 대해서 논하시오.

해설) 조직정치의 통제
① 개방과 신뢰의 조직분위기: 개방과 신뢰의 조직분위기의 조성은 어느 정도 조직정치를 통제하고 조정할 수 있으며, 불건전한 내용을 초기에 예방할 수 있게 한다.
② 성과에 대한 객관적 기준: 성과에 대한 객관적 기준을 통해 구성원들의 공정한 평가가 이루어지게 된다면, 객관적이지 못한 기준에 반발하여 일어나는 정치적 행위들을 억제할 수 있다.
③ 최고경영자의 모범: 경영자가 직접 나서서 정치적인 행위를 삼가는 것에 모범을 보이는 것을 통해서 하위 구성원들을 일깨우게 한다. 하위 구성원들의 정치적인 모델은 주로 최고경영자이기 때문에 이 방법은 다소 효과적이라 할 수 있다.
④ 조직목표와 개인목표의 조화: 이 방법은 자신의 방향을 위하여 권력을 획득하고자 하는 정치에 대해서 예방하는 효과를 가지게 된다.
⑤ 직무순환: 정치적인 행위 중에 한 가지는 사단을 구축하려는 과정에서 생기기 때문에 직무순환을 이용하면 이러한 사단을 구축하는 것을 미연에 방지하는 것이 가능하다.

11. 리더십의 중요성에 대해 서술하시오.

해설) 리더십은 경영학에서 매우 중요한 위치를 차지한다. 몇몇 경영학자들에게 리더십은 경영 그 자체를 의미하며, 일반인들로 한 조직의 성패를 리더십에 좌

우하여 판단하는 경우가 많다.

12. 공식리더와 비공식리더 중에 일반인들이 인식하는 리더상은 어느 쪽에 가까운가?

해설) 비공식리더

13. 리더십의 행위이론이 나오게 된 배경을 서술하시오.

해설) 리더십의 특성추구이론을 통해 리더들에게서 이렇다 할 특성을 찾기가 힘들었기 때문에 학자들이 리더의 행위에 대해서 관심을 가지게 되었다.

14. 종업원 중심적/직무 중심적 리더십을 비교 대조하여 서술하시오.

해설) 효율적인 작업집단을 구축하기 위한 노력에 일차적인 관심을 집중하는 사람을 종업원 중심적인 리더십으로 구분했고, 성과는 조금 낮더라도 관리자의 자신의 일에 충실히 일하는 사람을 직무 중심적 리더십이라고 구분하였다. 또한 조직에서 효율적이라고 여겨지는 것은 종업원 중심적인 리더십이다.

15. PM 구조 네 가지에 대해서 전부 설명하시오.

해설) PM 구조의 경우에는 일본의 미쓰미가 오하이오 대학의 연구를 본떠 시작한 연구에서 비롯되었다. P와 M은 각각 성과(performance)와 유지(maintenance)기능을 의미하게 된다. 그에 따르면 P 기능은 집단에서 목표달성이나 과제의 해결 등을 위해 있는 업무적인 기능이고, M 기능은 집단의 자기보존이나 집단의 과정 등을 유지하는 업무적인 기능에 해당한다. 이에 따라서 각각 P와 M 기능의 강화 정도에 따라 행위들을 리더십 P 행동과 리더십 M 행동으로 구분하곤 한다. PM 연구에서의 조직에 가장 유리한 것은 PM 기능을 가지고 있는 경우이고, 그 다음의 순서로 나타내면 pM과 Pm 그리고 그 다음이 pm의 순인 것으로 나타났다.

16. LPC 테스트가 무엇인가?

해설) 리더에게 가장 싫어하는 동료작업자(Least Prefered Coworkers: LPC)에 대해 물어보는 것으로 측정하는 테스트이다.

17. 자율적 리더십과 슈퍼리더십에는 어떠한 관계가 있는지 설명하시오.

해설) 자율적 리더십은 부하들 스스로 자기규제와 자기통제를 통해서 조직활동에 기여하는 것으로 리더는 감시와 관리, 조정, 통제 등의 업무에서 벗어나 부하들이 자기 규제와 자기통제 능력을 가질 수 있도록 촉진하고 지원하는 과정을 의미한다. 리더가 구성원들이 스스로 판단하고 행동에 옮기도록 지원하고, 그 결과도 부하 스스로가 책임질 수 있는 일종의 셀프리더로 만드는 것인데, 특히 이러한 리더십을 슈퍼리더십(superleadership)이라고 한다.

18. 팔로우십에 대해 설명하시오.

해설) 팔로우십(followship)은 관리자들의 리더십에 대응하는 종업원들의 바람직한 자세라고 할 수 있다. 팔로우십은 리더십의 유효성을 높이는 방향으로 리더의 영향력을 따르게 되는 조직구성원들의 특성 및 행동방식을 말한다.

19. 리더십 조직환경을 개선하기 위하여 사용될 수 있는 기법들을 한 가지 이상 서술하시오.

해설) 조직환경의 개선
1. 리더의 선발과 배치
효과적인 리더의 선발제도와 배치제도를 통해 리더와 상황이 적합하도록 한다. 즉 사람의 퍼스낼리티를 즉각적으로 변화시킨다는 것에는 다소 무리가 존재하므로 리더십 유효성을 위해 리더를 적합하게 배치하는 것도 중요하다.
2. 조직구조적 요인의 변경: 조직의 구조적 요인을 변경하는 것은 직무충실화와 같은 직무재설계 등으로 이루어지는데, 이는 리더십 유효성을 증진시키는 데 필요하다.
3. 리더의 재량권 확대: 리더의 재량권한을 다소 높여줌으로써 리더의 영향력을 증대시킬 수 있으며, 리더가 좀 더 쉽게 리더십을 발휘할 수 있도록 도와준다.
4. 참여경영의 확립: 조직에서 참여경영이 확립되는 경우에 리더십 효과가 극대화된다. 참여경영은 리더와 조직구성원 사이에 상호의 신뢰를 기초로 하여 서로 존중하여 공동의 과업을 성공적으로 수행해 나갈 수 있도록 하며, 구성원의 팔로우십과 리더의 리더십이 상호균형을 이루는 리더십의 공유를 이끌어 낼 수 있다.
5. 규칙 및 절차의 명확화: 종업원의 과업을 구조화하고 명확하게 정의하거나 인사문제에 대해서는 규칙·절차 등을 정확히 하는 것을 통해 리더십의 효과가 높아지는 것을 기대할 수 있다.

 조직설계와 조직변화

제1절 조직설계의 의의

1. 조직구조의 변수

(1) 조직구조의 개념

① 조직은 인적·물적 자원, 에너지, 정보, 기술 등을 동원하여 목표달성을 위한 업무를 수행하는데, 이러한 물리적 요소 외에 조직행태와 성과에 영향을 주는 요소를 조직구조라 한다.

② 조직구조는 조직행태에 영향을 줌으로써, 조직의 효율성 및 효과성에 영향을 미치며 궁극적으로 조직의 생존성과 관련된다.

③ 조직성과의 주요 변수로서의 조직구조

㉠ 체제적 관점에서 본 조직구조: 조직구조란 조직의 구성 요소들 간의 상호의존 및 상호작용의 유형을 말한다. 이와 같이 구성원들에게 과업, 역할, 지위, 권력 등을 배분하고, 이들 간의 상호작용을 조직구조라 한다.

㉡ 해석학적 관점에서 본 조직구조: 조직구조를 조직 구성요소 간에 서로 영향을 주고받으며 변화하는 반복적 상호작용의 관계로 본다. 구조는 상호작용 속에서 지속적으로 산출 및 재창조되며, 조직구성원들 간의 상호작용을 규율하는 매개체의 역할을 한다. 해석학적 관점에서는 조직구조의 형성과정을 강조하며, 주관적 인지과정을 통하여 끊임없이 변화하는 속성을 중시한다.

(2) 조직구조의 기본변수

① 복잡성

　　㉠ 개념: 수평적·수직적 분화 및 장소적(공간적) 분산의 정도를 말한다. 수평적 분화는 업무 또는 부서 간의 횡적인 분화이며, 수직적 분화는 감독계층의 수를 말한다. 이러한 분화는 업무의 권태감을 해소하고 능률성을 확보하기 위한 조직설계 방법이다.

　　㉡ 조직구조와 복잡성의 관계: 조직의 규모가 크면 복잡성이 증대되고 갈등과 조정통합의 노력이 증대된다. 행정농도는 조직의 규모와 복잡성의 정도와 비례한다(행정농도＝참모의 수/조직규모).

② 집권성

　　㉠ 집권성은 조직 내부의 권력배분의 양태를 말하는 것으로서 의사결정과정에서 최고결정자에 얼마나 많은 권한이 집중되어 있느냐의 상태이며 하부층의 참여가 제한 또는 보장되지 않는다.

　　㉡ 조직구조와 집권성과의 관계: 조직규모가 확대되면 집권화보다는 분권화가 증대된다. 분권화는 인적 문화(인간중심)의 강조와 하부층의 참여와 권한위임으로 대내 민주성 증진에 기여한다.

　　㉢ 집권화 요인

　　㉮ 부서 간 자원획득 경쟁의 심화

　　㉯ 환경변동이 심하고 유동적 또는 위기상황 시

　　㉰ 소규모 및 신설조직인 경우 초창기에는 강력한 리더십이 요구

　　㉱ 권위적 리더인 경우와 참모기관과 과학기술의 발달은 리더의 능력을 강화시키므로 집권화가 증대

　　㉲ 조직환경 변화에 따른 획일성·통일성 및 강력한 지도력이 요구될 때

　　㉳ 조직 외의 일반인이 특정부문에 대한 관심이 증대되면 관리자도 관심을 보이면서 환경대응력 증진을 위해 집권화된다.

　　㉴ 예산의 절약 등 경제적인 합리성으로 조직운영이 필요할 때(오일급등 및 자원난 발생 시 등)

③ 공식성

　　㉠ 개념: 공식성이란 작업이나 업무수행의 표준화 정도와 업무방식이 문서중심으로 이루어지는 정도를 말한다. 또한 공식화란 조직 내의 규칙, 절차, 지시 및 의사전달의 표준화 정도이다.

　　㉡ 공식성의 특징

　　　㉮ 직무가 공식화되면 구성원의 자율성과 재량성이 줄고 대안의 선택범위가 축소된다.

　　　㉯ 규칙과 절차, 지식적 의사전달의 작용

　　　㉰ 안정적, 예측 가능성이 높은 환경과 일상기술을 사용하는 대규모 조직(전통관료제)일수록 공식성은 높다.

　　　㉱ 공식화가 높을수록 구성원 간 분쟁이 감소된다.

　　　㉲ 공식성의 증대는 인적 문화 중심의 조직운영과는 반비례한다.

　　　㉳ 공식화 정도가 높을수록 구성원의 행태에 대한 예측 가능성이 높다.

　　　㉴ 공식화는 문서화 정도와 관련이 있으며, red tape과 같은 부정적 문제도 발생시킨다.

(3) 조직의 상황변수

① 조직의 상황변수로는 규모, 기술, 환경이 있다.

② 조직과 변수 간의 관계

　　㉠ 대규모 조직은 복잡성이 증대되고, 공식성과 분권화는 증대되어 응집력은 낮아진다.

　　㉡ 일상적인 기술을 사용하는 조직일수록 공식화는 높고 복잡성은 낮다(보편적인 학자들의 주장).

　　㉢ 환경이 안정적일 때, 조직의 복잡성은 낮아지고, 공식성과 집권성은 증대된다.

구분	규모	기술(일상기술)	환경(불안정적)
복잡성	비례	반비례	반비례
공식성	비례	비례	반비례
집권성	반비례	비례	반비례

2. 조직에 적용되는 기술유형

(1) J. D. Thompson의 기술유형

① 길게 연계된 기술: 상호 의존관계에 있는 여러 가지 기술이 순차적으로 연계된 기술로서 표준화된 상품을 반복적으로 대량생산할 때 유용하며, 부서 간의 연계성과 상호의존성은 연속적으로 이루어진다.

② 중개기술: 상호 의존관계에 있는 고객들과 연결되는 표준화 기술로서 부서 간 상호의존성은 연속적이 아닌 연합성을 띤다.

③ 집약형 기술: 다양한 기술의 집합체로서 다양한 기술이 개별적인 고객의 특성과 상태에 따라 다르게 배합되므로 표준화가 곤란하고 기술 및 부서 간 갈등이 수반되며 고비용을 수반하는 기술이다. 따라서 부서 간 상호의존성은 상반되는 특성을 가지고 있다.

(2) J. Woodward의 기술유형

① 영국의 남부 Essex 지방 100개의 제조업체에 대한 현장연구에서 관리자와 인터뷰, 회사기록 조사, 생산과정의 관찰을 실시하였다.

② 분석 기준: 기술의 복잡성, 생산과정의 기계화 정도 및 예측 가능성

④ 기술의 유형

　㉠ 소수 단일상품 생산기술(small-batch and unit technology): 제품생산과정이 복잡하고 장시간이 소요되며 대체적으로 복잡한 공정과정과 기술이 결합된 제품에 적용되는 기술로서 개별주문에 따라 한두 개씩만 생산하는 경우이다(선박, 우주선, 항공기 등).

　㉡ 대량 생산기술(large-batch and mass production technology): 단위 생산기술이면서 동일 생산품을 대량으로 생산하는 경우의 기술이다(칫솔,

라디오 등 대부분의 일반 공산품 등).

ⓒ 연속공정 생산기술(continuous – process technology): 여러 생산과정을 거
치는 연속적 공정생산기술을 필요로 하는 경우이다. 예) 화학제품,
의약품 등 대부분의 연구개발품

❒ 기술유형의 비교

구분	소량단위생산기술	대량생산기술	연속공정생산기술
내용	개개의 제품단위를 특정고객의 주문에 의해 생산/조립, 가게중심으로 운영	표준화된 부품을 대량생산하는 제조 과정에 적용되는 기술	원료에서 완제품에 이르기 까지 일련의 연속적 과정을 통하거나 기계를 사용한 생산
생산 과정의 특성	– 주문작업 생산, 개별적/비반복적 – **기술 복잡성은 낮음**	– 표준화된 생산과정, 대량/반복적 – **기술 복잡성 정도는 보통**	– 기계화, 표준화/연속 공정 – 자동화된 기계에 의한 공정통제 – 결과 예측가능성 높음 – **기술 복잡성은 높음**
적용	단독사업(project)형태 – 도로, 항만, 공장, 교량 개별주문생산(job–shop) 형태 – 공작기계, 맞춤양복, 주문가구, 개별적 주문에 의한 병원서비스	제과, 음료, 전자제품, 담배, 시멘트, 자동차 등	석유정제공장, 술제조, 정밀화학공장, 제약, 합성섬유산업, 원자력공장

(3) C. Perrow의 기술유형

① 일상적 기술: 작업과정상 분석이 가능한 탐색과 예측이 가능한 경우에
소수의 예외가 결합된 기술을 말한다. 표준화된 제품의 대량생산에 관
련되며, 일상적 기술을 사용하는 부서의 경우 의사결정의 대부분이 집
권화된다.

② 비일상적 기술: 분석이 불가능한 탐색과 예측이 용이하지 않으며, 다수
의 예외가 결합된 기술이다(원자력 추진장치 생산 및 인공위성 개발 등).

③ 기능(장인적 기술): 일상적 기술과 비일상적 기술이 공존해 있는 기술로
서 분석 불가능한 탐색과 소수의 예외가 결합된 기술에 관련되며, 고
급 유리그릇과 공예품 같은 제품생산이 해당된다. 즉 과제의 다양성은
높고 문제의 분석 가능성은 낮아 문제해결이 어렵다.

④ 공학적 기술: 분석 가능한 탐색과 다수의 예외가 결합된 기술로서 공학
적 기술을 사용하는 부서의 경우 과제의 다양성과 문제의 분석 가능

성이 모두 높게 나타나 직무수행이 복잡하다. 과제의 다양성이란 과제가 수행되는 과정에서 발생하는 예외적 사건의 빈도를 말한다(전동기와 같은 비교적 복잡성이 낮은 기술이 필요한 분야).

	예외성 적음	예외성 많음
분석 가능성 높음	일상적 기술	공학적 기술
분석 가능성 낮음	기 능	비일상적 기술

제2절 조직의 원리

1. 조직의 원리의 개념 및 의의

(1) 조직의 원리란 조직목표를 효율적·합리적으로 달성하기 위해 고전적 조직에 적용했던 조직구조의 편제 등에 관한 원칙과 원리를 말한다.
(2) 과학적 관리론이 행정에 도입되면서 조직을 목표달성을 위한 수단으로 간주하면서 조직의 편성과 관리에 중점을 두고 그 원리모색에 노력하였다.
(3) 조직의 원리는 원리주의 접근으로서 조직에 이미 존재해 있는 원리를 밝혀내고자 학자들의 노력이 이어졌다.
(4) 그러나 인간관계론자나 Simon에 의해 비판을 받았는데, 사이먼은 조직의 원리가 지나치게 규범적이며 과학성과 경험적·실증적·이론적 측면에서 많은 한계가 있다고 지적하였다.

2. 분업화의 원리

(1) 개념
① 전문화(분업화)란 업무를 종류별·특성별로 나누어 놓고 한 사람은 동일한 업무를 반복하게 됨으로써 능률성과 효율성을 제고하기 위한 원

리이다.

② 분업화는 반복업무를 가져오므로 업무적 권태감을 수반할 수 있는 반면에 횡적, 수직적 인사이동으로 무기력감을 극복할 수 있게 한다.
③ 현대 행정국가는 대규모 조직과 과중한 업무를 수행하면서 전문적이고 기술적인 측면에서 분업을 강조하게 되었다.

(2) 분류
① 수평적 전문화와 수직적 전문화
　　㉠ 수평적 전문화(횡적분화): 조직의 편제를 횡적으로 분류한 것이다(직무확대).
　　㉡ 수직적 전문화(수직적 분화): 상급자와 하급자 또는 상급기관(중앙정부)과 하급기관(지방정부)으로 분류한 계층성을 말하며, 계층분화의 고정성으로 인한 비효율성을 막기 위해 직능 또는 권한을 하부에 분산시키는 것이다(허즈버그의 직무충실).
② 업무의 전문화와 인간의 전문화
　　㉠ 업무의 전문화: 업무를 세분화하고 단순화시켜 기계적 · 반복적 업무로 능률성을 추구한다.
　　㉡ 인간의 전문화: 사람을 교육과 훈련을 통해 전문능력을 갖추도록 하는 것이다.

(3) 장점
① 능률성 향상과 업무의 질적 개선을 가져올 수 있다.
② 인간의 지식과 기술의 능력을 보완해 준다.
③ 신규 전입자에 대한 교육훈련의 단축과 업무의 표준화를 기할 수 있다.

(4) 단점
① 동일한 업무의 반복으로 업무에 대한 흥미감소와 인간을 무기력하게 만들 수 있다(오히려 지나친 전문화 · 분업화는 비능률적 요소도 내포).
② 전문화가 심화될수록 갈등이 발생한 경우 조정 · 통합이 어려워진다.

③ 환경변화나 업무관계에 대한 예측능력을 저하시키고 다른 대안을 모색하는 데 신속하지 않으며 비효율적일 수 있다.

3. 계층제의 원리

(1) 개념

① 계층제 원리란 직무를 권한과 책임의 정도에 따라 상하로 계층화하고 상하 계층(계급, 계서) 간에 지휘·명령·복종관계로 조직을 운영하는 원리를 말한다.

② 관료제 조직은 피라미드형 수직적인 계층제를 이루고 있으며, 계층제는 계선조직을 중심으로 형성된다(예 사장 - 전무 - 상무 - 부장 - 과장 - 대리 - 계장 - 주임 - 계원).

(2) 계층제의 특징

① **조직 규모와의 관계**: 조직의 규모와 계층 수는 비례하고 대규모 조직일수록 계층제는 높고 업무는 정형화되고 일상반복적인 업무를 수행한다.

② **조직 전문화와의 관계**: 계층 수가 확대되면 전문화와 업무의 다양성이 증대된다.

③ **통솔범위와의 관계**: 통솔범위가 넓어지면 계층의 수는 적어지고, 통솔범위가 좁아지면 계층의 수는 많아진다.

④ **업무의 성격**: 높은 계층일수록 비정형적·비일상적 업무, 낮은 계층일수록 정형적·일상적·반복적 업무를 수행하는 것이 일반적이다.

(3) 순기능

① 조직의 질서와 통일성의 확보가 이루어지며 지휘·명령, 상하 커뮤니케이션의 공식적 통로 역할을 한다.

② 조직목표의 설정과 업무배분, 감독, 조정, 통제의 통로이다.

③ 능률성과 책임성의 한계를 규정하며 승진의 경로가 되어 구성원의 동기부여·사기를 증진시킨다.

(4) 역기능

① 계층 수가 높을수록 의사전달의 왜곡과 조직분위기가 경직되기 쉽다.

② 상부층의 집권화가 초래하고 이에 구성원은 자율성보다는 의존성향으로 무사안일주의와 형식주의, 눈치 보기 등 관료의 병리현상을 초래하기 쉽다.

③ 계층성의 심화로 인한 전문화는 조직 간의 할거주의를 초래할 수 있다.

4. 통솔범위의 원리

(1) 개념

① 통솔범위란 한 사람의 상관이 효율적으로 직접 통솔할 수 있는 부하의 수를 말한다.

② 상관의 부하관리는 일정한 범위와 한계가 있어야만 효율성이 확보되므로 이에 대한 원리를 말한다.

(2) 통솔범위와 조직의 계층성

① 통솔범위와 계층성과는 반비례한다. 즉 계층성의 심화된 조직일수록 위임이 많이 이루어져 통솔범위는 좁아진다.

② 대기업과 가내수공업을 비교할 때 가내수공업 사장은 직접 생산자를 통제하므로 통솔범위는 넓지만 계층이 높은 대기업의 회장은 수많은 직원을 직접 관리할 수 없으므로 이사급 정도만 감독하고 위임으로 인해 통솔범위는 좁아진다고 볼 수 있다.

(3) 통솔범위의 결정요인

① 시간적 요인: 신설된 조직보다 기존의 조직 또는 안정된 조직일수록 통솔범위는 넓어진다(시간적 측면이 아닌 일반적으로는 신설조직은 집권화와 함께 통솔범위를 넓게 가지려 하는 성향).

② 공간적 요인: 부하가 공간적으로 분산된 것보다는 밀집되어 있을 때 범위가 넓어진다.

③ 업무적 요인: 업무의 성격이 단순·반복적·정형적·저난도 기술·비
전문성일 때 통솔범위는 넓어진다.
④ 인적(구성원) 요인: 관리자와 부하의 능력, 인간관계, 사기가 높을수록 통
솔범위는 확대된다.
⑤ 기타 요인: 참모의 역할이 증대되거나 정보시스템과 같은 관리기술의
발달은 통솔범위를 넓혀준다.

5. 명령통일의 원리

① 명령통일의 원리란 한 사람의 상관으로부터만 명령을 받고 보고가 이
루어져야 한다는 것이다.
② 명령통일의 원리는 조직 내의 위계질서와 업무의 일관성, 신속성이 확
보된다.
③ 계선 내의 지휘 및 책임소재를 명확히 할 수 있는 원리이다.
④ 한 상관에 대한 지나친 충성심의 강요와 복종체계는 할거주의나 타 부
서 또는 참모 간의 관계에서 조정 및 통제의 어려움이 발생할 수 있다.

6. 조정의 원리

(1) 개념
① 조정이란 조직의 목표를 달성하기 위하여 하위 조직들이 행동통일과
조화를 이루는 것이며, 조화를 이루도록 하는 원리가 조정의 원리이다.
즉 조정은 조직의 전체 목표를 달성하기 위한 조직 내 부서 간, 계층
간 협력과 통합(연결)의 질을 의미한다(수직적 조정기제와 수평적 조정기제).
② 전통적 관료제는 절차와 규칙을 중요시하지만 현대조직에서는 조정과
통합을 중시한다.
③ 현대조직은 전문화의 심화로 조정의 중요성이 증대되었고 조직의 제
원리는 조직의 공동목표를 달성하기 위한 수단적 원리인데 Mooney는
조정의 원리를 조직의 원리 중에서 '제1의 원리'라고 주장하였다.

(2) 조정의 저해요인

① **조직의 대규모성과 전문화 성향**: 행정조직의 규모가 확대되고 업무의 다원화, 전문화는 그만큼 복잡성을 수반함으로써 조정을 어렵게 한다.

② **할거주의**(sectionalism): 전문화는 할거주의를 낳는데, 할거주의란 자신의 업무나 소속기관을 우선시하고 다른 기관에 대하여 배타적 입장을 취함으로써 조정과 협력이 어려워지는 현상이다.

③ 그 밖에 목표·이해관계의 대립, 관리자의 능력 및 의욕결여, 계선과 참모 간의 갈등, 정치적·사회적 영향, 인지·태도의 차이 및 비쇄신성, 의사전달체계의 미흡, 권한 및 책임의 불명확, 이해관계의 차이 등이다.

(3) 조정의 방법

① **권한 및 책임, 목표의 명확화**: 각 구성원의 권한 및 책임한계와 목표를 명확히 설정해 주어 갈등·대립을 사전에 방지한다.

② **계층**(계급적 통제)과 조정기구, 회의 및 위원회를 통한 조정이 있다.

③ **사전계획 및 사후환류에 의한 조정**: 사전에 수립된 계획에 의한 조정이며, 결과에 따른 새로운 정보의 전달에 의한 조정을 말한다.

④ **절차의 정형화와 규칙제정**: 정형화된 절차는 조정을 가능케 할 수 있으며, 규칙을 통해서도 조정이 가능하다.

⑤ 그 밖에 의사전달체계의 개선, 공감을 주는 아이디어의 제시방법, 인사조치, 교육훈련 및 설득, 비공식조직의 활용 등이다.

(4) 조정 기제

① **수직적 조정**(연결)**기제**: 수직적 연결은 조직의 상하 간 활동을 조정하는 연결 장치이다. 수직적 연결장치로서 계층제, 규칙과 계획, 계층 직위의 추가, 수직정보시스템이 있다(Daft).

　　㉠ **계층제**: 수직연결 장치의 기초는 계층제, 명령체계이다.

　　㉡ **규칙과 계획**: 반복적인 문제와 의사결정에 대해서는 규칙과 절차를 마련하여 상위계층과 직접적인 의사소통 없이도 부하들이 대응할 수 있게 해 준다. 규칙은 조직구성원들이 의사소통 없이도 업무가

조정될 수 있도록 표준정보자료를 제공한다. 계획은 조직구성원들에게 좀 더 장기적인 표준정보를 제공해 준다.

ⓒ 계층직위의 추가: 처리할 문제와 의사결정이 많아지면 관리자에게 업무부담을 주므로 수직적 계층에 참모 등 직위를 추가함으로써 통솔범위를 줄이고 의사소통과 통제를 가능하게 한다.

ⓔ 수직정보 시스템: 상관에 대한 정기보고서, 문서화된 정보 등을 통한 정보의 효율적 이동으로 상하 간 수직적 의사소통을 강화한다.

② **수평적 조정**(연결)**기제**: 조직부서 간 수평적인 조정과 의사소통의 양을 말한다. 환경이 급변하고 기술이 유동적이며 조직목표가 혁신과 유동성을 강조할 때 수평적 조정장치는 특히 중시된다.

ⓐ 정보시스템: 부서 간 정보를 공유할 수 있는 통합정보시스템이 필요하다.

ⓑ 직접 접촉: 한 단계 높은 수평연결 장치로서 연락책 등을 활용한 부서 간 의사소통 및 조정을 추구한다.

ⓒ 임시작업단: 여러 부서 간의 연결은 임시작업단과 같은 복잡한 장치가 필요하다. 각 부서대표로 구성된 임시위원회로서 일시적 문제에 대한 부서 간 직접조정에 효과적이다.

ⓔ 프로젝트 매니저: 좀 더 강력한 수평연결 장치로서 수평적 조정을 담당할 정규직위를 두는 방식이다. 사업관리자, 산출물관리자, 브랜드관리자라고도 부른다. 이 조정자는 특별한 인관관계 기술이 요구되고 조정을 위한 전문지식과 설득력이 요구된다.

ⓜ 프로젝트 팀: 가장 강력한 수평적 연결장치로서 사업팀은 영구적인 사업단으로 관련 부서 간의 장기간 강력한 협동을 요할 때 적합한 장치이다.

제3절 조직설계의 접근법

1. 의의

조직설계는 환경변화에 따른 조직의 구조 등을 설계하여 조직의 유효성을 높이고자 하는 방법론이다. 이러한 관점에서 상황에 대한 조직설계를 어떻게 하는 것이 바람직한가, 즉 조직의 유효성을 높일 것에 대한 이론적 접근법이 조직설계의 접근법이다.

2. 두 가지 이론적 접근법

(1) 보편론적 접근

조직설계의 보편성(General)을 강조하며, 어떠한 상황에서도 성과를 내는 유일한 최선의 방법(one best way)이 조직설계에 존재한다는 믿음을 가지고 있는 관점들이다. 이 접근법의 이론은 과학적 관리론, 행위론적 이론, 환경적응이론이 해당된다.

(2) 상황론적 접근(Contingency Theory)

상황론 또는 구조상황론이라고도 하는데 보편론과는 반대의 입장으로 조직의 구조는 상황에 적합하게 설계되어야 한다는 것이다. 따라서 어떠한 상황에도 적용 가능한 유일한 최선의 방법이 있을 수 없다는 것이다. 환경이 변화하면 조직의 구조는 그 환경에 적응할 수 있는 구조로 재설계되어야 조직의 효과성을 증진시킬 수 있다고 본다. 상황이론은 환경을 독립변수, 조직은 종속변수로 보고 환경은 조직이 변화시킬 수 없기 때문에 조직이 환경에 적응해야 조직의 생존력과 효율성을 높일 수 있다고 보는 타율적 입장이다. Lawrence, Lorsche가 대표적 학자이며, 분화와 통합을 강조했다.

3. 조직설계의 관점비교

(1) 관료제 조직관(전통적 조직)

전통적 관료조직인 기계적 조직관으로 상황이 단순하고 안정적일 때 적합한 조직의 형태로 복잡성, 공식화, 집권화가 매우 높다. 즉 공식적인 규칙이나 절차에 의해서 직무담당자의 행위가 규제되고 성취욕구가 낮은 사람에게 적합하며, 주로 일상 반복적이고 단순 직무기술이 적용되는 조직에 유효하다.

(2) 반관료제 조직관(현대 조직)

현대적 또는 후기관료조직관으로 유기적 조직에 해당된다. 이러한 조직은 환경이 매우 유동적이어서 전통적 관료제 조직의 특성으로는 환경에의 대응성과 신속성을 확보하지 못해 조직의 유효성이 떨어지게 된다. 따라서 복잡성, 공식화, 집권성이 낮은 조직의 특성을 가지고 있으며, 팀조직과 같은 낮은 계층구조를 가지고 있다. 오늘날 구성원의 의식과 행동양식의 변화, 정보화로 인해 나타났으며, 진취적이고 적극적인 사람에게 적합한 조직구조이다. 특히 조직의 수명이 짧은 임시성의 조직을 애드호크라시(Adhocracy)라 하며 환경에 적응성이 높은 적응적, 유기적 조직관이다.

관료제 조직관(기계적, 기능 조직)	반관료제 조직관(유기적, 적응적 조직)
직무의 범위, 책임, 권한 등이 명백하게 세분화, 전문화, 분업화된 조직	작업상의 유동성과 부문별 통합 추구
계층위주의 구조 형성	탈계층, 저층 구조 지향(Flat)
공식적인 규칙이나 절차에 의한 직무통제	직무수행의 기준과 절차적용은 상황 적응적
인간의 감정, 특성을 고려하지 않은 능률성 위주의 균일한 제재와 강제력을 적용(비인간주의, 소외발생)	문제해결능력을 가진 자기 권력 행사(자율성을 바탕)
선발이나 승진결정은 기술적 자질, 능력 및 업적에 근거(Merit)	집단적 의사결정과정을 중시
조직 내의 경력경로를 통한 전임직에 기초, 조직안정 도모	고객우선주의, 동료로서의 인식
사적인 요구와 관심이 조직활동과 완전히 분리(공식적 조직관, 공사분리주의)	비공식적 조직관, 개방성
조직의 영구성	조직의 임시성 조직 자체의 생성, 변화, 소멸의 일시성 인정, 조직의 치사율이 높은 특성

4. 조직설계의 방법

(1) 라인조직

최고 관리자 한 사람으로부터 최하위층 종업원에 이르기까지 단일한 계통에 의해 지휘 감독되는 조직체계를 말한다.

(2) 라인스태프 조직

조직이 시장점유율이 증가하고 규모가 커지면서 기존의 라인 기능만으로는 조직 전체의 모든 업무수행이 불가능하게 되어 스텝기능이 추가된 조직형태이다. 스텝은 전문적 지식과 기술을 보유하고 최고 관리자의 합리적 의사결정에 기여한다.

(3) 기능 조직

직무상 업무내용을 유사하고 관련성 있는 직무특성별로 분류, 결합한 조직을 말한다.

(4) 사업부제 조직

단위적 분화에 따라, 산출물의 종류에 따라 사업부 단위를 편성하고 각 단위별로 독자적인 생산과 영업 및 관리의 자율적 권한을 부여하여 제품별, 시장별, 지역별 이익 중심점을 중심으로 독립채산제를 실시하는 조직의 형태이다.

(5) 매트릭스 조직

기능조직의 효율성과 프로젝트 조직의 업무지향성을 결합한 조직으로 효율성과 유연성을 향상시키고자 구성된 조직이다. 소량 주문생산기술을 이용하는 경우, 시장환경이 급변하는 상황, 조직의 규모가 지역별로 다변화하는 환경에 효과적인 조직형태이다.

① 장점: 조직이 기능적 효율성과 조직구성원의 만족 및 성과를 동시에 추구할 수 있다. 조직의 유연성을 제고시킨다.

② 단점: 구성원들의 역할에 따른 갈등, 명령계통의 이중성에 따라 스트레스 유발, 업무 시간배분의 문제와 성과평가 담당자 선정의 문제, 기능부서와 프로젝트 관리자들 간 갈등 발생이 한계로 나타난다.

제4절 조직유형의 변화

1. 조직유형 변화의 의의

(1) 동태화(動態化)란 다양하고 급변하는 환경변화에 조직이 신축성·기동성·대응성 있게 적응하는 조직의 변화추구이다.
(2) 행정조직에서는 현대행정국가화가 심화되면서 국민의 요구수준의 질적 변화와 급변하는 행정변화에 신속하게 대응하고자 하는 방식으로 본다.
(3) 급변하고 다양한 행정수요에 대해 기존의 관료제의 운영방식과 조직 형태 및 분위기로서는 대응할 수 없는 관료제의 한계극복을 위해 요청된다.

2. 조직의 동태화(Adhocracy)

(1) 개념
① Adhocracy란 관료제의 경직성, 대응성 부족, 변화에의 무감각 등의 현상을 탈피하여 환경변화에 적응하고 신속하게 대응하는 체제로서의 임시적, 동태적, 유기적 조직을 총칭하는 개념이다(A. Toffler가 '미래의 충격'에서 최초 사용).
② 후기관료제 또는 탈관료제라고도 한다.

(2) 동태화 방안
Project Team, Task Force, Matrix 조직, Network조직, 학습 조직, 팀조직, 위원회, 담당관제, Link-Pin, 대학형태의 구조, 계제 및 과제의 폐지, 하이퍼텍스트조직 아메바조직 등이 있다.

(3) 특성
① 조직구조의 탈계층적·횡적 분화　　② 소규모 조직과 분권화
③ 낮은 수준의 공식성　　　　　　　　④ 고도의 유기적·연성 구조
⑤ 고도의 전문성을 바탕으로 한 직무수행　　⑥ 상황적응적 임시조직

⑦ 기능중심이 아닌 업무 및 문제해결중심 구조

❏ 전통 관료제와 현대 관료제의 비교

구분	전통 관료제	현대 관료제
용어	Bureaucracy	Adhocracy
조직규모	대규모	소규모(슬림화)
조직의 분위기	경직성	연성
조직구조	계층성(수직적 분화)	탈계층성(횡적 분화)
권한배분양태	집권화(X론적)	분권화(참여, Y론적)
권한과 책임성	명확	불명확
조직의 수명	영구성	임시성
적용기술수준	저난도 기술	고난도 기술(컴퓨터 등)
업무형태	일상반복업무 위주	전문적, 비일상적 업무
복잡성 · 공식성 · 집권성	높음	낮음
환경대응성	낮음	높음
조직환경	안정적, 정태적	불확실, 동태적
조직인	합리적 경제인, 타율적 존재, 권한과 책임의 명확	복잡인, 자율적 존재, 책임과 권한의 불명확

3. Project Team과 Task Force

(1) Project Team

① 개념: 특정한 목표를 달성하기 위해 조직 내에 일시적으로 인적·물적 자원을 결합한 조직형태를 말한다. 주로 기업 내에서 시장에서의 점유율을 높이거나 생존을 위한 조직운영 전략의 하나로 볼 수 있다.

② 특성: 임시성, 잠정성의 조직, 팀장과 팀원의 구성으로 간소화, 특정 목표달성 수행 후 해체, 고도의 횡적 구조, 신규 또는 혁신을 위한 조직형태, 팀장의 추진력과 리더십 강조(정부조직의 예, 신도시건설기획단, 지방자치기획단 등)

(2) Task Force

① 개념: 군에 적용된 용어로서 기동군을 말한다. 특정한 작전 수행 또는 목적달성을 위해 임시로 편성한 형태의 대규모 조직에서 분리 재편성된 임시 또는 잠정적 조직이다.

② 특성: 임시성과 잠정적으로 편성되나 프로젝트 팀보다는 장기간 편성
되며 구조도 PT보다는 계층적 구조, 목적 달성 후 해체되고 구성원은
원래 조직으로의 복귀 등(예 이라크에 파병된 자이툰부대)

4. 매트릭스 조직

(1) 개념 및 의의

① 조직환경이 복잡해지면서, 기능부서의 기술적 전문성이 요구되는 동시에
사업부서의 신속한 대응성의 필요가 증대되면서 등장한 조직 형태이다

② 과거의 기능중심적 구조와 현대의 업무중심 구조(프로젝트팀)의 이중
적 구조를 말하며, 하나의 조직 내에서의 수직적 및 수평적 권한의 결
합을 특징으로 한다.

③ 명령지휘계통의 이원화 구조: 매트릭스 조직 내의 상관과 파견 전 원
래 소속 조직의 상관의 통제를 동시에 받는다.

④ 미국 항공우주국에서 시작되어 기업, 은행, 병원, 대학, 정부기관에 도
입되었고, 특히 기업에서는 본사와 지사의 개념이 정착되었다.

(2) 등장배경

① 환경변화에 대응하기 위해 기능별 조직구조와 프로젝트 조직구조의
결합을 보완하기 위해서 등장하였는데, 종적으로는 기능별 조직구성
원으로, 횡적으로는 프로젝트 조직의 일원이 되게 함으로써 조직에
중복적으로 소속하게 한다.

② 기능구조는 전문가의 집합으로 전문성을 살릴 수 있으나 조정이 어렵
고, 사업구조는 전문가의 조정은 용이하나 비용이 중복된다는 문제가
있어 양자의 장점을 채택한 조직구조이다.

③ 전문인력의 증가, 구성원의 능력발전, 행정조직의 대규모화 등으로 등
장하였다.

(3) 적용상의 유용성 조건(남진우)

① 생산라인 간에 부족한 자원을 공유해야 할 압력이 존재하는 경우이다.

보통 중간규모의 조직에서 많지 않은 수의 생산라인을 갖고 있는 경우, 생산라인 간의 인력과 자원의 공유와 신축적 운영을 필요로 한다.

② 두 개 이상의 핵심적 산출물에 대해 기술적 품질성과 수시적 제품 개발의 압력이 있을 경우이다. 이중의 압력은 기능부서의 장점과 사업부서의 장점이 필요하고, 두 권한 체계 간의 권력균형이 요구된다.

③ 조직의 환경 영역이 복잡하고 불확실한 경우이다. 빈번한 외부변화와 부서 간 상호의존성의 증가는 조직의 수평적 및 수직적인 방향으로 정보처리와 조정의 필요가 커진다.

(4) 장점

① 신축성과 적응성이 요구되는 불안정하고 급변하는 조직환경에 효과적인 구조이다.

② 잦은 대면과 회의를 통해 예상치 못한 문제를 파악하고, 새로운 해결책을 찾는 데 기여할 수 있는 조직구조이다.

③ 구성원들을 부서 간에 공유함으로써 조직은 자원의 효율성을 제고할 수 있다.

④ 개인들은 다양한 경험을 통해 전문기술을 개발과 더불어 더 넓은 시야와 목표관을 갖게 할 수 있는 기회를 가진다.

⑤ 조직구성원의 자아실현 및 심리적 만족감 등 직무 동기부여에 기능적으로 작용한다.

⑥ 한시적 또는 특수사업의 추진에 용이하고 효과적이며, 새로운 아이디어의 개발과 인적 자원을 신축적으로 활용할 수 있다.

(5) 단점

① 이중권한 체계가 개인에 미치는 혼란, 갈등, 긴장, 좌절의 가능성이 높다.

② 기능부서와 사업부서 간의 갈등의 가능성이 높다.

③ 갈등해결에 요구되는 시간과 노력의 낭비가 불가피하다.

④ 조직의 원리인 명령통일의 원리에 위배된다.

⑤ 기능적·사업적 권한 체계의 적절한 균형을 찾는 것이 중요한 문제로

대두된다.

⑥ 매트릭스구조의 상관은 부하에 대해 완전한 통제력을 갖지 못하며, 구
  성원의 소속 상관들과의 대면, 협력, 갈등을 조정할 수 있는 관리 능
  력이 요구된다.

5. 네트워크 조직

(1) 개념 및 내용

① 급변하는 환경에 대응하여 수직적 통합과 수평적·공간적으로 조직
  경계를 초월하여 조직의 통합기능을 갖춘 동태화 조직이다.

② 조직의 기능을 핵심역량 위주로 합리화하고 여타 기능(보조기능)은 외부
  조직과 계약관계를 통해 그들로 하여금 수행하는 조직이다.

③ 네트워크 조직구조는 생산과 서비스, 제품포장, 유통 등의 기능을 분산
  하여 타 조직에 맡기는 형태를 취한다(각종 신용카드 배달 및 택배회사 등과
  백화점의 영업기능은 백화점에서 나머지 주차 및 시설기능은 용역회사가 맡는다).

④ 계층적 통합과 공간적 통합을 추구하며, 조직 전체의 구조가 비계서적
  이며 중심 – 주변형 또는 군집형이다.

⑤ 조직과 환경의 교호작용은 다원적, 분산적이며 공동화 작업을 통한다.

(2) 등장배경

① **환경변화**: 세계경제의 국제화, 시장에서 경쟁기업들의 빠른 진입과 퇴
  장, 신상품 교체 기간의 조기성, 신기술의 급속한 변화, 네트워크 사회
  현상, 고객의 수준 높은 서비스의 요구 등으로 동태화적인 새로운 조
  직의 필요성으로 등장하였다.

② **정보통신기술의 발달**: 유기적 조직유형의 하나로 정보통신기술의 확산으
  로 나타났다. 인터넷 등 정보통신기술의 발달은 네트워크 사회의 심화
  를 가져왔다.

③ **업무적 특성**: 오늘날 업무는 전문화보다는 조직의 경계를 초월한 상호
  작용을 바탕으로 한 네트워크 조직을 필요로 한다.

(3) 장점

① **조직구조의 간소화와 수평성**: 네트워크 조직구조는 전 지구적으로 최고의 품질과 최저 비용의 자원들을 활용할 수 있으면서도 조직구조의 간소화와 경직구조를 탈피할 수 있다(거래비용의 최소화 및 조직관리의 효율성).

② **자원활용의 효율성**: 조직이 필요로 하는 자원을 보유하지 않고도 필요시 언제든지 동원할 수 있다.

(4) 단점

① **조직의 응집력 부족**: 네트워크 구조하의 조직은 계약관계로 이루어지고 구속력이 없으므로 조직의 정체성이 약해 응집력 있는 조직 문화를 갖기 어렵다.

② 계약관계의 외부조직 통제 곤란으로 대리손실 발생이 예상된다.

③ 조정 및 감시비용의 증가발생과 제품의 안정공급과 품질관리가 미흡하다.

④ 사전적 통제보다는 사후적 통제가 이루어지기 쉽고, 책임을 묻기에 한계가 있다.

⑤ 계약기관을 쉽게 바꿀 수 있어 생산활동의 지속성·안정성을 저해한다.

6. 학습조직

(1) 개념

① 학습조직이란 지식을 창출·공유·활용하여 조직의 발전과 문제해결능력을 향상시키기 위해 지속적으로 학습이 이루어지는 조직을 말한다.

② 모든 구성원들이 조직의 문제에 참여하면서 지속적으로 문제해결적 실험을 반복하여 시행착오를 거듭하면서 조직의 문제해결능력의 향상을 도모한다.

③ 지식정보화 사회의 대두와 더불어 조직의 동태화의 방안으로 성립되었다.

④ 지식관리는 학습조직화를 목적으로 하며, 학습조직화는 참여정부의 개

혁수단이기도 하다.

(2) Senge의 학습조직의 5가지 기반

① 개인적 숙련(Personal Mastery): 전문적 소양을 통한 자기완성을 추구

② 시스템적 사고와 세계관: 구성원의 일체감과 사명을 공유한다. 즉 전체를
볼 줄 아는 총체적 사고로 부분들 사이의 인과관계, 역동적인 관계를
이해하면 능력이 획기적으로 향상된다.

③ 비전 공유: 유동적 과정과 지식의 공유로 조직이 추구하는 목표와 방
향, 가치와 사명에 대하여 모든 조직 구성원 간의 공감대 형성이 필요
하다. 이를 위해 조직구성원의 의견을 수렴하고 조율할 수 있는 참여
적 문화형성이 중요하다.

④ 팀학습: 조직관리기준은 정책결정과정에서 환류장치를 활성화하기 위
한 의사소통을 강조한다. 공동체의 역량 확대를 위한 지식, 관점, 의견
의 상호교환이 필요하다.

⑤ 정신적 모델(Mental Model): 사물에 대한 종합적 인식이 강조된다. 선입견
배제, 준거틀 및 마인드 세트의 성찰, 사고의 전환이 필요하다.

(3) 학습조직의 내용 및 특성

① 조직구조의 재설계: 수평적 조직구조로의 개편으로 환경에 대한 신축성
제고를 위해 네트워크 조직과 가상조직을 취하며 자기 진화적 조직화
를 지향한다.

② 시행착오의 인정과 시행착오로부터 새로운 노하우를 배우고 공유할
수 있는 조직문화를 강조한다.

③ 지식의 창출·공유·활용을 골자로 한 지식관리시스템의 구축과 관리
를 필요로 한다.

④ 학습조직은 원자론적 사고가 아닌 공동체, 즉 시스템적 사고가 지배하
는 특성을 띠므로 리더의 능력과 노력이 중요하며 공통적인 비전을
창조하는 학습형 리더십이 강조된다.

⑤ 정책결정과정에서 환류장치를 활성화하기 위한 의사소통을 강조한다.

⑥ 전문적 소양을 통한 자기완성과 일체감과 사명의 공유, 시스템적 사고와 유동적 과정을 학습조직의 기반으로 한다.

7. 팀제

(1) 개념 및 대두배경
① 개념: 조직의 동태화 유형의 하나로 상호 보완적인 기능을 가진 소수의 구성원들이 조직의 목표 달성을 위해 상호 책임을 공유하고 수용하는 수평적 조직형태이다.
② 대두배경
　㉠ 팀제는 신속한 환경 대응(시장변화에의 적응성 증진)에 대한 필요성에서 기업을 중심으로 신상품 개발에 주력하기 위한 새로운 조직형태이다.
　㉡ 공공조직의 측면에서는 역동적 행정환경 변화에 따른 대응성 부족, 병리현상, 경직성 등 기존의 관료제의 한계를 보완하기 위해 정부조직에 도입되었다.

(2) 특징
① 조직적 차원
　㉠ 핵심임무 중심의 조직구조: 기술개발팀, 업무혁신팀, 민원처리팀 등 행정환경 변화와 요구에 신속하게 대처할 수 있는 조직형태(팀원 - 팀장 - 부서장)
　㉡ 조직의 공동목표와 사명감 강조: 팀제는 계층성과 부서(과 수준의 부서통합) 간의 경계가 무너지고 개인들은 조직 전체의 관점에서 조직의 공동목표를 달성하기 위해 팀장을 중심으로 책임감과 사명감이 강조된다.
　㉢ 의사소통의 원활화와 문제해결의 방식변화: 계층적, 경직적 조직구조가 수평적으로 변화했으므로 팀원과 팀원, 팀장과 팀원 간의 대화가 원활하여 문제해결 중심의 조직운영방식이 이루어진다.
　㉣ 팀워크 중심의 자발적 참여와 결과지향적 산출을 강조한다.

② 구성원의 개인적 차원

   ⊙ 동기부여 증진: 팀원에게 문제 및 목표에 대한 참여와 자율성을 부여함으로써 동기부여를 높일 수 있다.

   ⓛ 학습과 훈련 기회의 제공: 과거의 개인별 정해진 업무중심에서 팀 전체의 다양하고 종합적인 업무내용을 공동으로 참여하고 해결해야 하므로 팀원들이 다양한 업무에 대해 학습 및 훈련할 기회가 많아진다.

(3) 장점

① 조직 및 인력의 효율적 운영 가능: 팀제의 조직은 개인별 특수한 상호보완적 기능을 통합하여 문제해결에 활용하고 소규모의 조직과 인력으로 운영함으로써 인력의 신축적, 탄력적 운용에 효과적이다.

② 돌발과제에 대한 의사결정의 신속화로 대응력 증진: 전통적 관료제의 계층적 구조가 부서장 - 팀장 - 팀원으로 축소되기 때문에 의사결정과정이 신속하게 이루어져 각종 민원처리 등 다양한 행정수요의 변화에 대응력이 높아진다.

③ 협조와 조정 증진: 팀이라는 하나의 조직체 내에서는 목표에 대한 인식을 같이 함으로써 구성원의 주인의식과 참여의식의 고취로 할거주의와 같은 과거 관료제의 병리현상이 줄어든다.

④ 업무중심의 편제 지향: 팀제는 조직의 환경대응과 생산성 증가를 목적으로 하기 때문에 기능 중심이 아닌 업무중심 구조이다.

(4) 우리나라의 팀제 운영의 문제점

① 경직적 조직문화: 경직성의 잔존으로 팀 내 혹은 팀 간 조정이 원활하지 못한 경우에 발생할 수 있다.

② 직급폐지로 인한 상위층의 사기저하 및 승진기회의 박탈감: 팀제는 직급을 폐지하고 팀장의 명칭을 부여하는 것이므로 직급의 상실로 인한 상위층 관료들의 사기 저하 및 저항이 수반될 수 있으며, 팀원들도 승진기회의 박탈이라는 부정적 인식을 할 수 있다.

③ 목표 및 성과의 비계량성과 평가시스템의 개발이 시급: 공공조직에서는 정책

목표와 결과를 계량하기 어렵기 때문에 팀 평가를 위한 목표의 명료화 문제와 평가시스템의 구축이 이루어지기 전에 도입하여 많은 한계가 있다.

④ 관리범위 및 부담증가: 팀 조직은 많은 팀장이 팀 조직원에 대한 신뢰를 가져야 하고 통솔범위의 증가로 관리자의 부담이 과중될 수 있다.

⑤ 무리한 팀제 적용과 팀장의 능력 미흡: 기존의 조직운영방식에 팀제로의 조직개편만 이루어졌지 구성원과 팀장에 역할과 기능에 대한 사전 교육훈련이 미비하여 운영상 많은 문제가 발생한다.

⑥ 팀의 결정과 부서장의 의견 차이 문제: 팀의 결정 내용과 부서장의 의견이 일치하지 않을 때는 오히려 집행의 신속성이 결여된다.

8. 기타 동태화 유형

(1) 과제 폐지

지나치게 세분화된 과제를 폐지 또는 통합을 시도하여 기능별 조직에서 주로 나타나는 할거주의 극복, 신속한 의사결정, 하급자의 동기부여에 기여한다.

(2) 연결핀(Link Pin)

다양한 부서 간 조정이 용이하도록 연결기능을 강화하는 개념이다(R. Likert).

(3) 대학구조

대학과 연구소, 전문학위를 가진 집단으로서 민주적 운영방식이 강조되는 형태이다.

(4) 위원회

기존의 대규모성의 관료조직은 환경에 대한 대응성과 신속성이 낮으므로 각종 전문위원회를 통해 문제를 전문적이고 신속하게 처리하여 행정의 대응성을 높이기 위한 동태화의 일종이다.

(5) 담당관제

최고 결정자의 합리적 결정을 위해 전문적인 기술을 바탕으로 정보분석, 제공, 조언 등의 기능을 수행하는 조직으로서 막료기관이다.

(6) 하이퍼텍스트 조직

① 개념: 학습자로 하여금 정보를 쉽고 융통성 있게 접근할 수 있도록 하는 방법 중의 하나가 하이퍼텍스트(hypertext)의 원리이다. 하이퍼텍스트는 컴퓨터를 통하여 저장된 정보를 학습자가 자신의 필요나 관심 또는 인지 스타일에 따라 자유롭게 검색하도록 도와주는 비순차적인 텍스트의 전개 원리이다(학습조직의 원리).

② 구성: 하이퍼텍스트조직은 프로젝트 팀층, 지식기반층, 비즈니스 시스템층의 3개의 계층으로 구성되며, 이 3단계의 과정을 순환한다.

　㉠ 프로젝트층: 그들이 갖고 있는 지식(암묵지)을 형식지화시켜서 지식기반층으로 옮긴다(지식창조).

　㉡ 지식기반층(지식베이스층): 형식지화된 지식을 축적해 놓았다가 비즈니스 시스템 층에서 필요한 지식을 적절하게 골라내 비즈니스시스템층으로 넘긴다(축적 및 공유역할, 예: 연구소, 실험실 및 지식관리정보시스템).

　㉢ 비즈니스층: 지식기반층으로부터 받은 지식을 활용하여 부가가치를 창출한다(지식활용).

9. 조직동태화 추진상의 고려사항

조직동태화는 제도의 변화만을 의미하는 것이 아니므로 조직개편 등과 같은 하드웨어적 수단만을 강조하면 안 된다. 또한 임시조직이라는 조직의 남발은 또 다른 조직의 확대이며, 경제성의 측면에서 제고되어야 할 것이다. 가장 중요한 것은 동태화의 유형들의 특징과 행정문화의 괴리가 없는지 적용 가능성과 유용성 등을 고려해야 한다.

제5절 조직변화

1. 조직변화의 개념 및 의의

(1) 조직변화의 개념
① 조직변화 또는 혁신이란 조직을 현 상태에서 조직이 원하는 방향 또는 는 미래발전적인 바람직한 상태로 변화시키려는 조직변동으로서 의식적·계획적·총체적인 활동을 의미한다.
② 리엔지니어링, 리스트럭처링과 같은 하드웨어적 혁신과 구성원의 가치관·이념·태도 등의 소프트웨어적인 변동까지를 포함한다.
③ 조직변화는 조직발전뿐만 아니라 조직의 정당성 및 생존력 증진을 위한 총력적인 에너지의 합으로써 추진된다.
④ 그레이너의 조직변화의 단계: 압력과 각성 – 개입과 순응 – 진단과 인식 – 발견과 실행 – 실험과 조사 – 강화와 수용으로 조직변화의 성공요인은 공동해결이다.

(2) 조직변화의 목표
① 조직의 유효성 향상으로 조직의 생산성 향상과 유지를 목표로 한다.
② 조직성과·동기부여·협동·커뮤니케이션의 향상과 근태율·이직률·갈등의 감소 등을 추구한다.

(3) 조직변화의 특성
① 목표지향적·계획적·의도적·의식적·인위적·현상타파적·거시적·전면적 특성을 띠고 있다.
② 조직변화는 혁신과 같은 것이므로 기존의 운영체계, 가치관, 기득권 등을 변화시키므로 저항을 수반한다.
③ 조직 내외적 요인이 복잡하게 상호 작용하는 동태적 과정이다.
④ 조직변화에 따른 저항을 극복하는 기술적 수단과 리더십 등이 매우 필요하며, 혁신철학 등이 필요하다.

⑤ 상황에 따라 급진적·점진적 개혁이 정해지지만 일반적으로 점진적 변화를 바람직하고 성공률이 높은 것으로 학자들은 생각하고 있다.

⑥ 혁신의 주체는 국내자(조직내부인)와 국외자(조직외부인)로 나누어지며, 어느 주체든지 가능하다.

⑦ 조직의 구조적·기술적·행태적 측면의 개혁방법이 있다.

Check Point

계획적 조직변화의 모형(김호섭 외)

1. 조직변화의 단계
① 제1단계: 변화의 필요성 인지
계획적 변화는 조직 내외의 압력과 미래 예측으로 인해 변화의 필요성이 인지된다.
② 제2단계: 조직의 전이과정 변화의 필요성이 인정되면 조직의 실태진단, 문제점의 발견 과정, 변화담당자 선정, 개입 기법의 선택과 집행으로 전환되는 과정을 말한다.
③ 제3단계: 새로운 업무관행 및 절차의 운영 변화의 결과로 나타난 새로운 조직구조나 운영체제가 실질적으로 작동하는 단계를 말한다.

2. 변화담당자
① 유형: 국내자, 국외자, 혼합형
② 역할
(1) 의료 모형: 변화담당자가 자문가로서의 역할 수행 모형이다.
(2) 공학 모형: 조직의 진단과정과 대안선정 후 집행과정에서 변화담당자의 도움을 구하는 모형이다. 즉 이직률 증가원인이 보상체계에 있다고 진단이 내려지면 보상체계 개선을 위한 관련 상담가를 초빙하는 것이다.
(3) 과정 모형: 변화담당자와 조직 간의 실질적인 협조체제를 가정하는 모형이다. 양자가 함께 변화를 위한 진단, 집행, 평가활동을 하게 된다.

2. 조직변화의 과정

(1) 조직변화를 위해서 어떤 접근법을 채택하든 간에 조직의 변화가 순간적으로 이루어지는 것은 아니며, 조직변화는 과정과 단계를 거쳐 이루어진다.

(2) 조직변화의 과정(단계)의 설명 모형 – 그레이너(L. E. Greiner)의 연구

① 조직변화의 도입에 관한 방법을 권력배분의 개념에서 맨 상단에서 시작했다면 일방적 권한에 따른 도입, 중간계층에서 시작했다면 공유적 접근, 제일 하부층에서 변화를 추구했다면 위양적 접근이라 한다.

② 일방적·공유적·위양적 접근법 중 선택은 다양한 조건들에 따라 제약이 있다. 즉 시간적 여유가 있을 경우는 위양적 방법, 반대인 경우에는 일방이고 급진적인 방법을 택하게 된다.

③ 변화의 성공단계: 압력과 각성, 개인과 순응, 진단과 인식, 발견과 실행, 실험과 조사, 강화와 수용의 6단계를 거쳐서 이루어진다고 보았다.

④ 그레이너의 조직변화의 단계는 압력과 각성 - 개입과 순응 - 진단과 인식 - 발견과 실행 - 실험과 조사 - 강화와 수용으로 조직변화의 성공요인은 공동해결이다.

3. 조직변화의 접근방법

(1) 구조적 접근방법(Structural approach)

① 조직의 구조적 요인에 치중하여 개혁을 수행하는 방법으로서 조직의 기본변수가 주된 대상이며, 우리나라의 역대 정권의 개혁방식이기도 하다.

② 개혁내용: ㉠ 조직의 신설 및 폐지, 축소와 확대, 통·폐합 ㉡ 기능·권한·책임범위의 재조정 ㉢ 통솔범위의 재조정 ㉣ 의사소통의 개선 ㉤ 분권화 추진 ㉥ 조직 내 절차의 명시 및 세분화 등에 중점을 둔다.

(2) 관리기술적 접근방법(Technological approach)

① 업무수행 절차와 처리기술의 측면에서 합리화를 추구하는 관리기술적 접근방법이다.

② EDPS(전자자료처리체계), PMIS(행정관리정보체계), DSS(의사결정 지원체계), OR(운영연구), PERT(공정관리체계), 체제분석, 관리정보체제 등을 활용하여 관리기법을 개혁하는 것이다.

③ 개혁내용: 행정전산망 등 장비 및 수단의 개선, 직무활동의 재배치, 직무처리 순서의 조정 및 변경, 업무처리 절차의 간소화·신속화, 고객

중심적 업무처리의 개선, BPR 등을 통한 행정조직 내의 운영과정 및 일의 흐름 개선 등 행정과정에 새로운 분석기법을 적용한다.

(3) 인간행태적 접근방법(Human approach)

① 조직개혁의 대상은 구성원(공무원)이며, 이들의 행태, 즉 가치관, 의식, 태도 등을 변화시켜 조직 전체의 혁신을 추구하는 접근방법으로서 조직 발전(OD)이 이에 해당된다.

② 기존의 혁신방법들이 구조적, 기술적 측면에 중점을 두어 왔다면 조직의 주체, 업무의 주체로서 조직구성원의 변화가 중요하다는 인식에서 출발한다. 특히 최근 들어 인적 자원관리의 중요성의 인식이 날로 증대됨에 따라 인적 자원의 활용과 더불어 향후 적용사례가 높아질 것으로 생각된다.

(4) 과업적 접근방법(Task approach)

업무 중심적 개혁방법으로서 업무의 종류, 성질이 대상이다. 구체적으로 직무충실 및 다양화, 조직 영역의 조정, 재화 및 서비스의 다양화 및 변경폐지 등의 변화를 통하여 조직 전체의 혁신을 추구하는 접근 방법이다.

4. 조직혁신에 대한 저항과 극복방안

(1) 저항원인

① 기득권의 침해에 대한 저항

② 개혁안 내용의 불명확성

③ 구성원들의 개혁추진능력 및 참여의식 부족

④ 쇄신에 대한 심리적 불안

⑤ 구성원의 폐쇄성·경직성·보수성

⑥ 혁신에 대한 구성원의 무관심(정치적 무관심)

⑦ 혁신에 대한 피개혁자의 이해부족과 정부의 홍보부족

⑧ 개혁주체자(특히 상위계층)의 비공식적 특성과 기능에 대한 무시

⑩ 조직 내 이해갈등의 상충

(2) 저항의 극복전략

① 사회규범적 전략: 가장 합리적이고 바람직한 전략으로서 ㉠ 개혁내용 설명 및 교육훈련으로 가치관 및 태도의 변화 ㉡ 개혁의 당위성 강조 ㉢ 개혁의 사명감의 고취와 개혁에 대한 심리적 불안의 해소방안 강구 및 적용 ㉣ 상징정책 사용 ㉤ 의사전달의 활성화로 개혁에의 동참 유도

② 공리기술적 전략: 공리적 전략은 유인체계로서 개혁으로 인한 ㉠ 기득권의 손실의 최소화 ㉡ 개혁으로 인한 손실 보상 등 물질적 유인체계적 전략이다. 기술적 전략은 개혁의 정당성을 인정시키고 점진적 개혁 추진으로 개혁의 내용을 인지시키고 개혁안에 적응하도록 하는 개혁 시기의 고려와 적절성, 개혁내용의 구체성, 개혁방법 및 과정상의 투명성 제고와 인사이동 등을 활용한다.

③ 강제적 전략: 개혁주체자들의 ㉠ 권한을 통한 물리적인 제재나 압력수단 동원 ㉡ 긴장된 개혁분위기 조성 ㉢ 강제 인사이동과 징계 같은 방법과 권력구조의 개편 등 규범적, 공리적 전략방식이 아닌 최종 마지막 수단으로서 강제적으로 개혁에 동참하고 순응하도록 하는 방식이다.

(3) 일반적인 저항 관리
① 교육과 커뮤니케이션
② 참여와 몰입
③ 촉진과 지원
④ 협상과 동의
⑤ 조작과 호선
⑥ 명시적·묵시적 강압

제6절 조직발전

1. 조직발전의 의의

(1) 개념

① 조직발전(Organization Development)이란 조직구성원의 행태 변화, 즉 가치관, 이념, 태도 등을 계획적·의도적으로 변화시켜 환경변화에 능동적으로 대응하고 조직의 생산성 제고와 궁극적으로는 조직 전체의 혁신을 꾀하려는 조직관리기법을 말한다.

② 조직발전은 조직의 인간적 측면에 착안하여 인간의 잠재능력을 최대한으로 개발함으로써 조직 전체의 발전을 도모하려는 접근방법이며 응용행태과학에 의존하고 있다.

③ 계획관리제도, 목표관리, 총체적 품질관리는 모두 제도나 절차 및 결과중심적 관리에 치중한 반면 조직발전기법은 조직의 주체인 구성원의 행태변화를 추구했다는 점에서 인간행태적 접근방법이다.

④ 조직발전을 성공시키기 위한 기법으로 감수성 훈련과 관리망 훈련 등이 있다.

(2) 대두배경

① 조직발전이론은 환경변화에 따른 다양한 도전과 요구에 대응하여 조직 자체의 생존력을 유지하면서 조직의 문제해결능력을 제고하기 위해서는 기구의 개편만으로는 한계가 있음을 인식하고 조직구성원의 행태개선이 중요하다는 인식에서 출발하였다.

② 이러한 조직발전은 1960년대 미국의 사기업체에서 그들이 당면한 문제에 보다 효과적으로 대처해 나가기 위해 체계적으로 적용한 여러 가지 절차로서 오늘날 그 효용성이 인정되어 많은 기업, 공공기관, 교회, 병원 등의 조직에서 이용되고 있다.

2. 조직발전의 내용 및 특징

① 의식적·인위적·계획적·의도적 변화를 추구하므로 관리자의 솔선수범이 요구된다.

② 임무중심적 변화추구보다는 대인관계능력에 역점을 두며 규범적인 재교육전략을 채택한 것이다.

③ 내부관리자의 노력의 한계극복이나 효과성의 측면에서 외부 OD전문가를 필요로 한다.

④ 조직발전은 공동체 의식에서 출발한 조직의 변동을 추구한다.

⑤ 행태과학의 지식이나 기법을 활용하게 되며, 개인의 발전목표와 조직의 목표와의 조화와 통합을 추구한다.

⑥ 자아실현인관에 입각하여 조직구성원의 자율성과 참여가 매우 중요한 관건이 된다(Y론적 관점).

⑦ 단기적인 관리가 아닌 장기적인 관리가 필요한 조직전략이다.

⑧ 조직발전의 과정은 계획적인 변화를 인도하고자 하는 대상조직의 특성이나 상황에 따라 다른 것이므로 일정한 공식적 절차를 제시하기 어렵다는 한계가 있다.

⑨ OD의 평가기준은 조직의 생존성·적응성·성장·통합 및 목표달성 등이며 이에 따라 조직발전의 성공 여부를 판단한다.

3. 조직발전의 과정: 자료수집 및 분석 – 조직진단 – 실행개입(변화주체자) – 실행 – 결과

① 자료수집(data gathering) 및 분석: 조직체제와 그 조직체제의 구성요소 및 하위체제 간의 관계와 관계에 내포된 실제적·잠재적인 문제점들을 수집·분석하여 확인한다(자료수집 방법: 면접법·질문지법·관찰법 및 직관 등).

② 조직진단(organizational diagnosis): 조직혁신의 목표달성을 하기 위한 대안적 전략을 설정하고 그 실행계획안을 작성하는 단계이다. 조직의 진단

은 조직의 내부인과 외부인이 담당할 수도 있다.

③ 실행개입(action intervention): 앞에서 실시한 제반의 준비과정을 토대로 하여 실제 당면한 문제를 해결하는 과정이다. 실행개입단계는 변화역군이 개입하는 가장 중요한 단계인데, 대체로 문제해결을 위한 행동들은 문제의 성격과 상황을 고려해서 기술적 행동, 행정적 행동, 사회적 행동을 적절하게 취사선택 또는 복합적으로 행하는 것이 바람직하다.

4. 조직발전의 여러 기법

(1) 감수성 훈련

① 개념

　㉠ 감수성 훈련은 격리된 장소에서의 훈련이므로 실험실 훈련 또는 T－Group 훈련이라고도 하며, 개인의 역할과 조직목표를 잘 인식시키는 관리훈련이다(연수원 입과).

　㉡ 훈련프로그램 과정에서 참가자들이 조직 내에서 평소 태도와 행동을 되돌아보게 함으로써 조직목표 지향적 행동의 변화를 유도하는 훈련이다.

② 목적

　㉠ 자신의 행동과 관련하여 타인에게 미치는 영향을 뒤돌아보아 통찰력 등을 증진시켜 준다.

　㉡ 집단 및 집단 간의 과정에서 발생한 문제들에 대한 이해를 증진시켜 조직의 입장에서 생각게 한다.

　㉢ 타인의 행동에 대한 이해의 폭을 넓혀 조직의 결속력 증진에 기여한다.

　㉣ 상황에 대한 진단기술 향상과 실천능력을 제고시킨다.

③ 내용 및 특징

　㉠ 10～15명 정도의 규모로 이질적 특성의 구성원이 모여 피훈련집단으로 구성된다(분임구성).

ⓛ 행태과학의 지식을 이용하는데, 개인·타인·집단에 대한 의식을 새롭게 함으로써 구성원의 행태를 변화시킨다.

ⓒ 훈련에 참가한 요원들은 공식적 훈련내용이나 목적, 상대방에 대한 제반정보들을 모르고 진행된다.

ⓔ 모든 조직의 틀에서 벗어나 자유로운 분위기 속에서 서로 감정을 표현하고 토론하는 방식으로 문제해결(훈련주제 등)을 추구한다.

ⓜ 인간을 개인적 존재로 인식한 훈련으로서 피훈련자의 감수성을 유발시켜 상대방을 이해하는 인성변화와 더불어 조직에 대한 인식을 새롭게 하는 훈련이다.

④ 문제점

㉠ 많은 수를 동시에 훈련시키기에 한계가 있다(수용인원 및 훈련능력상의 한계).

㉡ 자율적·자발적 문제해결방식을 취하므로 참여의식이 높지 않는 요원을 통제하기 어렵다.

㉢ 단기간의 훈련 기간으로 구성원의 행태변화를 추구하는 비현실적인 측면이 있다(훈련 종료 후의 원래 속성대로 복귀되는 경우가 흔함).

(2) 관리망 훈련(managerial grid training)

① 감수성 훈련을 확대·발전시킨 종합적 접근법으로서 1959년 R. R. Blake와 J. S. Mouton이 개발한 기법이다.

② 개인, 집단, 집단 간의 관계와 조직 전체의 효율화를 도모하기 위한 것으로서 인간과 과업에 대한 관심을 기준으로 작성된 관리망(managerial grid)을 기초로 하여 개인→집단→부문→전체 조직의 개선이 연쇄적으로 발생할 수 있도록 고안된 계획적·체계적 접근 방법이다.

③ 관리망 훈련의 진행과정은 ㉠ 실험실 세미나 훈련(laboratory seminar training) ㉡ 팀 개발(team development) ㉢ 집단 간의 관계 개선 및 발전(inter－group development) ㉣ 조직목표의 설정(organizational goal setting) ㉤ 목표달성(goal attainment) ㉥ 안정화(stabilization)의 단계로 전개되며, 이러한

순차적 훈련을 통해 9·9형의 가치관을 갖도록 하여 조직목표를 설정하고, 그것을 달성하면 동시에 안정화시킬 수 있는 능력을 키우게 된다.

④ 관리망 훈련의 6단계는 그것을 수행하는 데 3년 내지 5년이 소요되지만 경우에 따라서 그 기간은 단축될 수 있으나, 참여자 스스로가 훈련에 대하여 적극적이고 호의적 태도를 취하여야 그 효과를 발휘할 수 있다.

(3) 팀발전 기법

① 팀발전 기법은 작업집단발전이라고도 하며, 개인이 작업집단에 대한 무관심을 배제시키는 등 작업집단을 발전시켜 조직의 효율성을 높이는 기법이다.

② 팀 분위기에 적절한 리더십과 팀의 구성, 갈등의 효과적인 관리 및 원활한 의사소통을 통하여 팀(작업집단)의 발전을 도모한다.

(4) 과정상담 기법

① 조직 내의 문제 등을 조직구성원이 인지한 상태에서 외부 전문상담자의 도움이 필요하다고 인정하여 제3자인 과정상담자를 요청하여 이들이 도와주는 활동이자 기법이다.

② 과정상담자의 전문성을 바탕으로 조직의 당면문제들을 진단하고 해결해 주는 것으로서, 경영 및 조직 진단 등이 자체보다는 전문성·과학성·객관성을 확보할 수 있다는 장점이 있다.

(5) 태도조사환류기법

① 태도조사환류기법은 설문지를 이용하여 조직 전체에 걸쳐 조직구성원의 태도를 체계적으로 조사하고 그 결과를 계층 내 모든 개인과 집단이 직접 분석하고 환류시켜 개선방안을 도출해 내는 기법이다.

② 설문결과의 환류는 상위층의 관리자들뿐만 아니라 모든 집단의 구성원들에게 환류시킨다.

(6) 스트레스 관리

직업생활에서 오는 스트레스의 효율적인 관리를 통하여 업무환경의 새로운 위협요소를 방지하려는 노력을 말한다.

(7) 행동수정

조직 내의 개인적·사회적 문제를 해결하고 인간기능의 개선을 목적으로 실험심리학의 학습이론 중 조작적 조건화 이론을 실제로 조직관리에 적용하여 직들의 행동을 수정시키려는 기법이다. 조작적 조건화 이론이란 외적 자극에 의해 학습된 경험(체화지식)이 행동으로 유발되는 과정을 설명하는 이론이다.

(8) 성취동기 향상 기법

성취욕구에 관한 이론에 바탕을 두고 있는데, 구성원들의 성취동기를 향상시킴으로써 조직발전을 꾀하는 기법이다.

(9) 투영기법

조직 내의 단위 집단 또는 부서가 연관된 다른 부서(조직 내의 타 부서와 고객, 납품업자 등의 넓은 영역을 대상)로부터 자기 집단에 관련된 정보를 얻게 하는 기법이다.

(10) 직면회합

직면회합은 문제중심적 회의방식으로서 조직관리자들 전원이 업무 후에 한자리에 모여 문제를 서로 확인·분석하고 해결방안과 실천일정 등을 논의하는 방식의 기법이다.

관리망: 조직발전 관리유형도

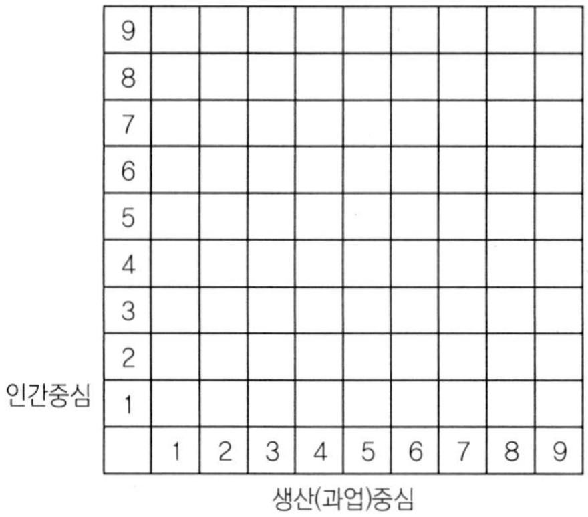

인간중심 → 9 8 7 6 5 4 3 2 1
1 2 3 4 5 6 7 8 9
생산(과업)중심

1. 인간 – 생산 중심적 관계

① 1-1 관리: 업무를 수행하거나 조직구성원의 사기를 유지하는 데 관리노력을 기울이지 않는다(빈약형 또는 무관심형).

② 9-1 관리: 인간에 대한 배려나 깊은 관심으로 인하여 분위기를 유지하고 업무를 능률적으로 수행한다(친목형 또는 인간중심형).

③ 1-9 관리: 인간에 대한 고려는 거의 하지 않고 생산(과업)만을 강조한다(임무중심형 또는 과업형).

④ 5-5 관리: 업무수행의 조건과 사기유지가 적절히 조정된다(절충형 또는 중간형).

⑤ 9-9 관리: 업무과정이 신뢰를 바탕으로 상호존경 및 조직의 공동목표에 대한 참여가 이루어진다(단합형 또는 이상형).

---

5. 조직발전기법 적용상의 고려 사항: 적합성의 기준

(1) 관련자의 참여 보장

(2) 문제해결 중심적 태도 견지

(3) 개선목표 달성에 효과적으로 기여할 것

(4) 이론 및 경험에 의한 학습을 포괄적으로 관리할 것

(5) 자율적 학습기회 보장

(6) 문제해결방법과 학습하는 방법도 지향할 것

(7) 온전한 인격체로서의 참여 보장

6. 조직발전전략의 문제점

(1) 훈련 및 학습의 결과의 실제 조직과정에의 연계성 문제이다.

(2) OD전문가의 확보의 어려움과, 장기간 많은 시간과 예산이 소요된다.

(3) 조직발전의 이해부족으로 모든 계층의 능동적 참여가 관건인데, 현실적으로 구성원들의 자발적이고 의욕적인 참여를 기대하기 어렵다.

(4) 행태의 변화는 단기간에 이루어지는 것이 아니며, 법적 제약이 따르기도 하고 또한 장기적으로 프로그램을 지속하기 어려워지는 경우가 많다.

(5) 공공조직의 조직행태상 적용이 어려우며, 특히 기관장의 잦은 교체는 지속을 더욱 어렵게 한다.

(6) 협동만을 강조함으로써 경쟁을 통한 조직의 생산성과 발전에 기여한다는 개념상에서 이율배반적인 측면과 권력관계를 경시하고 있다.

(7) 조직의 효과성과 구성원들의 욕구충족을 동시에 제고할 수 있는 합리적인 기법이라는 잘못된 가정에서 출발한다. 그러나 이러한 규범성은 급속한 환경변화에 대한 변화방법과 전략적 효과성이 의문시된다.

(8) OD전문가는 조직변화의 세력을 억제하는 데 중점을 두고 있어 변화추진 방법과 태도에 있어서 방어적이거나 수동적이 된다.

제7절 조직의 유형별 분류

1. A. Etzioni의 분류(복종과 통제수단에 따른 유형)

(1) 강제적 조직

① 조직운영의 방법과 수단이 강제적인 물리적 방법에 의해 통제되는 조직을 말한다. 질서목표를 추구하며, 구성원의 인간적 의사는 반영되지 않고 소외감을 유발시키는 조직이다.

② 교도소, 포로수용소 등 각종 수용소, 정신병원, 마약 및 알코올 환자의 교정시설 등이 이에 해당된다.

(2) 공리적 조직

① 물질적 보수가 조직 구성원에 대한 통제수단이자 권력의 핵심이며, 구성원은 타산적 이해관계로 조직에 관여하는 조직이다. 조직의 목표는 경제적인 것에 두고 있다.

② 사기업, 노조, 각종 이익집단, 엄격히 평시의 군대조직 등도 여기에 해당한다.

(3) 규범적 조직

① 조직 구성원의 주된 권력 및 통제수단은 규범과 가치이며, 조직은 문화적 목표를 추구하고 윤리와 도덕을 중심으로 높은 일체감을 갖는 조직이다.

② 이념정당, 대학교, 종교단체, 가정, 동일이념을 가진 결사조직 등

이중구조 유형

① 공리적·강제적 조직: 조직은 경제적 이익을 추구하고 구성원들은 보수를 받으며 조직에 참여하지만 운영방식에 있어서 구성원의 행동에 대해 매우 통제가 강하며 매우 인간적인 요소가 부족한 일 중심의 조직을 말한다(전 근대적 농장 및 공장, 미국의 닭 가공공장 등).

② 규범적·강제적 조직: 규범이 주 권력수단이지만 조직이 강제적인 방법으로 구성원을 통제하는 유형을 말한다.

2. Blau와 Scott의 분류(수익자 대상에 따른 유형)

(1) 호혜적 조직

① 조직 구성원 전체가 조직활동 결과의 수혜자가 되며, 상호편익을 제공하는 형태의 조직으로서 능률성의 극대화를 추구한다.

② 이익단체, 노동조합, 정당, 각종 사적 클럽 등

(2) 사업조직

① 조직의 소유자가 조직활동의 결과로 인한 수익의 최대 수익자이자 분배자가 되는 기업조직을 말하며 능률성을 강조한다.

② 영리를 목적으로 한 대부분의 사기업이 해당된다.

(3) 서비스 조직

① 조직과 직접적 관련이 있는 외부 고객이 수혜자인 봉사조직을 말하며, 전문적 봉사와 행정적 절차 사이에 마찰이 심하다.

② 병원, 학교, 사회봉사기관, 법률상담소, 정신병원 등

(4) 공익조직

① 조직과 관련이 없더라도 일반인 모두가 수익자인 조직을 의미한다.

② 모든 행정기관을 비롯하여 국방부와 군대, 검찰, 경찰서, 소방서 등

3. T. Parsons의 분류(체제기능적 분류)

(1) 경제조직

① 경제활동으로 생산과 분배를 위주로 하는 조직으로서 적응기능(adaptation)을 중시한다.

② 일반 기업, 공기업 등

(2) 정치조직

① 조직의 목표와 사회의 목표가 일치하는 조직으로서 목표달성기능(goal attain – ment)을 우선으로 하여 조직이 발전한다.

② 공공기관, 정당 등

(3) 통합조직

① 사회의 갈등과 혼란을 조정하고 질서유지와 안정을 목적으로 하는 조직으로서 통합기능(integration function)을 수행한다.

② 행정기관, 경찰조직, 법원, 국정홍보처 등

(4) 시스템 유지조직

① 사회체제를 유지하기 위해 가치창조의 역할을 수행하는 조직으로서 사회문화적·교육적 목적을 위주로 체제유지기능(latent pattern maintenance)을 수행한다.

② 학교, 각종 문화 및 종교단체 등

4. Katz & Kahn의 분류(체제의 기능을 기준)

❏ Parsons / Kartz & Kahn의 분류 비교

구분	T. Parsons	Katz & Kahn
적응기능	경제조직: 일반회사, 공기업 등	적응조직: 연구소, 조사기관, 대학 등
목표달성기능	정치조직: 행정기관, 정당 등	경제적·생산적 조직: 일반 및 공기업
통합기능	통합조직: 행정 및 사법기관, 경찰, 정신병원 등	정치적·관리적 조직: 행정기관, 입법 및 사법부, 정당, 노동조합, 압력단체
체제유지기능	체제유지조직: 학교, 문화단체, 종교단체 등	유형유지기능조직: 학교, 자활조직, 종교단체 등

5. R. Likert의 분류

(1) 개념

참여도를 기준으로 한 분류로서 체제 Ⅰ에서 Ⅳ에 접근할수록 조직 내 민주적 요소가 강하여 생산성에 순기능적으로 보고 분류하였다.

(2) 유형

① **수탈적 권위체제**(체제 Ⅰ): 조직의 최고관리자가 단독으로 모든 결정권을 행사하고 구성원의 참여는 무시된다.

② **온정적 권위체제**(체제 Ⅱ): 주요 사항은 핵심주체들이 결정하고 하급자는 상급자의 승인된 범위 내에서만 제한적으로 참여가 허용된다.

③ **협의적 민주체제**(체제 Ⅲ): 주요 사항은 상부층에서 결정하고 미리 허용된 한정된 범위의 결정사항에 대해 하급자를 참여시킨다.

④ **참여적 민주체제**(체제 Ⅳ): 조직의 구성원이 많은 결정에 광범위하게 참여가 허용된 체제이다.

6. Mintzberg의 분류

구분	중심세력 및 요소	갈등조정방법 및 수단	조직구조 및 상황	특성 및 장단점
단순구조	최고 관리층	최고 관리층에 의한 직접 조정	• 소규모조직 • 변화가 적음.	• 신축성과 적응성이 높음. • 거시적, 장기적 전략 계획수립이 미흡한 구조
기계적 관료제	최고 관리층과 기술구조	작업규칙의 표준화 및 기술수준	• 대규모조직 • 단순하고 안정적	• 효율성이 높음. • 권한과 책임규정 명문화 • 상하갈등과 환경대응력이 미흡
전문관료제	전문지식소유계층	내면적 작업기술의 표준화, 경험과 노하우	• 중소규모조직 • 복잡한 기술적용	• 전문성이 높음 • 폐쇄적 조직분위기(환경 또는 구성원 간 상호관계가 낮음)

구분	중심세력 및 요소	갈등조정방법 및 수단	조직구조 및 상황	특성 및 장단점
사업부제 구조	중간계선계층	산출의 표준화와 성과	• 대규모 조직 내의 소규모조직(수직적 분권화 조직) • 소규모 조직별자 율성 소유(할거성구조)	• 적응성, 신속성, 민주성이 높음. • 성과관리용이 • 심한 경쟁유발과 마찰 소지 증대
에드호크라시 (Adhocracy, 임시조직, 동태화 구조)	전문지식 소유의 참모 중심	구성원의 합의와 상호관계	• 소규모 조직 • 고난도 기술과 전문지식의 참모가 주도	• 창의성, 민주성이 높고 구성원의 책임성 모호와 의견충돌 소지 높음.

제8절 계선기관과 막료기관

1. 의의

(1) 계선기관

계선이란 조직의 목적달성을 직접적인 책임을 가진 조직의 중추적·본질적·핵심적 기관을 말한다. 즉 정책결정에 직접 참여하는 품의제의 주체들을 말한다.

(2) 막료기관

막료란 참모로서 계선기관을 도와 조직의 목표달성에 간접적으로 기여하는 조직을 말한다.

❏ 계선기관과 막료기관의 비교

구분	계선기관	막료기관
목표달성 및 권한	직접관여, 결정권·명령권·집행권 보유	간접관여, 결정·명령·집행의 지원
업무 영역	집행·감독·지휘·명령	계선업무 지원 및 협조
성향	현상유지적, 보수적	현상타파적, 쇄신적
대국민 접촉	정책을 통한 직접 접촉 관계	정책지원을 통한 간접 접촉
대상	사장 - 전무 - 상무/부장 - 과장 - 대리 - 계장 - 계원(기관장 - 팀장 - 팀원)	비서실, 인사재무, 홍보 등

(3) 막료기관의 중요성

① **계선기능의 결함보완**: 막료기관은 계선기관의 갈등조정, 현실유지적, 보수적 성향 등의 결함을 보완하여 준다.

② **쇄신적·창의적 행정의 변화 추구**: 다양한 변화에 따른 행정의 국가발전역할에 있어서 막료의 쇄신적·창의적 성향의 행정활동이 매우 필요하다.

③ **정책결정기능의 강화 필요성 증대**: 현대 사회의 복잡성 증대와 행정수요의 다양성은 정책결정에 있어서 막료기능을 더욱 필요로 하고 있다.

④ 조직의 대규모화되어 가는 현대 조직에 막료의 전문적 기술과 능력 필요

2. 계선기관과 막료기관의 장·단점

(1) 계선기관의 장점

① 권한 및 책임의 한계가 명확하며 신속한 결정을 내릴 수 있어 능률적이다(관료제의 특성).

② 조직의 안정화 및 구성원 통제에 효율적이다.

③ 대규모 조직보다는 소규모 조직에 유용하다.

(2) 계선기관의 단점

① 기관장의 주관적·독단적 결정 남발 가능성이 높다.

② 막료와 같은 전문가의 전문적 지식·기술·경험을 활용하기 곤란하다.

③ 조직의 경직성을 초래하며 업무가 복잡한 대규모조직에 부적합하다.

④ 최고 관리층과 결정자의 업무량이 과중하게 된다.

⑤ 조정곤란과 조직운영의 능률 및 효과성이 약화되고 혼란을 초래하기 쉽다.

(3) 막료기관의 장점

① 기관장의 통솔범위를 확대해 줄 수 있다.

② 막료는 전문지식을 갖춘 자들로 구성되어 있으므로 정책결정에 이들의 전문적인 지식·경험을 활용할 수 있다.

③ 제3자의 입장에서 계선상의 갈등조정으로 조직의 신축성에 기여한다.

(4) 막료기관의 단점
① 계선과 막료 간에 권한 및 책임의 한계가 불명확해지며, 막료가 계선의 권한에 간섭하는 경우가 많다.
② 업무 및 권한상에 계선과 참모 간에 불화와 갈등이 조성될 가능성도 있다.
③ 막료의 의견의 존중과 활용은 지연, 비용의 증대가 발생하여 비능률적이다.
④ 막료기관의 역할과 권한이 확대됨에 따라 이들을 활용하는 고위층의 집권화의 경향이 나타난다.
⑤ 정책결정에 직접적인 권한이 없으므로 계선에의 책임전가가 우려된다.

제9절 위원회 조직

1. 위원회의 개념

(1) 위원회란 행정적·입법적·사법적 특수 기능을 수행하기 위해 만들어진 다두체(多頭體)를 일컫는 정치학 용어로서 위원회란 단독제에 대응되는 개념인데, 의사결정을 위원들의 합의제로 이루어지는 기관을 말한다.
(2) 횡적으로 분화된 동태화 유형의 일종으로서, 모든 의사결정이 위원들의 합의에 의해 이루어지는 조직으로 관료제와 같은 한 사람의 독단적 의사결정의 한계를 극복할 수 있는 대안으로 제시된 조직이다. 또한 민간위원들이 대거 참여함으로써 그들의 전문성을 바탕으로 운영되는 조직이다.
(3) 위원회 제도의 기원은 원시시대 이래의 각종 회의체, 즉 원시공동체의 씨족 평의회, 종족 평의회, 고대의 남당회의·화백제도, 고려시대의 도당회의·도평의사사, 조선시대의 묘당회의·의정부·비변사·내각회의 등에서 찾을 수 있다. 대한민국 정부수립 이후 형성된 위원회는

크게 자문위원회 · 조정위원회 · 행정위원회 · 독립규제위원회이다.

2. 위원회제의 특징

(1) **합의성**: 위원회는 복수 위원들의 합의에 의한 의사결정을 추구한다.
(2) **민주성**: 합의성은 참여를 바탕으로 토론을 거쳐 결정하는 분권화와 관련된다.
(3) **동태화 방안**: 위원회제는 계층제의 경직성을 완화시키는 횡적 구조로서 행정조직의 동태화의 한 유형으로 본다.

3. 위원회 조직의 장점

(1) **집단적 결정 · 합의결정**: 다수 위원들의 참여 · 토론을 통한 의사결정이므로 독단적 결정이 방지되어 창의적 행정과 민주화에 기여한다.
(2) **결정의 신중성 · 공정성 · 합리성**: 계선조직과 같이 위원장 한 사람의 독단적 결정이 아닌 다수의 의견이 반영되므로 보다 신중하고 공정한 결정이 이루어지며, 절차적으로 합리성이 추구된다.
(3) **신중하고 공정한 결정**을 할 수 있으므로 결정에 대한 신뢰성과 다수의 지지와 수락 가능성을 증대시킨다.
(4) **조정기능**: 제3자적 입장에서 정부 각 부처 간의 이해관계와 의견 대립을 조정하고 통합할 수 있다.
(5) **대내 민주성 제고**: 원활한 의사전달과 인간관계 · 횡적 구조 · 분권화와 참여는 구성원의 동기유발과 사기증진에 기여한다.
(6) **민간 전문가의 지식활용**: 민간인의 지식을 흡수하고 전문가를 활용함으로써 관료중심적 결정의 편협성을 지양하여 민중통제를 증진시킬 수 있다(외부로부터 임용된 위원들의 신분은 민간인).
(7) **관리자의 양성기회**: 의사결정에의 직접 참여방식으로 구성원들은 자질과 업무지식 등 능력이 발전된다.
(8) 운영방식 자체에서 이해관계의 조정이 비교적 용이하므로 갈등해소에

도움을 준다.

4. 위원회 조직의 특성 및 단점

(1) 위원회 결정의 신속성·기밀성의 한계: 합의제이므로 결정이 지연될 수 있으며, 기밀성의 유지가 어렵다.
(2) 책임성의 한계: 다수 구성원의 의사결정으로 이루어지므로 책임이 분산된다.
(3) 리더십의 한계와 타협적 결정: 계선기관과 같이 위원장의 독선이 배제되므로 결정안이 타협으로 이루어지기 쉽다.
(4) 소수의 **횡포 가능성**: 전문성과 영향력이 높은 일부 위원에 의해 결정의 방향이 좌지우지될 수도 있다.
(5) 기타 위원회 운영상의 시간적·경제적 비용이 많이 소요된다.

1. 그리드 훈련기법에서 가장 먼저 이루어져야 할 것은?
① 팀워크 개발　　　　　　　　　② 그리드 세미나
③ 이상적인 전략모델 실행　　　　④ 체계적인 비판

답 ②

해설) 그리드 훈련기법에서 가장 먼저 이루어져야 하는 것은 그리드 세미나이다.

2. 명목집단법의 과정을 상세히 기술하시오.

해설) • 명목집단법의 과정

1단계	개인은 조용히, 혼자서 제시되는 문제에 대해 생각해 보고 아이디어를 구성
2단계	개인은 순서대로 아이디어를 모아 놓고 특정한 아이디어가 누구의 것인지는 모르는 상태가 되게 함
3단계	집단은 아이디어를 보면서 토론을 하기 시작하고 어느 정도 선호도에 대해서 윤곽을 잡아간다.
4단계	집단은 아이디어를 가지고 투표를 실시하며, 흔히 선호도에 대한 투표를 실시하게 된다.

1. 조직발전의 장점을 기술하시오

해설) 조직에 신축성을 부여함으로써 조직의 효과성과 변화대응능력을 키워 주며, 조직구성원들의 자제와 자기관리를 향상시킨다.

2. 조직발전에서 인간에 대한 관점과 관리전략은?

답) Y론적 인간관에 입각한 관리전략으로 참여를 중시한다.

3. 감수성 훈련에 대해 기술하시오

해설) 조직발전(OD)을 달성하는 조직구성원 훈련기법 중의 하나로 대인관계에
     대한 감수성 증대를 통하여 인간관계능력과 조직의 유효성을 촉진시킨다.

서상원 ————————————————————————————

▌약 력

고려대 행정학 박사
전) 국방개혁위원회 위원
현) 한경대 물류연구센터 연구팀장
현) 한경대, 백석대, 강남대 등 강사
현) e-유통전략연구소장

▌주요 저서 및 논문

『조직관리론』, 『오아시스행정학』, 『인사행정론』, 『정책론』, 『유통마케팅론』
「공공서비스 공급방식의 전략적 결정사례 분석」
「선진국 행정개혁의 성과평가와 함의」 등

경영 조직론

초판인쇄 | 2009년 10월 9일
초판발행 | 2009년 10월 9일

지은이 | 서상원
펴낸이 | 채종준
펴낸곳 | 한국학술정보㈜
주 소 | 경기도 파주시 교하읍 문발리 파주출판문화정보산업단지 513-5
전 화 | 031) 908-3181(대표)
팩 스 | 031) 908-3189
홈페이지 | http://www.kstudy.com
E-mail | 출판사업부 publish@kstudy.com
등 록 | 제일산-115호(2000. 6. 19)

ISBN   978-89-268-0401-8 13320 (Paper Book)
        978-89-268-0402-5 18320 (e-Book)

이담 Books 는 한국학술정보(주)의 지식실용서 브랜드입니다.